Falk spirallo REISEFÜHRER

NEW YORK

Falk Verlag

Inhalt

YANKEES

Autor: Daniel Mangin
»Wohin zum ...?« Lauren McGrath und Daniel Mangin
Aktualisierung: David Downing
Redaktion: Julia Lisella und Janet Tabinski
Zusätzliche Recherchen: Richard Dworkin
Design: Design 23
Register: Marie Lorimer

ISBN 3-8279-0174-X

Unsere Autoren haben nach bestem Wissen recherchiert. Trotzdem schleichen sich manchmal Fehler ein, für die der Verlag keine Haftung übernehmen kann. Hinweise, Verbesserungsvorschläge und Korrekturen sind jederzeit willkommen.
Spirallo Reiseführer, Falk Verlag, Postfach 3151, D-73751 Ostfildern, E-Mail: spirallo@mairs.de

Deutsche Ausgabe: CLP • Carlo Lauer & Partner, Aschheim
Übersetzung: Beatrix Thunich

Herausgegeben von AA Publishing, einem Unternehmen der Automobile Association Developments Limited, Millstream, Maidenhead Road, Windsor, Berkshire, SL4 5GD.
Handelsregister Nr. 1878835.

Farbauszug: Leo Reprographics
Druck und Bindung: Leo Paper Products, China

A01747

new york

Das Magazin

Hoch, höher, am höchsten – der Wettlauf um Platz 1

Niemand wäre überrascht zu hören, dass amerikanische Architekten und Designer während des gesamten 20. Jahrhunderts darum wetteiferten, das höchste Gebäude der Welt zu errichten. Und weil den New Yorkern nun einmal das Konkurrenzdenken im Blut liegt, gehören sie zu den geborenen Wettstreitern.

Während des letzten Jahrhunderts stand das höchste Gebäude der Welt meistens in Manhattan. Für die Bauherren und Architekten waren die Dimensionen ihres Wolkenkratzers von so großer Bedeutung, dass sie die tatsächliche Höhe des Gebäudes während der Bauzeit wie ein Staatsgeheimnis hüteten. Wann immer sie von noch verwegeneren Projekten der Konkurrenz erfuhren, änderten sie unverzüglich ihre Baupläne. Mit einem architektonischen Taschenspielertrick gelang es den Erbauern des Chrysler Building gegen Ende der Zwanzigerjahre, den Komplex der Bank of the Manhattan Company an Höhe zu übertreffen. Und da half es auch nicht, dass der unterlegene Konkurrent den Gewinner des Betrugs bezichtigte.

Sie waren Nummer 1

Park Row (1899–1908)
Singer Tower (1908–1909)
Metropolitan Life (1909–1913)
Woolworth Building (1913–1929)
Bank of the Manhattan Company (1929)
Chrysler Building (1929–1931)
Empire State Building (1931–1971)
World Trade Center I (1971–1974)

Während der 1890er-Jahre waren das Verlagshaus von Joseph Pulitzers Zeitung *The World* und das Manhattan Life Building, beide in Lower Manhattan, die höchsten Bauwerke der Welt. Gegen Ende des

19. Jahrhunderts hielt das dem Rathaus benachbarte Park Row Building mit 118 Metern den Rekord (obwohl der Eiffelturm in Paris mit 300 Metern viel höher war). Nachdem R. H. Robertson, der Architekt des Park Row Building, die (negativen) Auswirkungen des Hochhausbaus in Downtown Manhattan analysiert hatte, wurde er zu einem entschiedenen Gegner der Wolkenkratzer-Manie und plädierte für eine gesetzliche Begrenzung der Gebäudehöhen auf 45 Meter.

Die Architektur New Yorks entwickelte sich jedoch unaufhaltsam in die entgegengesetzte Richtung. Der Singer Tower (Broadway 165), der 1908 für das Singer-

1 Chrysler Building – 318 m
2 Bank of the Manhattan Company – 282 m
3 Singer Tower – 186 m
4 Metropolitan Life – 213 m
5 Woolworth Building – 241 m
6 Empire State Building – 381 m
7 World Trade Center – 420 m

Nähmaschinen-Werk errichtet wurde, besaß eine Höhe von 186 Metern und wurde bereits 1909 von den 213 Metern des Metropolitan Life Insurance Tower überragt (► 124). Das großartige, am Broadway 233 gelegene Woolworth Building (► 153) übernahm 1913 mit 241 Metern Platz eins. (Als der Singer Tower 1968 der Spitzhacke zum Opfer fiel, errang er die zweifelhafte Berühmtheit, das höchste Gebäude gewesen zu sein, das je abgerissen wurde.)

Arbeitspause in luftiger Höhe

Das Woolworth Building galt 16 Jahre lang als das höchste Bauwerk der Welt, aber seine beiden Nachfolgebauten – das Ergebnis eines knallharten Wettbewerbs zweier ehemaliger Partner – blieben nur für kurze Zeit auf dem Spitzenplatz.

H. Craig Severance, der Architekt des Bank of the Manhattan Company Building (Wall Street 40), war der ehemalige Partner von William Van Alen, dem Erbauer des Chrysler Building (► 65). Von ihren Auftraggebern ließen sich die beiden zu einer erbitterten Auseinandersetzung um den höchsten Wolkenkratzer hinreißen. Dabei griff man tief in die Trickkiste. So wurden z. B. Baupläne sofort überarbeitet, sobald der Verdacht aufkam, dass der Konkurrent ein höheres Gebäude errichten könnte. 1929 sah Severance schon wie der sichere Sieger aus, aber im letzten Moment bekam das Chrysler Building eine Turmspitze aufgesetzt, die Van Alen zuvor unbemerkt im Inneren des Gebäudes hatte bauen lassen. Durch diese List wies das zuvor vermeintlich niedrigere Chrysler Building schließlich 318 Meter auf, war somit höher noch als der Eiffelturm und schlug infolgedessen das »nur« 282 Meter hohe Manhattan Company Building um Längen. Severances damaliger Partner, der Architekt Yasuo Matsui, sah sein Team jedoch als »Sieger«, da die Aussichts-

plattform des Manhattan Company Building ja immerhin nutzbarer Raum sei, die Spitze des Chrysler Building nur Dekoration.

Der Streit erübrigte sich 1931, als das 381 Meter hohe Empire State Building (► 112 ff) mit seinen insgesamt 102 Stockwerken fertig gestellt wurde. Selbst mit seinen nur 86 wirklich verwendbaren Etagen übertraf es an Höhe noch das Chrysler Building. Mehr als vier Jahrzehnte lang war das Empire State Building das höchste Gebäude der Welt, da Weltwirtschaftskrise und Zweiter Weltkrieg den Bauboom zum Erliegen brachten. Die Zwillingstürme des World Trade Center an der Liberty und West Street überboten in den frühen 1970er-Jahren das Empire State Building an Höhe.

Zu den Neuerungen, die der Architekt Minoru Yamasaki beim World Trade Center einsetzte, gehörte es, dass die Außenseiten in die Statik mit einbezogen wurden. Doch dem Angriff am 11. September 2001 hätte keine Befestigung widerstanden. Zwei entführte Verkehrsflugzeuge krachten in die oberen Stockwerke und legten beide Türme in Schutt und Asche.

»Nichts ähnelt im Frieden so sehr dem Krieg wie der Bau von Wolkenkratzern«, schrieb William A. Starrett 1928. Tatsächlich war eine Kriegshandlung nötig, um das World Trade Center in New York zu zerstören.

Vom Empire State Building aus sieht man auch den Wolkenkratzer, der vor ihm am höchsten war, das Chrysler Building

HIGHLIGHTS AUF EINEN BLICK

AUSSICHTSLOKALE

Das Top of the Tower im 26. Stock des Beekman Tower (3 Mitchell Place, Ecke 49th Street und 1st Avenue, Tel. 212/355-7300) öffnet täglich um 16 Uhr und bietet herrliche Aussicht auf den East River. Die Bar, drei Blocks westlich der 51st Street (U-Bahn 6) ist gelegentlich für private Feiern geschlossen. Aussicht auf 5th Avenue und Central Park haben Sie vom Peninsula Hotel (2 West 55th Street, Tel. 212/ 247-2200, tägl. ab 17 Uhr, So geschl.).

SPORT

Die New York Yankees (Tel. 212/307-7171) spielen von April bis Oktober im Yankee Stadium, das 1923 gebaut wurde. Man erreicht es mit der Fähre (Tel. 800/533-3779) von Manhattans East Side aus.

Genießen Sie im Central Park ein wenig Natur

BUSTOUR

Eine billige Stadtrundfahrt und eine ordentliche Dosis Lokalkolorit bietet eine Fahrt mit der Linie M5 entlang der 5th Avenue in Midtown. Man fährt nach Süden bis zum Village, dann weiter nach Norden und Westen bis Grant´s Tomb (► 99).

VOGELBEOBACHTUNGEN

Der Rare Bird Alert (Tel. 212/979-3070) gibt aktuelle Informationen wie: »Eine größere weißbrüstige Gans besuchte den Hook Pond in East Hampton und zog dann weiter, möglicherweise nach Connecticut.« Das Ganze hört sich wie die Klatschspalte einer Zeitschrift an.

SPAZIERGANG

Die Municipal Art Society (Tel. 212/439-1049) sponsert großartige Spaziergänge (werktags $$, Wochenende $$$), einschließlich Central Park, 5th Avenue und Grand Central Terminal (dieser, jeweils Di 12.30 Uhr, ist kostenlos). Zum Angebot von Big Onion Walking Tours (Tel. 212/439-1090) gehört eine multikulturelle Esstour ($$$) durch Chinatown, Little Italy und die Lower East Side.

Sie haben nur Zeit für 1 ...

... **historisches Monument**, dann sollte es Ellis Island sein (► 143f).
... **Kaufhaus**, dann sollte es das Bergdorf Goodman sein (► 74).

Sie haben nur Zeit für 2 ...

... **Museen**, dann sollten es das Guggenheim (► 92f) und die Frick Collection (► 95) sein.
... **Eingangshallen von Wolkenkratzern**, dann sollten es die im Chrysler Building (► 65) und die im Woolworth Building (► 153) sein.
... **Stadtviertel**, dann sollten es das East Village (► 116f) und SoHo (► 147ff) sein.
... **Restaurants**, dann sollten es das Savoy (► 159) und die Gramercy Tavern (► 129) sein.

Ein Wochenend-Match der New York Yankees ist immer ein Zuschauermagnet

DER ROMANTISCHSTE ORT FÜR DEN SONNENAUFGANG

Frühaufsteher sollten den Sonnenaufgang bei einem Spaziergang über die Brooklyn Bridge (► 153f) genießen.

DER ROMANTISCHSTE ORT FÜR DEN SONNENUNTERGANG

Es gibt keine romantischere Zeit, um auf das Empire State Building (► 112) zu fahren, als zum Sonnenuntergang an einem klaren Tag, wenn der Blick einfach überwältigend ist.

DER BESTE ORT FÜR NACHRICHTEN AUS DER HEIMAT

Universal News Café
✚ 195 D1
✉ 484 Broome Street
☎ (212) 965-0730
führt amerikanische und internationale Zeitungen.

Der NEW YORKER

EINE PHILOSOPHIE

»Der *New Yorker* ist keine Zeitschrift, die für die kleine alte Dame in Dubuque (Iowa) herausgegeben wird.« So warb der Herausgeber Harold W. Ross (1892–1951) für seine heute legendäre Publikation, die schon bald nach der Erstausgabe 1925 ein unentbehrlicher Führer für New York und seine Psyche wurde. Und das blieb sie auch bis heute.

Sein hohes Niveau, Witz und eine liebevoll-ironische Haltung gegenüber der Stadt sind die Kennzeichen des *New Yorker*. Ross hatte während des Ersten Weltkriegs für die US Army die *Stars and Stripes* herausgegeben und ließ sich nach dem Krieg in New York nieder. Zu seinen Weggefährten in den Zwanzigerjahren zählten Dorothy Parker und andere Mitglieder des Algonquin Round Table, einer berühmten Runde kreativer Köpfe, die sich im Algonquin Hotel, West 44th Street, trafen.

26 Jahre lang war Ross Herausgeber des wöchentlich erscheinenden *New Yorker* – ein hitzköpfiger Chef, der massenweise Mitarbeiter feuerte. Jedoch mussten auch seine Gegner seinen Hang zur Per-

fektion anerkennen. Ross hatte eine gute Nase für Talente, die er in seinem Sinne formte. Obwohl die Bezahlung geringer war als bei der Konkurrenz, war die Arbeit für den *New Yorker* wegen seines guten Rufes sehr begehrt. E. B. White und James Thurber gehörten zur Creme der Autoren.

Einer der frühen Erfolge der Zeitschrift war das 1936 von Mitarbeiter Wolcott Gibbs geschriebene Porträt von Henry Luce, dem herrischen Herausgeber des *Time Magazine*. Gibbs, ein berüchtigter, scharfzüngiger Autor, nahm die Zeitschrift wegen ihrer wichtigtuerischen, gestelzten Sprache aufs Korn: »Die Sätze laufen rückwärts, bis sich im Kopf alles dreht.« Es ist sicherlich kein Zufall, dass dieser von Gibbs kritisierte Stil kurz danach aus dem *Time Magazine* verschwand.

William Shawn folgte 1952 Ross als Herausgeber. Er war ein scheuer und etwas ängstlicher Mann, der unter Klaustrophobie litt, jedoch an Ross' Prinzip der Klarheit festhielt. Zu Shawns Verdiensten gehört, dass er Truman Capote beauftragte, *In Cold Blood* (dt. Titel: *Kaltblütig*) zu schreiben, die wahre Geschichte des Mordes an einer Farmerfamilie in Kansas. Capotes »nichtfiktionaler Roman« wurde zuerst in vier Fortsetzungen veröffentlicht, bevor das Buch zum Bestseller avancierte. In den frühen Sechzigerjahren forderte James Baldwin die Amerikaner auf, den herrschenden Rassismus im Land zu hinterfragen – dieser Essay wurde später als Teil des Buches *The Fire Next Time* (dt. Titel: *Hundert Jahre Freiheit ohne Gleichberechtigung*) veröffentlicht.

In Interviews wurde Shawn oft nach dem Patentrezept der Zeitschrift gefragt, aber er bestand darauf, dass es keines gab: »Wir bringen, was uns interessiert, und gehen davon aus, dass es den Leser auch interessiert.« Über drei Generationen hinweg, unter der Herausgeberschaft von Robert Gottlieb und Tina Brown, wurde diese Maxime beibehalten.

Die Titelbilder und Cartoons der Zeitschrift sind ebenso prägnant wie ihre Texte

Gegenüberliegende Seite: Eldon Dedini fertigte viele Cartoons für den New Yorker an

LICHT • KAMERA ACTION

Ganz New York ist eine Bühne für Film und Fernsehen

Die Wahrscheinlichkeit, bei einem Spaziergang durch New York Zeuge von Film- oder Fernsehdreharbeiten zu werden, ist groß. Vielleicht hat man sogar das Glück, Woody Allen oder Martin Scorsese bei Außenaufnahmen für ihren neuesten Film zu erleben.

Mehr als 2,5 Milliarden Dollar geben Film- und Fernsehgesellschaften jährlich in New York für das Erstellen von Spielfilmen, Berichten und Serien aus, hinzu kommen noch Werbesendungen und Dokumentationen – ein bedeutender Wirtschaftsfaktor für die Stadt. Und dafür zeigt New York gern seinen Glanz und seine Größe. Sicherlich könnte man manche der hier produzierten Fernsehshows genauso gut in St Louis oder sonstwo aufzeichnen – aber es fehlte dann das gewisse Etwas, das nur der *Big Apple* bietet.

Als das Kino noch in den Kinderschuhen steckte, wurden in New York bereits Filme gedreht. Am Kaufhaus Macy's erinnert eine Tafel daran, dass hier in der ehemaligen Koster and Bial's Music Hall 1896 die ersten öffentlichen Dreharbeiten stattfanden. D. W. Griffith, der den Central Park bevorzugte, arbeitete bei der Biograph Co., 11 East 14th Street, für die er die frühen Filme mit Mary Pick-

Robert de Niro, links, spielt den Psychotiker Travis Bickle in *Taxi Driver* unter der Regie von Martin Scorsese, rechts

ford drehte. Die heruntergekommene Bowery war Kulisse für den ersten abendfüllenden Gangsterfilm, *Regeneration* (1915). Der Regisseur Raoul Walsh erinnert sich in seiner Autobiografie: »Es gab genug

Penner und Säufer als Statisten.«

Noch 1929 entstand ein Viertel aller amerikanischen Filme in New York. Zu den bedeutendsten Filmen aus dieser Zeit gehört der auch heute noch fesselnde *The Crowd* (1928), der die Diskrepanz zwischen dem Leben der Arbeiter und der Oberschicht in New York zeigt.

In der Zeit von 1930 bis 1950 wurden die meisten der Filme, die New York zum Schauplatz hatten, in Hollywood produziert, u. a. auch *King Kong* (1933). Erst das Musical *On the Town* (1949; dt. Titel: *Heute gehen wir bummeln*) mit seinem Eröffnungs-Song *New York, New York*, einer Collage aus Nachkriegsbildern der Stadt, belebte wieder das Interesse am Drehort New York. (Pikanterweise wurden drei Viertel der Szenen des Films in Kalifornien gedreht.)

Berühmte New-York-Musicals

42nd Street (1933)
On the Town (1949)
The Band Wagon (1953)
Guys and Dolls (1955)
West Side Story (1961)
Saturday Night Fever (1977)
New York, New York (1977)
Fame (1980)

»It's a helluva town«, singen Sinatra und seine Kumpel in *On the Town*

Audrey Hepburn und George Peppard beim Schaufensterbummel in *Breakfast at Tiffany's*

Film und Fernsehen haben manches Stadtviertel bekannt gemacht

Der Film *The Lost Weekend* (1945; dt. Titel: *Das verlorene Wochenende*) über einen alkoholkranken Schriftsteller zeichnet ein realistisches Bild der Stadt. Alfred Hitchcock verwendete in seinem Spionagefilm *Saboteur* (1942) Orte wie die Radio City Music Hall, die Freiheitsstatue und den Hafen (wo Gangster ein Kriegsschiff versenken, um von der US-Regierung Schutzgelder vor nationalsozialistischen Sabotageakten zu erpressen) als Hintergrund. Die Docks von Brooklyn liefern die Kulisse für *On the Waterfront* (1954; *Die Faust im Nacken*).

In den Siebzigerjahren wurden Außenaufnahmen an Originalschauplätzen zur Regel, Filme wie *Cotton Comes to Harlem* (1970), *The French Connection* (1971), *Main Streets* (1979) und *Serpico* (1973) nutzten die zum Teil heruntergekommenen Stadtviertel als Kulisse, Bilder von Straßenkriminalität und verschmutzten U-Bahnen sorgten für Authentizität, taten damit dem Image der Stadt aber keinen Gefallen.

Der Boom setzte sich nahezu ungebrochen in den Achtzigerjahren fort. Veränderte Gesetze erleichterten in den Neunzigerjahren das Drehen vor Ort. Einige New Yorker murren manchmal über die Unannehmlichkeiten, aber die Mehrheit akzeptiert die wichtige Rolle der Filmindustrie als Wirtschaftsfaktor und Werbeträger für ihre Stadt.

Big Apple als Filmkulisse

Die Bronx

Robert de Niro führte nicht nur Regie, sondern spielte in *A Bronx Tale* (1993) selbst einen Italoamerikaner der Sechzigerjahre. In *Fort Apache, the Bronx* (1981) wollen zwei Polizisten in der South Bronx aufräumen. Eine junge schwarze Puertoricanerin strebt in *I Like It Like That* (1994) eine Karriere als Model an. In *Hangin' with the Homeboys* (1991) schlittern vier Jungs aus der tiefsten Bronx während einer Nacht von einer Schwierigkeit in die nächste.

Brooklyn

Ein Zeitschriftenartikel diente als Vorlage für *Saturday Night Fever* (1977), den Inbegriff des Discofilms. Die Hauptfigur, deren Lebensinhalt der Tanz ist, stammt aus Brooklyn. In *Sophie's Choice* (1982; dt. Titel: *Sophies Wahl*) lässt sich eine Überlebende von Auschwitz im Nachkriegsbrooklyn nieder. Und ganz verzaubert zeigt sich der Stadtteil in *Moonstruck* (1987). Zum besseren Kennenlernen des Stadtteils empfehlen sich die Brooklyn-Ausflüge (► 164ff).

Manhattan

Joan Micklin Silvers *Hester Street* (1975), die Geschichte jüdischer Immigranten von der Lower East Side, wurde in Greenwich Village gedreht, da die reale Straße sich zu stark verändert hatte. Treffend eingefangen wurde Manhattan in *Breakfast at Tiffany's* (1961; dt. Titel: *Frühstück bei Tiffany's*) mit Audrey Hepburn. In *Midnight Cowboy* (1969) muss ein dümmlicher Geschäftsmann erkennen, dass der Stadtteil schwieriger zu erobern ist, als er sich das vorgestellt hatte.

Queens/Staten Island

Von Gloria Swanson in den Zwanziger- bis Bill Cosby in den Achtziger- und Neunzigerjahren wurden Filme und TV-Shows in den Kaufman-Astoria Studios in Queens produziert. Neben den Studios ist das American Museum of the Moving Image (35th Avenue und 36th Street, Astoria, Tel. 718/784-4520; U-Bahn R bis Steinway Street) mit seinen zahllosen Requisiten, Kostümen und Fotos aus Film und Fernsehen einen Besuch wert. Viele Gangsterfilme wurden auf Staten Island gedreht, Szenen aus klassischen Filmen wie *Godfather Part 2* (1974; dt. Titel: *Der Pate*, 2. Teil), *Goodfellas* (1990) und *Donnie Brasco* (1997) spielen hier.

Friends: eine amüsante, nicht immer realistische TV-Serie über das Leben in New York

Nette Phantastereien

Friends, *Seinfeld*, *NYPD Blue* und *Law & Order* gehörten in den Neunzigerjahren zu den populärsten Fernsehsendungen. Jeder amerikanische Zuschauer musste annehmen, dass die New Yorker ihren Tag entweder schwätzend im Café verbrachten oder Verbrechen begingen, die fast immer aufgeklärt wurden. Woody Allen (*Manhattan*, *Broadway Danny Rose*, *Crimes and Misdemeanors*), Spike Lee (*She's Gotta Have It*, *Do the Right Thing*, *Summer of Sam*) und Martin Scorsese (*Mean Streets*, *Taxi Driver*, *After Hours*, *Goodfellas*, *The Age of Innocence*) sind einige der Filmemacher, die die Stadt in ihren vielen Filmen verewigt haben.

Die New Yorker mögen mürrisch sein, aber selbst die missmutigsten Bewohner heutzutage sind sanftmütig im Vergleich zu ihren Vorfahren, die gegen Ungerechtigkeit oder andere Missstände in Massen auf die Straßen gingen.

NEW YORK

New York – im Aufruhr

Kaum zu glauben

Während des 18. Jahrhunderts waren Autopsien nur in Ausnahmefällen gestattet. Die Nachricht, dass die Studenten des New York Hospital frische Gräber öffneten und die Leichen stahlen, war Auslöser der Doctors' Riot von 1788. Nur die Hälfte davon stimmte: Um den menschlichen Körper zu erforschen, gruben die Studenten die Leichen nicht aus, sondern kauften sie von Leichenräubern. Ärzte, die von den Praktiken ihrer Studenten wussten, mussten aus der Stadt fliehen und kehrten erst zurück, nachdem sich die Aufregung gelegt hatte.

Shakespeare ist einen Kampf wert

Eine *Macbeth*-Aufführung diente politischen Agitatoren als Auslöser für Klassenkämpfe. Am 10. Mai 1849 gab es zwei rivalisierende Aufführungen des gleichen Stückes, die eine mit dem bekannten amerikanischen Schauspieler Edwin Forrest, die andere mit seinem britischen Pendant William Macready, zu dessen Vorstellung im Astor Place Opera House die New Yorker High Society ging. Als das Gerücht verbreitet wurde, dass der Engländer die schauspielerischen Qualitäten von Forrest verunglimpft habe (Beweise dafür gab es nicht), versuchten Zehntausende seine Vorstellung zu stören. Bei dem so genannten Astor Place Riot gab es 31 Tote.

Krieg der Gesetzeshüter

Während der Police Riots vom 16. Juni 1857 kämpften zwei Polizeieinheiten – eine mit staatlicher Unterstützung, die andere unterstützt von der korrupten Stadtverwaltung – vor dem New Yorker Rathaus um den Anspruch, in der Stadt für Recht und Ordnung zu sorgen. Der Konflikt währte monatelang, bis die Staatstruppe siegte. Die eigentlichen Gewinner während dieser Zeit aber waren die großen und kleinen Gauner.

Antihelden der Arbeiterklasse

Ungleichheit bei der Wehrpflicht war die Ursache der Civil War Draft Riots. dreihundert Dollar kostete es, sich von

der Wehrpflicht freizukaufen. Am 13. Juli 1863 begann der viertägige blutige Aufruhr. 102 der insgesamt 120 Toten waren Afroamerikaner – erschlagen zumeist von irischen Immigranten, die sich weigerten, im Bürgerkrieg für die Befreiung der Sklaven zu kämpfen.

Kampf ums Fleisch

Als 1902 der Preis für koscheres Fleisch um fünfzig Prozent stieg, machten orthodoxe Jüdinnen ihrem Zorn Luft, indem sie Handkarren umstürzten und Fensterscheiben von Metzgereien einwarfen. Am Höhepunkt der Kosher Beef Riots, dem 15. Mai, beteiligten sich 20 000 Menschen. Der Aufruhr dauerte einen Monat, bis die Preise gesenkt wurden.

Grün – die Farbe der wahren Liebe

Unblutig verlief der »Anschlag« des Anarchisten Abbie Hoffman auf die New Yorker Börse in den Sechzigerjahren. Um zu beweisen, dass die Börsianer nur das verführerische Grün der Dollarscheine liebten, warfen er und zwei Dutzend Hippies bündelweise Dollarnoten von der Besuchergalerie. Mit Erfolg – das Gerangel brachte den Börsenhandel zum Erliegen.

Geburtsstunde der Schwulenbewegung

Die moderne Schwulenbewegung hat ihren Ursprung in der Stonewall Rebellion, die im Juni 1969 stattfand. Damals war es illegal, Homosexuelle zu bewirten oder sich als Transvestit zu kleiden. Bei einer Razzia im Stonewall Inn (damals Christopher Street 51–53, heute Christopher Street 53) versuchte die Sittenpolizei, Transvestiten zu verhaften. Die leisteten jedoch heftige Gegenwehr und schlugen die Polizei zeitweilig in die Flucht. Der Christopher Street Day erinnert daran.

Abbie Hoffman sorgte für Verwirrung an der Börse

EIN JAHRHUNDERT AM

TIMES SQUARE

Ein Broadwaykritiker der Dreißigerjahre spottete über den Times Square als »einen kreischenden Vergnügungspark ohne Achterbahn«, ein Hinweis auf die karnevalähnlichen Vergnügungen, die die Theater während der Weltwirtschaftskrise ersetzten. Der Vergleich konnte zutreffender nicht sein, denn der Platz, auf dem rund um die Uhr das Leben tobt, hat schon so manche Höhen und Tiefen erlebt.

Glamour war zu Beginn des Jahrhunderts angesagt,

Ein fröhliches neues Jahr

Zu Silvester 1904 feierte die *New York Times* ihr neues Hochhaus am Times Square und den Beginn des neuen Jahres mit einem Feuerwerk. Die Feierlichkeiten waren als einmaliges Ereignis geplant, entwickelten sich aber seither zu einer immer wiederkehrenden Veranstaltung. Seit 1907 wurde es zur Tradition, eine leuchtende Kugel hinunterzulassen, um den Beginn des neuen Jahres anzukündigen.

Varietés und Theater hatten ihr goldenes Zeitalter. Während der Theatersaison 1927/28 wurden 264 Stücke aufgeführt. Buntes Leben auf den Straßen und Lichter (später Neon) verwandelten den Times Square in ein glitzerndes Vergnügungszentrum.

Menschengedränge in der Silvesternacht 1936/37

Das war nicht immer so, und den Times Square gab es auch nicht schon immer. Im 19. Jahrhundert trug dieses Dreieck, das vom Broadway, 42nd Street und der 7th Avenue gebildet wird, den Namen Longacre Square. In den 1880ern eröffnete William K. Vanderbilt am Broadway, einige Blocks nördlich vom Longacre Square, seine American Horse Exchange Ltd., die damalige Version einer Autovermietung. Ställe und Kutschenhersteller siedelten sich in der Umgebung an.

Seinen heutigen Namen bekam der Platz 1904, als die *New York Times* hier einen Wolkenkratzer baute und von der Stadt verlangte, dass der Longacre Square umbenannt und die neue U-Bahn-Station den Namen der Zeitung tragen sollte.

Die Theaterdirektoren waren derweil nicht untätig geblieben. Oscar Hammerstein I (der Großvater des berühmten Komponisten) hatte bereits 1895 ein großes Theater am Broadway, Ecke 44th Street, gebaut. Zu den vielen, die folgten, gehörte das New Amsterdam Theatre, ein Art-déco-Gebäude von 1903 an der 42nd Street. (Zurzeit wird dort das Disney-Musical *The Lion King* gespielt.) Schon 1910 sorgten exklusive Restaurants, Cafés und Cocktailbars für Unterhaltung vor und nach den Vorstellungen.

Während der Prohibition (1920–33), als Alkohol verboten war, sorgten von Gangs-

Die Sonne geht über dem Times Square unter, wo 24 Stunden reges Leben herrscht

tern geführte, so genannte Speakeasies für den gewissen Kick im Nachtleben. Es war Billy Minsky, der während der Weltwirtschaftskrise zum ersten Mal eine Varietévorstellung im Republic Theatre (heute New Victory) an der 42nd Street aufführte. »Unanständige, derbe, bunte, flotte *42nd Street*«, lautete eine Zeile im Titelsong des 1933 gedrehten Filmmusicals *42nd Street*. Der Film zeigte nicht nur die schönen Seiten der Straße, sondern auch Schusswechsel und eine Messerstecherei.

Während des Zweiten Weltkriegs und kurz danach erlebte der Times Square einen Höhepunkt, verfiel dann aber bald. Pornoläden machten sich breit, und Taschendiebe und Gauner trieben ihr Unwesen. Das Ende dieser lasterhaften Zeit mit ihrem dekadenten Charme wird von manchem New Yorker wehmütig beklagt.

Ein Grund für diese merkwürdige Nostalgie ist sicherlich die völlige Neugestaltung des Times Square in den Neunzigerjahren, als Disney das New Amsterdam Theater aufpolierte und andere Investoren folgten. Aber Zeitdokumente wie Paul Morrisseys Film *Forty Deuce* (1982) – der Titel ist einer der Spitznamen der 42nd Street – erzählen die wahre Geschichte: Die Gegend war zu einem gefährlichen Pflaster verkommen.

Während aller Höhen und Tiefen stand und steht der Times Square immer für Unterhaltung: Der E-Walk, die neue virtuell-reale Passage an der 42nd Street, Ecke 8th Avenue, veranschaulicht dies gekonnt.

Werbung mit Tradition

Seit einem Jahrhundert hat die Firma Artkraft Strauss fast alle Leuchtreklamen für den Platz geschaffen, darunter in letzter Zeit Jell-O, Coca-Cola und British Airways.

Bedeutende Broadway-Premieren

Angels in America – Walter Kerr
Born Yesterday – Lyceum
A Chorus Line – Shubert
Chicago (Premiere) – Richard Rodgers *(ehemals 46th Street)*
Falsettos – John Golden
Porgy and Bess – Neil Simon (ehemals Alvin)
South Pacific – Majestic
Sweet Charity – Palace
Will Success Spoil Rock Hunter? – Belasco
Ziegfeld Follies – New Amsterdam

Edelbehausungen und Bruchbuden

BERÜHMTE NEW YORKER ADRESSEN

EAST VILLAGE

Emma Goldman
208 East 13th Street, Ecke 3rd Avenue
14th Street/Union Square (L, N, O, R, W, 4, 5, 6)
Die Feministin, Anarchistin und politische Agitatorin (1869–1940) lebte hier von 1903–1913 (damals Hausnummer 210). In diesem Apartment begann sie mit der Veröffentlichung ihrer Zeitschrift *Mother Earth*.

Charlie Parker
151 Avenue B, Ecke East 10th Street
Astor Place (6)
Der Altsaxofonist, eine Bebop-Legende, wohnte in den frühen Fünfzigerjahren fünf Jahre im Erdgeschoss dieses Sandsteinhauses. Ihm zu Ehren trägt der Teil der Avenue B zwischen 7th und 10th Street den Namen Charlie Parker Place.

Leon Trotsky/W. H. Auden
77 St. Mark's Place, Ecke 1st Avenue
Astor Place (6)
Der englische Dichter W. H. Auden bewohnte zwischen 1953 und 1972 den ersten Stock. Bereits 1917 hatte Trotzki hier eine sozialistische Zeitung herausgegeben. Trotzki, der New York als »vollständigsten Ausdruck unseres modernen Zeitalters« beschrieb, wohnte eigentlich in der Bronx. Seine Zeitung

CHARLIE PARKER GEORGE WASHINGTON LEON TROTSKY JIMI HENDRIX W H AUDEN

berichtete 1917 auch pflichtgemäß, dass der »Junge aus der Bronx« nach Russland zurückgekehrt war, um sich dort an der Revolution zu beteiligen.

GREENWICH VILLAGE

Jimi Hendrix
52 West 8th Street, Ecke 6th Avenue
West 4th Street (A, C, E, F)
Der Gitarrenkünstler ließ hier Ende der Sechzigerjahre die immer noch existierenden Electric Lady Studios errichten. Der Ort war vorher schon ein Treffpunkt für Freunde der Rockmusik (Generation Club) und noch davor ein Tanzsaal. Im August 1970 verließ Hendrix die Eröffnungsparty des Studios, um nach England zu fliegen, wo er einen Monat später starb.

FLATIRON DISTRICT

Edith Wharton
14 West 23rd Street, westlich des Broadway
23rd Street (N, R)
Viele der Romane Edith Whartons, so auch *The Age of Innocence*, spielen in der Umgebung ihres Geburtshauses, lange bevor es in ein Einzelhandelsgeschäft umgewandelt wurde. Diese Gegend war das Zentrum der New Yorker Gesellschaft in der zweiten Hälfte des 19. Jahrhunderts.

Stanford White
22West 24th Street, westlich des Broadway
23rd Street (N, R)
Stanford White von der Firma McKim, Mead und White war ein Toparchitekt. Er galt als notorischer Playboy. In den beiden oberen Stockwerken seines Apartments in diesem grauen Gebäude verführte er die minderjährige Evelyn Nesbit. Als sie nach ihrer Heirat ihrem Mann Harry K. Thaw von dem Vorfall erzählte, ermordete er White im Jahr 1906.

MIDTOWN

Truman Capote
870 UN Plaza, 1st Avenue, nördlich 48th Street
51st Street (6)
Der Autor von *Breakfast at Tiffany's* liebte die Aussicht von seinem Apartment im 22. Stock auf den East River – besonders wenn »die grünen Lichter der Brücke wie Smaragdketten glitzerten«.

EMMA GOLDMAN
NOEL COWARD
GRETA GARBO
BARBRA STREISAND
JAMES DEAN

Greta Garbo/Noel Coward
450 East 52nd Street, östlich der 1st Avenue
51st Street (6)
»Ich bin froh, in meiner Wohnung zu sein. Sie mögen hier keine Schauspielerinnen«, sagte die Filmdiva über den Campanile, einen Ziegelbau von 1930, von dem man auf den FDR Drive und den East River blickt. Auch Noel Coward lebte hier.

UPPER WEST SIDE

James Dean
19 West 68th Street, nahe Columbus Avenue
66th Street (1, 2)
Das Idol der Fünfzigerjahre wohnte ganz oben in einem gemütlichen Apartment voller Schallplatten und Bücher (z. B. *Stanislavsky Directs*, ein Buch über eine spezielle Schauspielkunst), bis er 1954 New York verließ, um *East of Eden* (1955; dt. Titel: *Jenseits von Eden*) zu drehen.

UPPER EAST SIDE

Jacqueline Kennedy-Onassis
1040 5th Avenue, Ecke East 85th Street
86th Street (6)
Die frühere First Lady und spätere Lektorin verbrachte ihre letzten Jahre in einer 14-Zimmer-Wohnung mit Blick auf den Central Park. Nach ihrem Tod kaufte der Ölmilliardär David Koch die Wohnung und hielt es für angebracht, sie zweimal neu zu gestalten, bis er und seine Frau einzogen.

The Marx Brothers
179 East 93rd Street, östlich der Lexington Street
96th Street (6)
Das exzentrische Komikerteam verbrachte den größten Teil seiner Jugendzeit hier.

Barbra Streisand
1153–1157 3rd Avenue, Ecke East 67th Street
68th Street (6)
Von der ersten Wohnung des Stars in Manhattan blickte man auf eine Ziegelmauer. Der Fischgeruch aus dem darunter liegenden Restaurant zog nach oben. Aber »wir waren glücklich«, sagte ihr erster Ehemann Elliott Gould, der hier mit ihr zusammenlebte.

Andy Warhol
57 East 66th Street, östlich von Madison Avenue
68th Street (6)
Der Künstler und Provokateur lebte von 1972 bis zu seinem Tod 1987 in diesem klassischen roten Ziegelhaus. Hier stapelten sich zahllose, von ihm gesammelte Gegenstände. Andere berühmte Adressen werden gesondert erwähnt: **Hotel Chelsea** (► 126), das **Plaza Hotel** (► 68), das **Frick Collection** (► 95), die **Dakota Apartments** (► 98) und die **Morgan Library** (► 124).

TRUMAN CAPOTE

ANDY WARHOL

THE MARX BROS

Hintergrund**geschichten**

Episoden um berühmte Leute, Orte und Ereignisse

Flache Hügel

Manhattan bedeutet in der Sprache der Algonkin-Indianer »Insel der Hügel«. Warum aber ist dieser Stadtteil so flach? Im 19. Jahrhundert wurden die Hügel eingeebnet, Bäche trockengelegt und Vertiefungen mit Erde aufgefüllt, um die Fahrt durch die Stadt zu erleichtern. Spuren der ursprünglichen Landschaft sind im nördlichen Central Park (➤ 82ff) und nahe The Cloisters (➤ 100) zu entdecken.

Bankgründung à la Burr

Während seiner Zeit als Vizepräsident tötete Aaron Burr (1756–1836) seinen politischen Rivalen Alexander Hamilton (1755–1804) bei einem berühmten Duell in New Jersey (das Duellieren war in New York verboten). Weniger bekannt ist, dass Burr maßgeblich für die Gründung der Chase Manhattan Bank verantwortlich war. 1799 wollte Burr das Bankenmonopol von Alexander Hamilton brechen. Dafür gründete er zum Schein eine Gesellschaft und nutzte dann eine Lücke im Gesetz, um mit dem Kapital dieser Gesellschaft die Bank of the Manhattan Company ins Leben zu rufen, die später mit der Chase Manhattan Bank fusionierte.

Eine Seifenoper, die das Leben schrieb

Alva Smith Vanderbilt (1856–1933) wollte nur eine Loge im Opernhaus der Academy of Music kaufen, als Zeichen ihrer sozialen Stellung. Da sie mit einem Erben des Vanderbilt-Vermögens verheiratet war, hielt sie das für angemessen. Sie scheiterte jedoch an Caroline Webster Schermerhorn Astor (1830–1908), die sie und die Frau des Finanziers J. P. Morgan für neureiche Emporkömmlinge hielt und ihnen keine Loge zugestand. Daraufhin ließen die beiden ihr eigenes, das berühmtere Metropolitan Opera House, bauen, das 1883 an der 39th Street, Ecke Broadway, eröffnet wurde. Wenige Jahre später musste der Spielbetrieb in

Das Duell mit Hamilton war nicht der einzige schwarze Fleck auf Burrs weißer Weste

Bevölkerungsexplosion
Als Manhattan, Brooklyn, die Bronx, Queens und Staten Island sich 1898 zu New York City vereinigten, betrug die Gesamtbevölkerung 3,4 Millionen. 1999 waren es ca. 7,4 Millionen (der Rekord lag 2000 bei 8 Millionen).

der Academy eingestellt werden. Daraufhin machten sich die Astors und ihresgleichen auf die Suche nach Logen in der Met. Da die Met über zahlreiche Logen verfügte, musste nach kurzer Zeit ein ganzer Rang abgerissen werden, weil es nicht genug reiche Opernliebhaber in New York gab, die sich eine Loge leisten konnten. 1966 zog die Met in das Lincoln Center um (➤ 106).

Waldorf-Hysterie

William Waldorf Astor (1848-1919) und seine Frau wollten neues Leben in die New Yorker Gesellschaft bringen, aber seine Tante Lina, die oben erwähnte Caroline Astor, machte ihnen immer wieder einen Strich durch die Rechnung. Da Tante und Neffe nebeneinander in der 5th Avenue, Ecke 33rd Street, wohnten, ließ William, um Mrs Astor eins auszuwischen, sein Haus abreißen und dafür das Waldorf Hotel bauen. Caroline Astor revanchierte sich, indem sie ihren Sohn John Jacob Astor IV. beauftragte, ihr Haus ebenfalls abreißen zu lassen, und engagierte den Architekten des Waldorf und des späteren Plaza Hotels, Henry J. Hardenberg, für den Bau des Astoria Hotels. Als sich die Gemüter wieder beruhigt hatten, wurde mit der Errichtung eines Verbindungsbaus das Waldorf-Astoria gegründet. 1929 musste der Komplex dem Empire State Building weichen. William Waldorf Astor wanderte Ende des 19. Jahrhunderts nach England aus und wurde dort der erste Viscount Astor.

Immer eine Reise wert
Ungefähr 36 Millionen Besucher zählte New York 1999.

Kaum zu glauben, aber Manhattan war früher hügelig

Taxi! Taxi!
Es gibt ungefähr 12 000 Taxis in New York, da sollte man doch immer eins erwischen.

John Jacob Astor IV. starb 1912 beim Untergang der Titanic. Das heutige Waldorf-Astoria öffnete 1931 an der Park Avenue, Ecke 49th Street, seine Pforten.

Frick und die Kunst

Beim Besuch der Frick Collection (➤ 95) kommt Bewunderung auf für den Mann, der diese Kunstwerke sammelte und sein Haus in ein Museum umbaute. Um bei der Wahrheit zu bleiben, muss gesagt werden, dass dies ein später Versuch des Industriellen Henry Clay Frick (1849–1919) war, seinen Ruf aufzupolieren. Der eiskalte Geschäftsmann, ein fanatischer Gegner der Gewerkschaften, war – auf Geheiß seines Partners bei Carnegie Steel – verantwortlich für die blutige Niederschlagung des Pennsylvania's-Homestead-Stahlarbeiteraufstands im Jahr 1892. Die New Yorker Zeitung *The World* behauptete, dass die Anarchistin Emma Goldman (➤ 23) ein fehlgeschlagenes Attentat auf Frick initiiert hatte, für den ihr Geliebter Alexander Berkmann zu 14 Jahren Zuchthaus verurteilt wurde.

Tin Pan Alley

Musikliebhaber fragen oft nach dem Weg zur Tin Pan Alley. Eine Straße dieses Namens gibt es jedoch nicht, auch wenn ein Teil der 28th Street zwi-

Cole Porter war einer der berühmtesten Komponisten der Tin Pan Alley

schen Broadway und 6th Avenue, wo viele Liedermacher, Musikverleger und Arrangeure ihre Büros haben, damit assoziiert wird. »Tin Pan Alley« war die Bezeichnung für die populäre amerikanische Musik zwischen 1890 und 1950. Der Name entstammte der Bemerkung eines Komponisten, dass sich die falschen Töne mancher Musiker wie das Trommeln auf Blechpfannen anhörten. Zu diesen »Übeltätern« gehörten Komponisten wie Lorenz Hart, Dorothy Fields, George und Ira Gershwin, Cole Porter, Irving Berlin und Johnny Mercer. Später hatte die Musikszene am Brill Building (Broadway 1619), nördlich des Times Square, ihren Platz.

Club »21« triumphiert über das Gesetz und Rockefeller

Vielen New Yorkern ist bekannt, dass der berühmte Club »21« in 21 West 52nd Street während der Prohibition (1920–1933) ein Speakeasy war. Die Besitzer Charles Berns und Jack Kriendler narrten die Beamten der Bundespolizei immer wieder, weil die Barkeeper mit Hilfe eines geheimen Mechanismus Flaschen und Gläser in Windeseile verschwinden lassen konnten. Aber Berns und Kriendler triumphierten auch über andere Widersacher. John D. Rockefeller jr., einen glühenden Verfechter der Prohibition, störten die vielen illegalen Bars in der Umgebung seines Hauses in der 54th Street. Er plante, dass die Rockefeller Plaza – die Promenade im Rockefeller Center (▶ 56ff) – sich bis zum Museum of Modern Art (▶ 60ff) an der 53rd Street erstrecken sollte. Als Berns und Kriendler sich weigerten, ihren Besitz zu verkaufen, musste er seinen Plan aufgeben. (Er baute stattdessen einen Wolkenkratzer in der 50th Street.)

Die Bundespolizei führte viele erfolgreiche Razzien durch,im Club »21« hatte sie jedoch stets das Nachsehen

INTERNATIONALE KÜCHE

Europäische Immigranten des 19. und frühen 20. Jahrhunderts brachten ihre Lieblingsgerichte mit nach New York und ergänzten so die oftmals eintönige Küche mit Pfiff und Vielfalt. Fastfood und die Mode der *Haute Cuisine* haben viele dieser Gerichte – wie auch hausgemachte Spezialitäten – verdrängt, aber in den nachfolgend vorgestellten Delikatessenläden und Restaurants kann man sich heute noch an den Speisen erfreuen, die einst die New Yorker begeisterten.

Gehackte Leber bei Barney Greengrass

198 B5
541 Amsterdam Avenue, nördlich von West 86th Street
(212) 724-4707
86th Street (1, 2)

In diesem Delikatessengeschäft an der Upper West Side gibt es dieses typische New Yorker Gericht in ausgezeichneter Qualität und Menge.

Bagels bei H&H Bagels

198 B4
2239 Broadway, Ecke West 80th Street
(212) 595-8003
96th Street (1, 2)

Wenn die Einheimischen nicht darüber debattieren, wer die beste gehackte Leber macht, dann reden sie über Bagels. H&H hat viele Fürsprecher.

Borschtsch bei Veselka

195 E3
144 2nd Avenue, Ecke East 9th Street
(212) 228-9682
Astor Place (6)

In diesem ukrainischen Restaurant im East Village gibt es den besten Borschtsch.

Pizza in John's Pizzeria

194 B2
278 Bleecker Street, östlich der 7th Avenue South
(212) 243-1680
West 4th Street (A, C, E, F)

In dieser Pizzeria in Greenwich Village werden die Pizzen – mit wunderbar dünnem Boden – noch im Steinofen gebacken.

Blintzes bei Ratner's

195, bei F1
138 Delancey Street, nahe Suffolk Street
(212) 677-5588
Delancey Street (F)

Der beste Ort für schnelle *Blintzes*. Diese Art Pfannkuchen wird mit Käse, Obst und vielen anderen Zutaten gefüllt.

Super Sours bei Gus's Pickles

195 E5
35 Essex Street, nahe Hester Street
(212) 254-4477
Delancey Street (F)

Tomaten, Zwiebeln, Paprika – Gus macht aus allem Pickles. Besonders gut sind die *Super Sours*.

Kosher Wine bei Schapiro Wine Co.

195 F1
126 Rivington Street, nahe Essex Street
(212) 674-4404
Delancey Street (F)

Ein Motto dieser uralten Familienweinkellerei (der einzigen in Manhattan) lautet: »Wein so dick, dass man ihn fast mit dem Messer schneiden kann.«

Gegenüber: Bagels – seit Großvaters Zeiten ein Vergnügen

Pastrami auf Roggenbrot bei Katz's Delicatessen

195 F2
205 East Houston Street, Ecke Ludlow Street
(212) 254-2246
Delancey Street (F)

Die Schauspielerin Meg Ryan aß hier ein Truthahn-Sandwich in der berühmt-berüchtigten Szene in *When Harry Met Sally* (1988; dt. Titel: *Harry und Sally*), erfahrene New Yorker bevorzugen allerdings Pastrami auf Roggenbrot. Zu den Gästen gehörten auch Harry Houdini und Jimmy Carter.

Hot Dogs at F&B

194 B5
269 West 23rd Street at 8th avenue
(646) 486 4441
23rd Street (C, E, 1, 2)

Der schlichte Hot Dog wurde vor einem Jahrhundert von einem New Yorker erfunden, doch F & B, der selbst ernannte Händler mit »bedeutenden europäischen Snacks«, sieht die Sache international und bietet neben den klassischen Wienern auch Bratwürste und Ähnliches. Wenn Sie es aber lieber traditionell mögen, nehmen Sie einen Chili dog oder eine Frankfurter mit Senf.

Cannoli bei Veniero's

195 F3
342 East 11th Street, Ecke 1st Avenue
(212) 674-7264
Astor Place (6)

Venieros *Cannoli* – eine Art Windbeutel mit einer Füllung aus gezuckertem Ricotta – können süchtig machen.

Egg Cream bei Gem Spa

195 E3
131 2nd Avenu, Ecke East 10th Street
(212) 529-1146
Astor Place (6)

So süß wie eine Tafel Schokolade, aber so leicht wie Wasser – die *Egg Creams* werden aus halbgefrorener Milch, Schokoladensirup und einem Spritzer Mineralwasser zubereitet.

Chocolate Malted im Lexington Candy Shop

199 F4
1266 Lexington Avenue, Ecke 83rd Street
(212) 288-0057
86th Street (4, 5, 6)

Die Einrichtung ist seit 1948 nicht mehr verändert worden, das Rezept für das Schokoladenmalzgetränk auch nicht: Schokoladensirup, Schokoladeneis, Milch und Malzmilchpulver.

Hot Dogs sind eine beliebte Zwischenmahlzeit

Erster Überblick

Ankunft

New York besitzt drei Flughäfen: John F. Kennedy (JFK), La Guardia (LGA) und Newark (EWR).

Preise für den Transfer inkl. Mautgebühren ohne Trinkgeld.
$ unter 12 $ $$ 12–20 $ $$$ 20–30 $ $$$$ über 30 $

• Mit dem öffentlichen Nahverkehr kostet die Fahrt weniger als 5 $.

Transfer

Reservierungen werden am Ground Transportation Center in der Nähe der Gepäckausgabe angenommen; Info unter Tel. (800)274-7433.

• **Taxis** sind die einfachste und bequemste Möglichkeit, um von allen drei Flughäfen in die Stadt zu kommen. Schon bei zwei Passagieren lohnt sich ein Taxi (abgesehen vom öffentlichen Nahverkehr).

• **Minibusse** befördern Passagiere an ihr Ziel. In Manhattan halten sie zwischen Battery Park und 125th Street (96th Street von Newark aus). Reservierungen nimmt das Ground Transportation Center entgegen.

• **Öffentlicher Nahverkehr** ist nur dann eine gute Wahl, wenn man wenig Geld ausgeben möchte und kaum Gepäck hat.

John F. Kennedy International Airport

☎ (718) 244-4444
New Yorks wichtigster Flughafen liegt ca. 40 Minuten von Manhattan entfernt.

• **Taxis** ($$$$) fahren nach Einheitstarif, Trinkgeld und Brückenzoll nicht inbegriffen. Die Fahrt zum Flughafen rechnet nach Taxameter. Nur die gelben Taxis sind lizenziert, private Taxifahrer sind nicht immer vertrauenswürdig.

• **Gray Line Air Shuttle** (6–23 Uhr; Tel. 212/315-3006 oder 800/451-0455) und **SuperShuttle Manhattan** (rund um die Uhr; Tel. 212/258-3826) bieten einen Minibus-Service an. ($$)

• **New York Airport Service** (Tel. 212/875-8200) hält an der Pennsylvania (Penn) Station, am Port Authority Terminal, Grand Central Terminal und an einigen Hotels in der Innenstadt. ($$)

• Die **U-Bahn-Linie A** braucht ca. 90 Minuten bis zur Innenstadt. Die kostenlosen blauen und gelben Busse fahren in Richtung U-Bahn-Haltestelle Howard Beach. ($)

• **Autofahrer** fahren nach Norden auf den Van Wyck Expressway (Interstate 678) und dann westlich auf dem Long Island Expressway (I-495) bis zum Queens-Midtown-Tunnel.

La Guardia Airport

☎ (718) 533-3400
Der Flughafen liegt ca. 30 Minuten vom Zentrum entfernt.

• **Taxis**: Der Fahrpreis berechnet sich nach gefahrenen Kilometern. ($$$)

• **Gray Line Air Shuttle** (6–23 Uhr; Tel. 212/315-3006 oder 800/451-0455) und **SuperShuttle Manhattan** (rund um die Uhr; Tel. 212/258-3826) bieten einen Minibus-Service an. ($$)

• **New York Airport Service** (Tel. 212/875-8200) hält an der Pennsylvania (Penn) Station, am Port Authority Terminal, am Grand Central Terminal und an einigen Hotels in der Innenstadt. ($)

• Die **Buslinien** M60 und Q48 sind Zubringer zu den U-Bahnen. Q48 und die private Linie Q33 fahren zur U-Bahn-Linie 7, die an der Grand Central Station und am Times Square hält. ($)

• **Autofahrer** nehmen den Grand Central Parkway West in Richtung Triborough Bridge, Ausfahrt Manhattan Richtung FDR Drive.

Newark International Airport

☎ (973) 961-6000
Der Flughafen in New Jersey liegt 25 Minuten von Manhattan entfernt.

• **Taxis** zur Upper East Side sind teurer als nach Midtown. ($$$$)

• **Gray Line Air Shuttle** (6-23 Uhr; Tel. 212/315-3006 oder 800/451-0455) und **SuperShuttle Manhattan** (rund um die Uhr; Tel. 212/258-3826) bieten einen Minibus-Service an. ($$)

• Der **Olympia Trails Airport Express Bus** (Tel. 212/964-6233) fährt nach Newark und hält an der Pennsylvania (Penn) Station, Port Authority und Grand Central Terminal. ($)

• Der **Airlink Bus 302** verbindet den Flughafen mit der Pennsylvania Station in Newark, wo man in den PATH-Zug nach New York umsteigt. ($)

• **Autofahrer** nehmen die Interstate 95 nach Norden und dann die Route 495 nach Osten zum Lincoln-Tunnel.

Eisenbahn- und Busbahnhöfe

Manhattans Bahnhöfe für Fernzüge und Überlandbusse: West Side.

Pennsylvania Station 196 B2

7th Avenue zwischen 31st Street und 33rd Street; Tel. (212) 630-6400 Amtrak, Long Island Railroad und New Jersey Transit Trains halten an der Penn Station. Von hier kann man mit der U-Bahn oder dem Taxi weiterfahren.

Port Authority Bus Terminal 196 A3

8th Avenue zwischen 40th und 42nd Street; Tel. (212) 564-8484. Hier halten Busse aus New Jersey sowie die Überlandbusse aus den USA und Kanada. Es gibt auch eine U-Bahn-Station.

Grand Central Terminal 197 D3

Die Züge aus Connecticut und den Vororten kommen hier an. Die U-Bahn-Linie Metro North fährt zur East Side (Tel. 212/532-4900).

Zur Orientierung

Fast alle Hauptattraktionen New Yorks liegen innerhalb Midtown Manhattan.

Touristeninformation

Hier ist jede Art von Auskunft erhältlich: von Öffnungszeiten bis zu Einkaufstipps.

Times Square Visitor Center
196 B4
1560 Broadway zwischen 46th und 47th Street
(212) 869-1890
tägl. 8–20 Uhr

NYC&Company
196 B5
810 7th Avenue zwischen 52nd und 53rd Streets
(212) 484-1200
Mo–Fr 8.30–18, Sa–So 9–17 Uhr

Die wichtigsten Stadtteile Manhattans

Namen und Grenzen der Stadtteile sind nicht genau festgelegt; im Folgenden ein Überblick über einige der wichtigsten Stadtteile.

- **Downtown** und **Uptown** sind sowohl Stadtteile als auch Richtungsangaben. Um von der Upper East Side nach Midtown zu gelangen, nimmt man z. B. eine Downtown-U-Bahn, obwohl man nie durch Downtown (Lower Manhattan) kommt.

- **Lower Manhattan** bezeichnet das Gebiet südlich der Houston Street: Chinatown, Little Italy, SoHo, TriBeCa, Financial District, Civic Center, South Street Seaport und Lower East Side.

- **Greenwich Village** liegt nördlich der Houston Street an der West Side bis zur 14th Street.

- **East Village** liegt östlich der 4th Avenue von Houston Street bis 14th Street.

- **Midtown** umfasst Manhattan zu beiden Seiten, zwischen der 42nd und 59th Street.

- **Upper West Side** ist der Bezirk westlich des Central Parks bis zur 100th Street.

- **Central Park** wird von 59th Street, Central Park West, 110th Street und der 5th Avenue begrenzt.

- Die **Upper East Side** liegt östlich des Central Parks zwischen der 59th Street und der 100th Street.

Eintritt

Preise für den Eintritt in Museen und andere Sehenswürdigkeiten sind in drei Klassen unterteilt:

$ unter 7 $	$$ 7–13 $	$$$ über 13 $

Unterwegs in New York

Mit der U-Bahn

Die U-Bahn ist die schnellste Möglichkeit, sich in Manhattan fortzubewegen. Sie gilt als sicher, wenn man sich unauffällig verhält, das heißt auf das offene Tragen von teurem Schmuck verzichtet und andere Wertsachen sicher aufbewahrt. Nachts sollte man den Waggon besteigen, in dem der Schaffner sitzt.

Sechs Tipps für die U-Bahn:
Als New-York-Besucher sollten Sie nur wenige ausgewählte U-Bahn-Linien in Anspruch nehmen.

• Die **Linien 1, 2, 3, A und C** verkehren entlang Manhattans Westseite. Die 1, 2 und C sind so genannte *Locals*, sie halten an jeder Station; 3 und A sind Expresszüge, die nur an großen Bahnhöfen halten.

• Die **Linien 4, 5 und 6** verkehren entlang der Ostseite. Linie 6 ist ein Local, 4 und 5 sind Expresszüge.

• Die **Linien F, N, Q, R und W** verkehren zwischen der Ost- und der Westseite von Midtown und Downtown. Die Linie **E** hat eine ähnliche Route, endet jedoch in der Canal Street. Die Express-Linien Q und W werden nach 2004 eingestellt.

• Für eine U-Bahn-Fahrt benötigt man eine **MetroCard,** die es an den U-Bahn-Stationen und in vielen Hotels und Geschäften zu kaufen gibt. Der Preis beinhaltet eine Fahrt mit den städtischen Bussen (innerhalb von zwei Stunden). Zur Entwertung muss die Karte in den oberen Schlitz im Drehkreuz des Eingangs geschoben werden.

• Für Mehrfachfahrten lohnt sich eine **Wochenkarte** *(weekly pass)*, die es an allen Stationen zu kaufen gibt. Der **Fun Pass,** eine Tageskarte, ist in Hotels, Geschäften und vielen U-Bahn-Stationen erhältlich.

Mit dem Bus

Busse eignen sich für Erkundungsfahrten, sind allerdings langsamer als U-Bahnen. (Die Wiederaufbauarbeiten in Lower Manhattan können zu Routenänderungen führen.)

• **Quer** durch Manhattan fahren Busse auf der Houston, 14th, 23rd, 42nd, 57th, 66th, 72nd, 86th und 96th Street.

• Nach **Norden** fahren Busse auf der 1st, 3rd, Madison, 6th und 8th Avenue.

• Nach **Süden** fahren Busse auf dem Broadway, der 2nd, Lexington, 5th, 7th und 9th Avenue.

Mit dem Taxi

Es ist ein Gerücht, dass sich New Yorker Taxifahrer in ihrer Stadt nicht auskennen.

• **Um ein Taxi anzuhalten**, muss man lediglich vom Straßenrand aus winken, wenn man eines der hellgelben Fahrzeuge sieht. Nur während der Rushhour (7–9 und 17–20 Uhr an Wochentagen) wird es schwieriger.

- **Taxi frei?** Wenn die vier Buchstaben auf dem Dach leuchten, ist das Taxi frei. Leuchtet das ganze Leuchtzeichen, so ist der Fahrer außer Dienst. Ist das Taxi besetzt, leuchtet das Zeichen nicht.

- Zwischen 20 und 6 Uhr kostet jede Fahrt zusätzlich fünfzig Cents (wird als **»Extra«** auf dem Taxameter angezeigt).

Zu Fuß

Die Häuser auf den Süd- und Westseiten der Straßen haben normalerweise gerade Hausnummern, die auf der nördlichen und der östlichen Seite ungerade. Diese Faustregel gilt mehr oder weniger nördlich der Houston Street; südlich davon kann man sich allerdings nicht darauf verlassen.

- Die **Avenues** (nummeriert oder mit Namen) verlaufen in Nord-Süd-Richtung durch Manhattan, die **Streets** in Ost-West-Richtung.
Oberhalb des Washington Square Park trennt die 5th Avenue die East Side von der West Side.

- Viele queren auch bei **roter Ampel** die Straße (kostet fünfzig $ Strafe). Aber, Vorsicht vor dem Straßenverkehr!

Mit dem Auto

Auf das Selberfahren sollte man in New York am besten verzichten.

- **Verkehrsstaus** sind in Manhattan üblich, Parken ist südlich der 70th Street schwierig. Parkplätze sind außerdem extrem teuer (für drei Stunden in Midtown zahlt man mindestens 16 $).

- Fahrten während der **Rushhour** sollte man vermeiden.
Die New Yorker sind ungeduldige Fahrer – ein Hupkonzert ist keine Seltenheit.

- **30 mph** (miles per hour; 48 km/h) bedeuten Höchstgeschwindigkeit, wenn nicht anders angegeben.

- Es besteht **Anschnallpflicht,** Kindersitze sind vorgeschrieben.

Chauffeurdienste

So genannte *Car Services* sind eine Alternative zum Selberfahren und zu den öffentlichen Verkehrsmitteln.

- Die **Gebühr** beträgt 25 $ pro Stunde, zwei Stunden sind Minimum.
Spezialfahrten lassen sich problemlos vereinbaren, so würde die Fahrt von einem Restaurant im East Village zu Ihrem Hotel in Midtown ca. 13 $ betragen.
Chauffeurdienste kann man stundenweise bei
Allstate Car and Limousine Service (Tel. 212/741-7440) und
Carmel Car Service (Tel. 212/666-6666) buchen.

- **Hotelrezeptionen** sind bei Buchungen behilflich.

Übernachten

Die Übernachtungsmöglichkeiten in New York sind grenzenlos. Neben den weltbekannten traditionellen Nobelherbergen gibt es seit einiger Zeit auch einige Designer-Hotels, die absolut »in« sind.

Aber es gibt auch Alternativen zu akzeptablen Preisen, obwohl das Preisniveau insgesamt sehr hoch ist, ebenso die Auslastung der **Hotels**. Ein Aufenthalt in einem Spitzenhotel bietet jeglichen Komfort, billigere Unterkünfte sind einfach, aber zweckmäßig, eine sorgfältige Auswahl ist jedoch ratsam. Außerdem gibt es kleine **Gasthäuser** oder **Bed-and-Breakfast.** Wer für die Dauer seines Aufenthalts wie ein echter New Yorker leben möchte, der kann sich auch eine **Wohnung** mieten.

Bei der Suche nach einer geeigneten Unterkunft empfiehlt es sich zuerst zu überlegen, wie viel Geld man ausgeben möchte, bevor man sich für die **Lage** entscheidet. Die meisten Hotels liegen in **Midtown,** aber auch andere Gegenden können reizvoll sein – die Verkehrsverbindungen sind in New York eigentlich überall gut.

Reservierungen

Man sollte die Unterkunft spätestens bei der Buchung des Fluges reservieren – New York ist ein gefragtes Ziel und sehr häufig auch Veranstaltungsort größerer Kongresse. Bei der Reservierung sollte man nach Sonderpreisen oder Ermäßigungen fragen.

Folgende Einrichtungen erteilen weitere Informationen:

- AAA, Automobile Club of New York

✉ 1881 Broadway, New York, NY 10023
☎ (212) 757-2000
Mitglieder erhalten das New York TourBook®.

- Hotel Association of New York City

✉ 437 Madison Avenue, New York, NY 10022
☎ (212) 754-6700; www.hanyc.org
Diese Organisation gibt eine Liste der angeschlossenen Hotels heraus.

- NYC&Company

✉ 810 7th Avenue, New York, NY 10019
☎ (800)NYC-VISIT oder 212/397-8222; www.nycvisit.com
Verschickt eine Broschüre mit Anleitung zur Reservierung von Unterkünften.

Einige empfehlenswerte Unterkünfte

Die Preise können sich bei Buchung durch eine Agentur ändern. Einige der neuen Designer-Hotels, die jetzt zu den Unique Hotels and Resorts gehören (Franklin, Roger Williams, Shoreham, Hotel Wales), wurden wegen ihres Niveaus und ihres Ambientes aufgelistet. Die bekannten Hotelketten besitzen Dependancen in der Stadt und sind hier nicht aufgeführt. Fragen Sie im Hotel Ihrer Wahl nach behindertengerechten Einrichtungen.

Die Preise gelten für das billigste Doppelzimmer, die Steuer (13,25 %) ist nicht inbegriffen.
$ unter 160 $ $$ 160–260 $ $$$ über 260 $

Midtown

Broadway Inn Bed and Breakfast $–$$

Dieses gut geführte, makellos saubere und überraschend reizvolle Haus ist eines der bestgehüteten Geheimnisse für preisbewusste Reisende in New York. Die Einrichtung in Chrom und schwarzem Lack peppt das ruhige Dekor auf, doch so nahe am Theaterdistrikt und dem Times Square werden Sie kaum lange genug in Ihrem Zimmer sein, um das zu bemerken. Es gibt keine Aufzüge, fragen Sie also nach einem Zimmer in einem unteren Stockwerk.

194 B4
264 West 46th Street, 10036
(212) 997-9200 und (800) 826-6300; Fax (212) 768-2807; www.broadwayinn.com

Royalton $$$

Phillipe Starck gestaltete die ansprechenden Zimmer und die hypermoderne Lobby, die ein beliebter Treffpunkt ist. Ebenso beliebt ist die gemütliche Wodka-Bar. Die hübsch möblierten Räume verfügen über maßgefertigte Betten und Fenstersitze.

196 C4
44 West 44th Street, zwischen 5th und 6th Avenue, 10036
(212) 869-4400 und (800) 635-9013; Fax (212) 869-8965

St Regis $$$

Aufwändige Art-déco-Lobby mit vielen eleganten Räumen. Hier gibt es 322 der feinsten Suiten New Yorks mit allen Annehmlichkeiten. Nach Wunsch nimmt das Hotel auch Reservierungen im Restaurant Lespinasse vor. Einen Besuch wert ist die King Cole Bar.

197 D5
2 East 55th Street, zwischen 5th und Madison Avenue, 10022
(212) 753-4500; Fax (212) 787-3447; www.sheraton.com

Shoreham $$

Das kleine, kürzlich renovierte Art-déco-Hotel mit 47 Zimmern und 37 Suiten verfügt über moderne Möblierung und anderen Schnickschnack. Im Foyer befindet sich das bekannte französische Restaurant La Caravelle.

196 C5
33 West 55th Street, zwischen 5th und 6th Avenue, 10019
(212) 247-6700 und (800) 553-3347; Fax (212) 765-9741; www.boutiquehg.com

W New York $$

Das W gilt als neue Sensation. Schicke Zimmer in Erdfarben. Das erstklassige Restaurant bietet Vollwertküche und eine Szene-Bar, die besonders am Donnerstag und Freitag ein jung-dynamisches Publikum anzieht.

197 D4
541 Lexington Avenue, Ecke 49th Street, 10022
(212) 755-1200; Fax (212) 644-0951; www.whotels.com

Uptown

Carlyle $$$

Das Carlyle bietet diskreten Luxus und persönliche Betreuung. Es gibt 180 Suiten und Juniorsuiten, manche mit Terrasse, Esszimmer und Blick auf den Central Park. Dazu gehört das berühmte Café Carlyle. Ebenfalls zum Hotel gehört Bemelman's Bar mit ihren Wandmalereien und dem attraktiven Unterhaltungsprogramm.

199 F3
35 East 76th Street, zwischen Park und Madison Avenue, 10021
(212) 744-1600 und (800) 227-5737; Fax (212) 717-4682

Franklin $$

Modern eingerichtetes Hotel mit kleiner Lobby und 47 Zimmern mit minimalistischem Dekor, Stahlmöbeln und Betten mit Baldachin. Im Zimmerpreis sind das Frühstück sowie ein Dessertbüfett, Cappuccino und Espresso eingeschlossen. Die Parkgebühr beträgt $16 pro Tag.

199 F5 164 East 87th Street, zwischen Lexington und 3rd Avenue, 10128
(212) 369-1000 und (800) 428-5252;
Fax (212) 369-8000; www.franklinhotel.com

Hotel Wales $$

Ein vornehmer Rückzugsort mit üppigem Dekor, einem Kamin und einem Aufenthaltsraum, in dem Desserts und Cappuccino kostenlos angeboten werden. Es gibt 46 Zimmer und 41 geräumige Suiten. Das Frühstück wird von Harfenmusik begleitet.

200 C1 1295 Madison Avenue, Ecke 92nd Street, 10128
(212) 876-6000 und (800) 428-5252;
Fax (212) 860-7000

Lowell $$$

Ein kleines, vornehmes Hotel mit 61 Suiten, die mit allen Annehmlichkeiten ausgestattet sind: edler Wäsche, Antiquitäten, Kaminen und echten Pflanzen. Sogar ein eigener Gymnastikraum steht den Gästen im Lowell zur Verfügung.

199 F2 28 East 63rd Street, zwischen Park und Madison Avenue, 10021
(212) 838-1400 und (800) 221-4444;
Fax (212) 319-4230; www.preferredhotels.com

Mayflower Hotel on the Park $$

Die Lage zwischen Central Park und Lincoln Center ist ausgezeichnet, die Einrichtung ansprechend. Es gibt 165 Zimmer und zweihundert Suiten, zum Teil renoviert. Zimmer mit Blick auf den Park lohnen den Aufpreis. Auf jeden Fall sollten Sie nach einem renovierten Zimmer fragen.

198 C1 115 Central Park West, zwischen 61st und 62nd Street, 10023
(212) 265-0060 und (800) 233-4164;
Fax 265-5098; www.mayflower.com

Milburn Hotel $

Ein altes Gebäude in einem geschäftigen, aber grünen Wohnviertel, nur wenige Schritte vom Central Park entfernt. Die großen Zimmer sind einfach eingerichtet. Von hier hat man es nicht weit zur geschäftigen West Side.

198 B3 242 est 76th Street, 10023
(212) 362-1006; Fax (212) 721-5476;
www.milbournehotel.com

Empire State bis Greenwich Village

Abingdon Guest House $

Zwei Stadthäuser aus dem 19. Jahrhundert am kleinen Abingdon Square Park verfügen über neun Zimmer, einige mit Gemeinschaftsbad, einige mit eigenem Bad. Das Abingdon Guest House bietet eine gute Möglichkeit, wenn man im reizvollen West Village übernachten möchte.

194 A3
13 8th Avenue, Ecke 12th Street, 10014
(212) 243-5384; Fax (212) 807-7473;
www.abingdonguesthouse.com

Roger Williams $$

Das Roger Williams ist neu gestylt mit Originalgemälden in der Lobby. Die Zimmer sind klein, aber sehr schick gestaltet. Die Preise sind inklusive Frühstück und einem abendlichen Dessertbüfett.

197 D2
131 Madison Avenue, Ecke 31st Street, 10016
(212) 448-7000 und (888) 448-7788;
Fax (212) 448-7007; www.boutiquehg.com

Lower Manhattan

Larchmont $

In einem umgebauten Brownstone-Haus im Beaux-Arts-Stil in einer ruhigen Wohnstraße in Greenwich Village gibt es 58 gepflegte Zimmer. Kleine Aufmerksamkeiten wie Minibibliotheken, Schreibtische – sogar Hausschuhe für die Gäste – machen die spartanische Ausstattung wohnlich. Alle Zimmer haben Waschbecken.

194 C3 27 West 11th Street, 10011
(212) 989-9333; Fax (212) 989-9496;
www.larchmonthotel.citysearch.com

Mercer $$$

Sehr schick und unaufdringlich. Die meisten der 75 Zimmer besitzen raumhohe Fenster und kleine Balkone. Es verfügt über eine Bibliothek sowie über ein erstklassiges Restaurant.

195 D1
147 Mercer Street, Ecke Prince Street, 10012
(212) 966-6060; Fax (212) 965-3838

Essen und Trinken

In New York bietet sich an jeder Ecke eine Möglichkeit zum Essen oder Trinken.

Die meisten Lokale sind zwar nur Durchschnitt, aber man findet in allen Preisklassen auch etwas Besonderes. Restauranttipps sind in jeder Stadtteilbeschreibung enthalten. Um das richtige Gefühl für New York zu bekommen, sollte man die unterschiedlichsten Möglichkeiten ausprobieren – von Stehimbissen und Bars bis zum Gourmettempel.

Ethnische Küche

Die traditionelle Küche der meisten Einwanderergruppen ist in New York gut vertreten, häufig findet man bestimmte Küchen in bestimmten Vierteln. Die klassische New Yorker Küche reicht vom einfachen Delikatessenladen bis zum Feinschmeckerrestaurant.

Was gibt es wo?

Hier ein paar Tipps für diejenigen, die während ihrer Stadtbesichtigung ein Restaurant aufsuchen wollen.

- **Uptown:** Columbus Avenue und Amsterdam Avenue, zwischen 86th Street und Lincoln Center (64th Street), sowie die 2nd Avenue bieten schicke Restaurants der mittleren Preisklasse, in denen immer viel los ist.

- Im **Theatre District** ergeben sich auf der Restaurant Row (46th Street), zwischen 8th und 9th Avenue, viele Möglichkeiten für ein schnelles Essen vor oder nach dem Theater.

- **»Korea Town«** liegt zwischen 5th Avenue und Broadway bei den unteren 30er-Straßen. Manche Lokale haben 24 Stunden geöffnet.

- In **Chelseas** 8th Avenue, zwischen 14th und 23rd Street, gibt es viele neue Restaurants, zum Teil von Homosexuellen besuchte Lokale.

- **Greenwich Village**: In der kleinen Cornelia Street liegen viele überdurchschnittlich gute Restaurants, auch die West 4th Street zwischen 7th und 8th Avenue lohnt einen Besuch.
  Italienische Cafés gibt es besonders in der MacDougal Street und Bleeker Street.

- **East Village** ist bekannt für seine indische Küche, besonders in der East 6th Street, zwischen 1st und 2nd Avenue. Beim St. Marks Place haben etliche Cafés bis in die Nacht geöffnet.

- In **SoHo** gibt es viele aufregende und teure kleine Restaurants.

- In **Chinatown** und **Little Italy** kann man überall preiswert essen.

Gut und günstig

Zahlreiche Spitzenrestaurants bieten mittags ein Menü an, das oft bis zu 25 Prozent günstiger ist. Manche Restaurants werben auch mit einem $20-**Festpreis**-Menü oder einem ähnlichen Angebot. Eine Liste solcher Lokale ist bei der NYC&Company erhältlich (► 36 und 46). Auch in Bars und Cafés gibt es günstige Mittagsmenüs. Ebenfalls zu empfehlen sind spezielle **Pre-** oder **Post-Theater-Menüs**.

Tischreservierungen

In manchen berühmten Restaurants sollte man schon vor der Anreise einen Tisch reservieren.

- Einige sehr begehrte Restaurants nehmen Reservierungen bereits **30 Tage** im Voraus an; manchmal muss man die Reservierung am Tag des Essens bestätigen.

- Auch wenn man einmal spät dran ist, lohnt sich eine telefonische Tischreservierung – mitunter hat man Glück. Manchmal ist man sogar erfolgreich, wenn man am Vorabend oder am Tag selbst nach reservierten Tischen fragt, die **kurzfristig frei geworden** sind.

- In manchen Restaurants bietet die **Bar** eine Möglichkeit, ohne Reservierung an ein gutes Essen zu kommen.

- Einige Lokale nehmen keine Reservierungen an, dann heißt es **Schlange** stehen oder an der Bar warten. Aber auch das kann reizvoll sein.

Empfehlenswerte Restaurants

In jedem Kapitel wird eine Liste mit empfehlenswerten Restaurants in alphabetischer Reihenfolge aufgeführt. Im Preis ist eine Steuer von 8,25 Prozent inbegriffen, das Trinkgeld entspricht ungefähr dem Doppelten der Steuer.

Preise: Es handelt sich um Durchschnittspreise für ein komplettes Menü pro Person, inklusive Getränke, Steuern und 15–20 %Trinkgeld.
$ unter 30 $ $$ 30–60 $ $$$ über 60 $

Kreditkarten

Wie in den meisten Städten Amerikas sind auch in New York Kreditkarten das übliche Zahlungsmittel. Welche Karten jeweils akzeptiert werden, sollte am Eingang deutlich sichtbar angezeigt sein. Sollten Sie unsicher sein, fragen Sie vor der Bestellung nach. Einige der kleineren und preiswerten Bars, Cafés und Delis akzeptieren jedoch nur Bargeld.

Der/die/das beste(n)...

...Frühstück: Barney Greengrass
...Chinese: N.Y. Noodle Town
...Kaffee: Caffe Reggio
...Mandel-Croissants: Ceci-Cela
...Fischlokal: Le Bernadin
...Italiener: I Trulli
...Japaner: Nobu
...NYC-Feeling: Sammy's Roumanian
...Pizza: Lombardi's
...Szenelokal: Balthazar
...Steaks: Sparks
...vegetarisches Lokal: Mavalli Palace
...Weinlokal: Montrachet

Late-Night-Lokale

Es gibt viele Möglichkeiten, auch noch spät in der Nacht ein gutes Essen zu bekommen, so zum Beispiel im:

Balthazar (➤ 157)
Carnegie Deli (➤ 70)
Corner Bistro (➤ 128)
First (➤ 128–129)
Florent (➤ 129)
John's Pizzeria (➤ 130)
Katz's Deli, am Wochenende (➤ 158)
Lombardi's, am Wochenende (➤ 158)
N.Y. Noodle Town (➤ 159)
Second Avenue Deli, am Wochenende (➤ 130)

Einkaufen

Es gibt nichts, was man nicht in New York kaufen kann. So kauft man in der 47th Street, zwischen 5th und 6th Avenue, **Schmuck,** in der 26th Street, zwischen 6th und 7th Avenue, **Blumen** und in der 38th Street, zwischen 6th und 7th Avenue, **Stoffe.**

Kleidung

Schicke, aber konservative **Designermode** gibt es in der 5th Avenue und der Madison Avenue, beginnend von der 60th Street in Richtung Uptown. In Midtown befinden sich die großen **Kaufhäuser;** zu den bekanntesten gehören Macy's (Broadway und 34th Street) und Bloomingdale's (Lexington Avenue und 59th Street).

SoHo ist die richtige Adresse für **modische Bekleidung** und **teure Boutiquen.** Kleidung zu **reduzierten Preisen** bieten Loehmann's in Chelsea, Daffy's in der 34th Street und die Lower East Side. Das East Village und »Nolita« (östlich von SoHo) sind die Adressen für **ausgefallene Mode.**

Kunst

Die meisten Galerien gibt es an der Madison Avenue Uptown, der 57th Street und in SoHo.

Zusätzliche Information

In New York gibt es fast alles zu den unterschiedlichsten Preisen zu kaufen. So steht der New Yorker vor dem gewaltigen Problem, seine geliebten Einkäufe mit der Tagesarbeit unter einen Hut zu bringen. Nur so lässt es sich erklären, warum **Einkaufsführer** aller Art so zahlreich auf dem Markt erhältlich sind. Ein guter Einkaufsführer für Manhattan ist das Buch von Gerry Frank, *Where to Find It, Buy It, Eat It in New York.*

Auch die *Yellow Pages* von Manhattan helfen bei der Suche nach ausgefallenen Dingen. **Designerausverkäufe** werden häufig in den Zeitschriften *New York* und *Time Out New York* angekündigt. Die Zeitschrift *New York* führt wöchentlich eine Liste der »Best Bets« und »Sales and Bargains«.

Preise

Handeln ist normalerweise **nicht möglich,** Ausnahmen bilden Flohmärkte, einige Läden in der Lower East Side (die ihre Waren nicht mit Preisschildern kennzeichnen) und manche Elektronikgeschäfte in Midtown.

Käufe auf der Straße sind riskant, und Schilder, die einen Totalausverkauf zu Billigpreisen ankündigen, sollte man nicht allzu ernst nehmen. Das Better Business Bureau (Tel. 212/533-7500, Durchwahl 124) hilft, wenn man sich übers Ohr gehauen fühlt.

Öffnungszeiten

Öffnungszeiten wechseln jahreszeitlich; ratsam ist es, sich vorher telefonisch zu erkundigen.

Als günstigste Einkaufszeiten für Kaufhäuser gelten Vormittage oder der frühe Nachmittag unter der Woche. Manche haben bis in die Abendstunden geöffnet. Geschäfte in Downtown (südlich der 14th Street) öffnen meist erst am späten Vormittag.

Einige Geschäfte ändern ihre Öffnungszeiten im Sommer. Auch wenn manche Läden in Midtown geschlossen haben, ist der Sonntag in vielen anderen Stadtteilen der Haupteinkaufstag.

Die besten Adressen...
...für Antiquitäten: Chelsea Art & Antiques Building (➤ 133)
...für Backwaren: Sullivan Street Bakery (➤ 161)
...für Bücher: Strand Bookstore (➤ 133)
...für Elektronik: B&H Photo-Video (➤ 133)
...zur Erkundung eines Stadtviertels: Lower East Side am Sonntag (➤ 156)
...für Flohmärkte: Chelsea Flea Market, Wochenende (➤ 133)
...für aktuelle Frauenmode: Mark Montano (➤ 132)
...Grafiken: Pageant Book & Print Shop (➤ 161)
...für Haushaltswaren: ABC Carpet & Home (➤ 132)
...für Kochenthusiasten: Zabar's (➤ 104)
...für Kosmetik: Kiehls (➤ 132)
...für Küchenutensilien: Bridge Kitchenware (➤ 75)
...für Kuriositäten: E. Buk (➤ 161)
...für Malutensilien: Pearl Paint (➤ 162)
...für Möbelgeschäfte: Art & Industrial Design Shop (➤ 132)
...für Museumssouvenirs: Museum of Modern art Design Store (➤ 75)
...für Spielwaren: Enchanted Forest (➤ 161)
...für Sportartikel: Paragon (➤ 133)
...zum Stöbern: Takashimaya (➤ 74)
...für Teenagermode: Infinity (➤ 104)
...für Waren aus China: Pearl River (➤ 162)

Ausgehen

New York gilt als Stadt mit überwältigendem Kulturangebot, ganz besonders auf dem Gebiet der darstellenden Künste. Hier finden Aufführungen aus allen Bereichen menschlichen Kulturschaffens statt – von der klassischen Aufführung bis zur Avantgarde, von kleinen Zimmertheatern über Theaterpaläste bis zu Open-Air-Veranstaltungen im Sommer.

Theater, Tanz und Musik

Der Theaterbezirk erstreckt sich entlang dem **Broadway** zwischen 40th Street und 53rd Street, dazu gehört noch das Vivian Beaumont Theater im Lincoln Center. Am Broadway werden meist Musicals und klassische Aufführungen gezeigt. Der **Off-Broadway** bietet etwas ausgefallenere Produktionen mit dem Schwerpunkt Dramen; **Off-Off-Broadway-Aufführungen** können ein echtes Abenteuer sein.

New Yorks bekannteste **Tanztheater** sind das New York City Ballet und das American Ballet Theater, die beide im Lincoln Center auftreten. Im Joyce Theater in Chelsea treten lokale und ausländische Tanzkompanien auf. Das Lincoln Center gilt als die Adresse für **klassische Musik,** aber es finden überall in der Stadt Konzerte statt –nicht nur in Konzertsälen, sondern auch an vielen anderen Orten, zum Beispiel in kleinen Hallen, in Museen, Kirchen und Parks.

Den gleichen Stellenwert besitzt das Lincoln Center auch für die **Oper,** hier sind die New York City Opera und die Metropolitan Opera zu Hause. Überall in Manhattan ist **Jazz** zu hören, der Schwerpunkt liegt im Village und in SoHo. Die Knitting Factory in SoHo ist die Adresse für **Offbeat Music.**

Information und Reservierung

Es empfiehlt sich, schon im Voraus zu reservieren, wenn man eine ganz bestimmte und noch sehr aktuelle Aufführung sehen will – der Andrang ist stets groß, und neue Produktionen sind häufig ausverkauft. Aufgrund des vielfältigen Angebots findet sich oft eine Alternative. Man muss sich aber manchmal spontan entscheiden und schnell zugreifen.

- **Theaterkassen:** Auch bei begehrten Aufführungen lohnt sich ein Anruf an der Theaterkasse, häufig sind noch Karten erhältlich – nicht selten zum Beispiel für Einzelplätze. Die Theaterkassen sind in der Regel von 10 Uhr bis kurz nach Beginn der Vorstellung geöffnet.

- **Broadway Line** (212) 302-4111: Über Tonband erhält man ausführliche Informationen zu den aktuellen Vorstellungen. Der Kauf von Eintrittskarten ist auch möglich.

- **MovieFone** (212) 777-3456: Auskünfte über Kinos, Filme und Anfangszeiten. Telefonische Reservierung von Eintrittskarten (Gebühr) empfiehlt sich am Wochenende (www.moviefone.com).

- **NYC&Company** (212) 484-1222: Die Mitarbeiter der Touristeninformation geben Auskunft über alle kulturellen Ereignisse. Literaturveranstaltungen unter (800) 692-8474 (www.nycvisit.com).

- **NYC/On Stage** (212) 768-1818: Information über viele kulturelle Veranstaltungen, Ticketbestellung möglich (www.tdf.org).

- **Prestige Entertainment** (212) 697-7788: Private Agentur, die häufig noch Karten für »ausverkaufte« Veranstaltungen hat.

- **Tele-charge** (212) 239-6200 oder (800) 432-7250: Alle Arten von Reservierungen werden angeboten, man zahlt über die Telefongebühren (www.telecharge.com).

- **TKTS** (212) 221-0013: Ermäßigte Karten für fast alle Veranstaltungen werden am Kiosk am Times Square, 47th Street und Broadway angeboten. Kreditkarten werden nicht akzeptiert: Mo–Sa 15–20 Uhr für Abendveranstaltungen, Mi und Sa 10–14 Uhr für Matinees, 11–19 Uhr für Sonntagsmatinees oder Abendvorstellungen (www.tdf.org).

Weitere Information

Außerdem bieten viele Zeitschriften nützliche Informationen an: *The New York Times* am Freitag und Sonntag. Andere gute Informationsquellen sind *The New Yorker*, das Magazin *New York*, *The Village Voice* und *Time Out New York*. Informationen für Homosexuelle findet man im *The New York Blade*, *HX* oder *Next*.

Nützliche Internet-Adressen:
www.nytimes.com: *The New York Times*
www.newyorkmag.com: *New York* (Magazin)
www.timeout.com/newyork: *Time Out New York*
www.villagevoice.com: *The Village Voice*
www.papermag.com: *Paper*
www.newyorker.com: *The New Yorker*
www.theater-wire.com: *New York Theater Wire*

Midtown Manhattan

Erste Orientierung

Vom glitzernden Times Square bis zur glanzvollen 5th Avenue – hier zeigt sich New York von seiner besten Seite. Natürlich muss man mit Touristenscharen rechnen, aber hier finden sich auch die meisten Sehenswürdigkeiten.

Midtown erstreckt sich von der 42nd Street bis zur 59th Street, wo der Central Park beginnt. Die meisten Sehenswürdigkeiten liegen zwischen der 8th Avenue im Westen und der Lexington Avenue im Osten. Die 5th Avenue bildet die Grenze zwischen West Side und East Side.

Hier gibt es die höchsten Mieten in Manhattan: Kein Wunder, dass fast jeder Quadratmeter kommerziell genutzt wird. Jeder Passant hat es eilig, und das Phänomen des »Multitasking« gab es hier schon länger als in der Computerwelt: Ein echter New Yorker hastet durch die Straßen, in einer Hand das Telefon, in der anderen einen Hot Dog. Als Tourist muss man sich diesem Gerenne jedoch nicht anschließen – Sie können sich die Hektik um Sie herum ganz einfach in Ruhe ansehen.

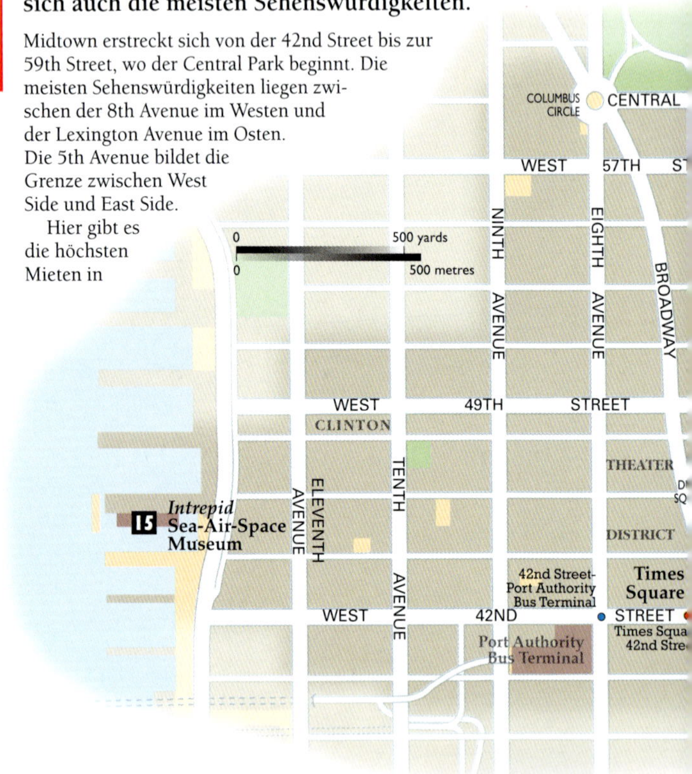

Disneys Hauptgeschäft in der 5th Avenue

Ein sonniger Tag lockt die Menschen scharenweise in den Bryant Park

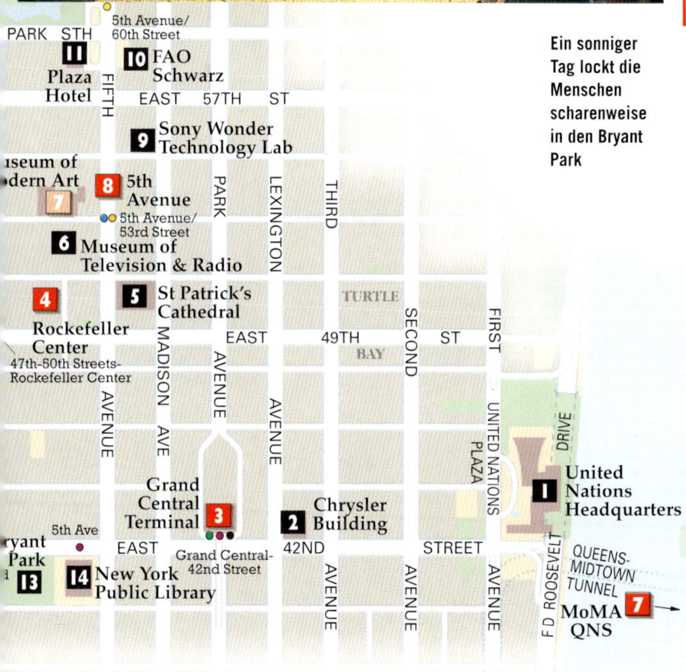

★ Nicht verpassen!

Nach Lust und Laune!

Die Highlights von Kultur und Kommerz im Herzen Manhattans.

Midtown Manhattan an einem Tag

9 Uhr

Das Ende der Rushhour bekommt man am besten am **Grand Central Terminal** (rechts, ➤ 52 ff) mit. Pendler hasten vorbei – jetzt erst weiß man seine Ferien zu schätzen. Nach dem Rundgang durch den Bahnhof führt der Weg zum **Chrysler Building** (➤ 65) in der Lexington Avenue. Weiter geht´s bis zur 46th Street, erst links und dann westlich zur 5th Avenue.

10 Uhr

Werfen Sie einen Blick auf das **Fred H. French Building** (➤ 62), ein Art-Déco-Gebäude an der 45th Street und 5th Avenue (um es gut betrachten zu können, sollten Sie auf die Westseite der 5th Avenue gehen). Folgen Sie dann der 5th Avenue nach Norden bis zu 50th Street. Atlas, oder genau gesagt, eine Skulptur von ihm, trägt im **Rockefeller Center** (➤ 56 ff) die Welt auf seinen Schultern. Auf der anderen Straßenseite liegt die **St Patrick's Cathedral** (links, ➤ 66).

11.30 Uhr

Nach einem Bummel entlang der **5th Avenue** (➤ 61f) zwischen 50th Street und 59th Street bietet sich eine kurze Rast in der Lobby des **Plaza Hotel** (➤ 67) an, bevor man den Ausgang zum Central Park South nimmt. Weiter geht es in westlicher Richtung, bis man an der 7th Avenue nach links abbiegt.

12.30 Uhr

Für ein teures Essen in eleganter Atmosphäre bietet sich das im Alwyn Court gelegene französische Restaurant Petrossian an (182 West 58th Street, Ecke 5th Avenue, Tel. 212/245-2214, Reservierung empfehlenswert). Zu den Spezialitäten gehört Kaviar. Etwas preiswerter, aber nicht weniger stimmungsvoll ist das Carnegie Deli (➤ 70), südlich an der 7th Avenue, Ecke 57th Street hinter der Carnegie Hall.

13.30 Uhr

Nach dem Essen geht es nach Süden bis zur 53rd Street und dann nach rechts. Am Broadway wenden Sie sich nach links. Dieser laute, lebhafte Bereich im Süden ist der **Times Square** (➤ 63f).

16.30 Uhr

Von der 42nd Street geht es weiter bis zum **Bryant Park** (➤ 67f), einem idealen Ort zum Entspannen. Danach führt die 42nd Street in Richtung Osten zur **New York Public Library** (➤ 68f).

17.30 Uhr

Weiter ostwärts bis zur Madison Avenue, dann links bis zur 52nd Street und rechts abbiegen. Im **Seagram Building** (➤ 66) sollte man sich vor dem Genuss eines Dinners im Four Seasons Grill and Pool Room einen Cocktail gönnen.

20 Uhr

Die Show kann beginnen.

3 Grand Central Terminal

Man muss kein Architekturstudent sein, um das durchdachte Design des Grand Central Terminal zu erkennen. Tageslicht strömt durch hohe Bogenfenster, Lampen glitzern inmitten eines riesigen Sternenhimmels an der Decke, und der Fußboden ist aus poliertem Marmor. Der Bahnhof demonstriert Wohlstand und Klasse. Beides war in der Erbaungszeit, im frühen 20. Jahrhundert, noch reichlich vorhanden.

Oben: Die Haupthalle

In vielen Filmen bildet der Bahnhof die Kulisse. Im Musical *The Band Wagon* (1953) tanzt Fred Astaire durch die glitzernde Eingangshalle, 1973 in *The Seven-Ups* wirkt der Bahnhof grau und unscheinbar. In *Koyaanisqatsi* (1982) trüben Werbeplakate den Blick auf die Halle. In *The Fisher King* (1991) unterbrechen die Pendler plötzlich ihren Laufschritt und beginnen unvermittelt zu tanzen – ein Augenblick fröhlicher Ausgelassenheit inmitten des Chaos.

Der wirtschaftliche Aufschwung New Yorks in den Neunzigerjahren fiel zusammen mit dem neuerlichen Aufstieg des Grand Central. Jacqueline Kennedy-Onassis war maßgeblich an der Rettung des Bahnhofs beteiligt. Sie nutzte ihren Bekanntheitsgrad, um das Schlimmste abzuwenden: entweder Abriss oder Neubau eines Wolkenkratzers auf dieser historischen Stätte.

Cornelius Vanderbilt gründete die Eisenbahngesellschaft, die den Grand Central baute

Der Haupteingang des Bahnhofs liegt am Südende. Der Grund: Zur Zeit der Errichtung war die Gegend zwischen 23rd und 42nd Street besonders beliebt. Durch die Fertigstellung des Bahnhofs wurde allerdings auch Manhattans Ausdehnung nach Norden begünstigt. Über dem Gebäude thront eine Skulpturengruppe von Jules-Felix Coutan: Merkur, der Gott des Handels (und der Geschwindigkeit), flankiert von Minerva (Göttin der Weisheit) und dem Halbgott Herkules.

Eine Bronzestatue des Unternehmers Cornelius Vanderbilt (1794–1877), dessen Gesellschaft diesen Bahnhof baute, wird vom mittleren Bogen umrahmt. Die Fassaden sind mit Eichenblättern und Eicheln verziert, getreu dem Motto Vanderbilts: »Mächtige Eichen wachsen aus kleinen Eicheln.« In der Vanderbilt Hall, dem früheren Warte-

saal, finden heute regelmäßig Ausstellungen statt.

Beim Durchschreiten der Haupthalle kommt man aus dem Staunen nicht heraus. Einer der damaligen Architekten wollte dem Bahnhof die Lebhaftigkeit und Ausmaße eines Marktes oder eines antiken Basars verleihen, und so erinnert die Halle eher an eine griechische Agora oder ein römisches Forum. Der Marmorfußboden ist nach kartesischem Prinzip gemustert und hilft den eiligen Gästen, ihre Distanz zum Nachbarn einzuschätzen. So gibt es selbst in der Rushhour kaum Zusammenstöße.

Die der Astronomie kundigen Besucher haben es wohl schon bemerkt: Die Sternbilder an der Deckenwand sind seitenverkehrt aufgemalt; so hält z.B. Orion die Keule in der rechten statt in der linken Hand. Ob dies beabsichtigt war oder nicht, spielt keine Rolle: Einige Historiker vermuten, dass der Künstler Paul Helleu sich einfach vertan hat. Helleu soll als

WISSENSWERTES

BAUBEGINN: **1902**
FERTIGSTELLUNG: **1913**
RENOVIERUNG: **1998**
DECKENHÖHE DER HAUPTHALLE: **38 m**
GRÖSSE DER HAUPTHALLE: **ca. 37 000 m²**

- **Reed & Stem (Minneapolis), Warren & Wetmore (New York) waren die ursprünglichen Architekten**
- **Beyer Blinder Belle (New York) waren für die Renovierung zuständig**

197 D3 · 42nd Street zwischen Vanderbilt und Lexington Avenue
(212) 532-4900 · täglich 5.30–1.30 Uhr
Dining Concourse ($), Michael Jordan's The Steakhouse N.Y.C. ($$), Métrazur ($$–$$$) · Grand Central (4, 5, 6, 7, S)
M42, M98, M101, M102, M104 · Metro North

Täglich durchqueren Tausende von Reisenden den eleganten Grand Central

Entschuldigung gesagt haben, dass er den Sternenhimmel von Gottes Standpunkt aus gemalt habe.

Das östliche Treppenhaus, das erst Ende des 20. Jahrhunderts angebaut wurde, gleicht dem älteren westlichen. Wegen der angrenzenden Gebäude war ursprünglich eine Treppe an der östlichen Seite nicht vorgesehen. Während der Renovierung des Grand Central ließ der Architekt den gleichen Marmor aus dem alten, damals bereits geschlossenen Steinbruch für das neue Treppenhaus besorgen, sodass zwischen den Treppenhäusern kein Unterschied zu erkennen ist.

Jeden Tag benutzen Tausende von Reisenden den Bahnhof, der gleichzeitig auch ein Shopping-Center ist. Diese mittlerweile weit verbreitete Kombination von Bahnhof und Einkaufsviertel gehört zum Konzept der Metropolitan-Transportation-Behörde; die so erzielten Einnahmen helfen, den Bahnhof zu erhalten. In der unteren Halle sind außerdem Cafés und Restaurants vorhanden.

Auf der westlichen und der östlichen Galerie der Haupthalle gibt es zur Verblüffung der Besucher sogar zwei ausgezeichnete Restaurants – ein Steakhaus, das den Namen des Basketball-Stars Michael Jordan trägt, und das Métrazur. Letzteres bietet erstklassige Küche unter der Leitung des Starkochs Charlie Palmer.

Oben: Große Kronleuchter erhellen die Vanderbilt Hall

Gegenüber: Eine 1500 Tonnen schwere Skulpturengruppe

Speisesaal im Oyster Bar and Restaurant

KLEINE PAUSE

Ein Stück echtes New York erlebt man an der Lunch-Theke in der Oyster Bar & Restaurant im Untergeschoss. In emsiger und lebhafter Atmosphäre lässt sich das empfehlenswerte Oyster Stew genießen. (Wenn Sie ausgiebiger essen möchten, nehmen Sie an einem der Tische Platz; dort ist es aber teurer.)

GRAND CENTRAL: INSIDER-INFO

Top-Tipp:: Mittwochs um 12.30 Uhr wird ein **kostenloser Rundgang** angeboten. Der Treffpunkt ist am Informationsstand (unter der Uhr), inmitten der Haupthalle. Alle Einzelheiten des Deckengemäldes entdeckt man während der Fahrt mit der Rolltreppe. Bei der Fahrt in Richtung Nordausgang sieht man interessante Details. Anschließend nehmen Sie sofort die Rolltreppe in Gegenrichtung. Bei dieser Fahrt erblickt man in der Mitte Orion, der seine Keule über dem Sternbild Stier schwingt, daneben befindet sich das Sternbild des Steinbocks.

Geheimtipp: Gegenüber von Michael Jordans Restaurant führt eine kleine Treppe zur schummrigen **Campbell Apartment Bar**. John Campbell, ein Freund der Vanderbilts, richtete in den Zwanzigerjahren sein Büro nach dem Vorbild eines florentinischen Palazzo des 13. Jahrhunderts ein. Die Fenster fertigte Louis Comfort Tiffany an.

4 Rockefeller Center

Vom Rockefeller Center sind nur einzelne Teile weltbekannt: die Art-déco-Türme, die Eislaufbahn, die Statue des Prometheus und natürlich der alljährliche Weihnachtsbaum. Der Gesamtkomplex besteht aus 19 einzelnen Gebäuden und bietet sechs Millionen Quadratmeter Bürofläche. Wenn man durch die Arkaden und die Geschäfte bummelt, durch die Restaurants und Vergnügungsstätten, dann spürt man die Größe.

Die Weltwirtschaftskrise verhinderte den Bau einer neuen Metropolitan Opera auf dem Gelände zwischen 48th und 51st Street sowie 5th und 6th Avenue. John D. Rockefeller jr. (1874–1960) entschloss sich dazu, stattdessen Raum für Radio- und Fernsehstationen und andere Mieter zu schaffen. Eine Architektengruppe unter Führung von Raymond Hood schuf eine geschlossene Gruppe von Wolkenkratzern aus Kalkstein im Art-déco-Stil.

Die Hauptgebäude entstanden zwischen 1931 und 1939. Rockefeller ahnte schon damals, welche Bedeutung das Fernsehen bekommen würde – er plante bereits fensterlose Studios im RCA-Gebäude (heute General Electric, kurz: GE), in dem sich die National Broadcasting Company (NBC) etabliert hat.

Ein Ausschuss formulierte das Leitmotiv

Prometheus sorgte am Tag der Einweihung für Heiterkeit

Unten: Flaggenparade auf der Outdoor Plaza

NBC Tour

Die Fernsehgesellschaft zeigt während eines einstündigen Rundgangs (Tel. 212/664-7174; $$$) ihre Studios. An manchen Tagen kann man dabei sogar einen Prominenten sehen.
Tickets (erhältlich im NBC Experience Store, 49th Street, Ecke Rockefeller Plaza) können nicht reserviert werden – wer zeitig kommt, erhält Tickets, wer zu spät ist, geht leer aus. Deshalb beachten: Während der Ferien und im Sommer sollte man sich schon frühzeitig anstellen.

für die Kunst am Rockefeller Center: »Die Menschheit am Scheideweg mit hoffnungsvollen Visionen für eine neue und bessere Zukunft.« Positiv lässt sich über das Gremium bemerken, dass es anerkannte Künstler aussuchte.

Der Rundgang beginnt an der 5th Avenue gegenüber von St. Patrick's Cathedral an der Atlas-Statue von Lee Lawrie vor dem International Building. Es lohnt sich, einen Blick in die Eingangshalle aus grünem Marmor zu werfen. Hier findet sich eines der frühesten Beispiele dafür, dass ein Aufzug als wichtiges Stilelement dienen kann.

Oben: Atlas mit der Weltkugel

Weiter geht's nach Süden zu den Channel Gardens, so benannt, weil sie das British Empire Building vom French Building trennen. Folgt man dem Fußweg nach Westen, gelangt man zur Outdoor Plaza. Über ihr thront die vergoldete *Prometheus*-Statue von Paul Manship.

Es mutet etwas ironisch an, dass Prometheus, der den griechischen Göttern das Feuer entwendete und es den Menschen brachte, im Winter eine Eislaufbahn bewacht. Dies war nicht der ursprüngliche Plan für die Plaza, aber die Idee, mit unterirdischen Geschäften Leute anzuziehen, funktionierte nicht. Erst als New Yorks erste künstliche Freiluft-Eisbahn am Weihnachtstag 1936 eröffnet wurde, füllte sich die Plaza mit Leben.

Als die Skulptur in den frühen Dreißigerjahren enthüllt wurde, meinte einer der Zuschauer, Prometheus sehe aus, als ob er gerade vom Dach gesprungen sei und zur Landung ansetze. Die Heiterkeit unter den Zuschauern nahm kein Ende.

Riveras Gemälde wegen Lenin zerstört

Das Bild *American Progress* von Jose Maria Sert, ein Loblied auf den Kapitalismus, ersetzte das ursprüngliche Werk des Mexikaners Diego Rivera, das ein Porträt von Lenin enthielt. Die Rockefellers bestanden darauf, dass der Kommunist verschwand, der Künstler widersetzte sich, und Riveras Gemälde wurde zerstört.

196 C4 Zwischen 48th und 51st Street und 5th und 6th Avenue
American Festival Café ($–$$) 47th–50th Street/ Rockefeller Center (B, D, F, Q)
M4, M5, M27, M50

Natürlich griff die Presse die Geschichte von »Leapin' Louie« auf, und danach wurde er nicht mehr ernst genommen. Heutzutage passt der verspielte Prometheus jedoch gut zu seiner Umgebung. Fahnen wehen über der Promenade, Eisläufer flitzen zu seinen Füßen umher (im Sommer ist hier ein beliebtes Restaurant geöffnet), und während der Adventszeit erträgt er gelassen den riesengroßen Weihnachtsbaum, der hier traditionell aufgestellt wird.

Der Fries aus Kalkstein und Glas über dem Osteingang des GE Building zeigt im mittleren Teil Lee Lawries Werk *Wisdom*, zu dem ihn ein Gemälde von William Blake inspirierte. Der linke Teil symbolisiert den Klang und der rechte das Licht, sehr passend für den Sitz der NBC. Das Wandgemälde *American Progress* im östlichen Eingang ist, ebenso wie zwei weitere an der Nord- und Südseite, von Jose Maria Sert.

Gegenüber dem GE Building in der 49th Street sind die Studios für die *Today*-Morgennachrichten und Talkshows. In der Woche besteht morgens zwischen 7 und 9 Uhr die Möglichkeit, als Zuschauer dabei zu sein. Weiter nach Norden kurz vor der 51st Street, findet man auf der linken Seite den Fries *News* von Isamu Noguchi. Wer Noguchis Werke kennt, ist zunächst sicher verblüfft, denn der Künstler ist sonst eher für seine abstrakten Skulpturen berühmt. Der Fries markiert den Eingang zum Associated Press Building.

Geht man an der 50th Street nach links, so kommt man zur Radio City Music Hall. Drei Bilder von Hildreth Meiere an der Straßenseite des Gebäudes stellen Tanz, Drama und Gesang dar. Der legendäre erste Impresario der Music Hall, Samuel »Roxy« Rothafel, hatte die Tänzer *The Rockettes* (in den Zwanziger- und Dreißigerjahren als *Roxyettes* bekannt) zum Symbol und Markenzeichen der Radio City Music Hall gemacht.

Die Avenue of the Americas führt zum Westeingang des GE Building. Aus über einer Million Glassteinen fertigte Barry

John D. Rockefeller war ein generöser Kunstmäzen

Gegenüberliegende Seite, oben: Detail im Art-déco-Stil

Darunter: Neonreklamen lassen die Fassaden der Radio City Music Hall erstrahlen

Faulkner das Mosaik über dem Eingang. *Intelligence Awakening Mankind* feiert alles menschliche Streben, vom Sport bis zum Studium der Philosophie.

Von der Mitte des Straßenblocks 50th und 49th Street bietet sich ein guter Blick auf die Radio City Music Hall, die nachts im Licht der Neonröhren leuchtet. Es fällt auf, dass die beiden Gebäude rechts und links vom GE Building sich von dessen Art-déco-Stil unterscheiden. Offensichtlich hatten die Besitzer nicht an Rockefeller verkauft.

KLEINE PAUSE

Im Sommer lohnt sich bei gutem Wetter das Restaurant auf der Outdoor Plaza. In der Halle im Tiefgeschoss gibt es Imbissstände und Restaurants.

WISSENSWERTES

URSPRÜNGLICHE FLÄCHE: 48 500 m²
GEGENWÄRTIGE FLÄCHE: 89 000 m²
Vier Gebäude auf der Westseite der Avenue of the Americas und eins auf der 7th Avenue sind hinzugekommen.
EISHALLE: 19 m mal 40 m
EISLAUFSAISON: Mitte Oktober bis Anfang April

- ❑ Radio City Music Hall: 5910 Sitzplätze
- ❑ Hauptarchitekten: Hood & Fouilhoux; Corbett, Harrison and MacMurray; Reinhard & Hoffmeister

ROCKEFELLER CENTER: INSIDER-INFO

Top-Tipp: An der östlichen Seite der Eingangshalle des GE Building gibt es normalerweise eine Broschüre über einen **Spaziergang** durchs Rockefeller Center.

Muss nicht sein! Die **teure** Besichtigung der Radio City Music Hall lohnt sich nur für Theaterenthusiasten oder wenn man ermäßigte Tickets bekommt.

7 Museum of Modern Art

»Sie hätte eine Armee befehligen können, wenn sie ein Mann gewesen wäre«, sagte der Architekt Philip Johnson über Abby Aldrich Rockefeller, die wahrscheinlich die Entstehung des Museum of Modern Art am nachdrücklichsten vorantrieb. Die Schriftstellerin und Kunstsammlerin Gertrude Stein, eine Autorität auf dem Gebiet der modernen Kunst, hatte das Projekt eines Museums für moderne Kunst für unmöglich erklärt. Ihrer Meinung nach zelebrierten Museen nur bereits etablierte Kunst. MoMA, wohl das führende Museum für Kunst des 20. Jahrhunderts, bewies ihr das Gegenteil. Hier wurde sogar der Kunstbegriff neu definiert.

Zu Beginn des 21. Jahrhunderts gibt sich das MoMA eine neue Struktur. Wegen einer Erweiterung und einer vollständigen Umstellung der bestehenden Säle sind die Räume des Museum in Midtown von Sommer 2002 bis Ende 2004 oder Anfang 2005 geschlossen. In dieser Zeit veranstaltet man Ausstellungen in neu geschaffenen Räumen in Queens (genannt MoMA QNS). Viele der populärsten Künstler des MoMA, wenn auch nicht alle, werden im MoMA QNS vertreten sein, etwa Konstantin Brancusi, Jasper Johns, Frida Kahlo, Roy Lichtenstein, Henri Matisse, Joan Miró und Pablo Picasso.

Mit der U-Bahn kommt man leicht zum MoMA QNS: Vom Grand Central Terminal oder dem Times Square nehmen Sie die Linie 7 in Richtung Queens/Flushing bis zu Haltestelle 33rd Street (fünf Stationen von Grand Central). In der U-Bahn-Station zeigen Schilder den Weg zum MoMA QNS.

197, bei F3 (Museum in Midtown: 196 C5) 45–20 33rd Street, Long Island City, Queens (212) 708 9400 Sa–Mo, Do 10–17, Fr 10–19.45 Uhr. Geschl. Di, Mi, Thanksgiving, 25. Dez. Café ($) 33rd Street (7) Q32 $$

8 5th Avenue

Einst war die 5th Avenue in Midtown für ihre großen Herrenhäuser bekannt, im frühen 20. Jahrhundert hat sie sich zu einem Shopping-Viertel entwickelt (➤ 74f). Damals verkauften die Reichen ihre Häuser und zogen weiter nach Uptown.

Gegenüber: Das weltbekannte MoMA trug zu einer Neudefinition von Kunst bei

Die eingezwängte St Patricks Cathedral in der 5th Avenue

Am Beginn des 21. Jahrhunderts liegen alteingesessene Läden wie Tiffany & Co. (an der 57th Street) und Warenhäuser wie Bergdorf Goodman (an der 57th) und Saks Fifth Avenue (an der 50th) neben relativen Neulingen wie Niketown (an der 57th), dem Heiligtum der Sportswear, und dem auffälligen Disney Store (an der 55th).

Obwohl die 5th Avenue in den letzten Jahren deutlich kommerzieller wurde, herrscht immer noch eine gewisse Vornehmheit. Am elegantesten ist der Abschnitt zwischen 50th und 59th Street. Und am dichtesten bevölkert: Manchmal hat man das Gefühl, dass die Hälfte aller Touristen New Yorks dort beim

Window-Shopping ist. Etwas japanische Atmosphäre können Sie im gepflegten Kaufhaus Takishiyama (an der 54th) schnuppern. Gehen Sie in die Thomaskirche (an der 53rd), wenn sie offen ist, und betrachten Sie das Altargemälde. Es stammt von Lee Lawrie, wie die Art-Déco-Statue des Atlas (► 57) im Rockefeller Center (► 56f). Auch die architektonischen Highlights der Avenue (► Kasten) sind einen Bummel wert.

KLEINE PAUSE

Nehmen Sie einen Drink im **Peninsula Hotel** (an der 55th, tägl. außer So um 17 Uhr). Einen Imbiss zu einem vernünftigen Preis bekommen Sie im **Trump Tower** (an der 56th).

---

196 C3 · 5th Avenue/53rd Street (E); 5th Avenue/60th Street (N, R, W); 42nd Street/6th Avenue (B, D, F, Q, 7) · M1–5, M42, M50, M57

Seit den 1920er-Jahren ist die 5th Avenue für ihre Kaufhäuser berühmt

Ein Dutzend architektonischer Highlights

Die besten Architekten New Yorks haben zur Entwicklung der 5th Avenue beigetragen, vom historisierenden Stil des späten 19. Jahrhunderts über das Art Déco des frühen 20. bis hin zu modernen Schöpfungen nach dem Zweiten Weltkrieg. Von Süden nach Norden liegen die folgenden zwölf Highlights (mit aktuellem Namen, Adresse, Querstraße, vorherrschendem Stil und Fertigstellungsjahr):

- HSBC (452 5th an der 40th; Beaux-Arts, 1902)
- Fred H. French Building (551 5th an der 45th; Art Deco, 1927)
- Benetton (597 5th bei der 48th; Beaux-Arts, 1913)
- Versace (647 bei der 52nd; italienische Renaissance, 1905)
- Cartier (651 5th an der 52nd; italienische Renaissance, 1905)
- 666 5th Avenue (an der 52nd; international, 1957)
- St. Thomas' Church (1 West 53rd an der 5th; Neogotik, 1914)
- University Club (1 West 54th an der 5th; florentinischer Palazzo, 1899)
- St. Regis Hotel (2 East 55th an der 5th; Beaux-Arts/Art Nouveau, 1904 mit Anbau von 1925)
- Peninsula Hotel (2 West 55th an der 5th; Beaux-Arts, 1905)
- Crown Building (730 5th an der 57th; Eklektizismus, 1921)
- 745 5th Avenue (an der 57th; Art Deco, 1931)

Beachten Sie auch: New York Public Library (► 68f); Plaza Hotel (► 67); Rockefeller Center (► 56f); St Patrick's Cathedral (► 66)

12 Times Square

Der alte Glanz ist zurückgekehrt – und der Times Square zeigt der ganzen Welt, dass New York wieder eine liebens- und lebenswerte Stadt ist. Der Times Square vermittelt einen Eindruck davon, was New York eigentlich ausmacht. Eine Stunde hier genügt, um ein Gefühl für die Stadt zu bekommen.

Der Times Square sieht sich als die »Kreuzung der Welt«, und man kann sich seiner Anziehungskraft kaum entziehen.

Die Bebauungspläne schreiben Leuchtreklamen auf neuen Gebäuden vor, zu denen einige Bürotürme und Hotels gehören. Das Paramount Building im Art-déco-Stil und der neue 4 Times Square Tower, beide am Broadway, Ecke 43rd Street, lohnen einen Blick. »Ein Jahrhundert am Times Square« (► 20) gibt einen interessant gestalteten Überblick über die Geschichte.

Times-Square-Höhepunkte

Der Platz selbst ist ein Dreieck, das von der 42nd Street, vom Broadway und von der 5th Avenue gebildet wird. Das ganze Gebiet umfasst den Bereich zwischen 40th und 53rd Street sowie der 6th bis 8th Avenue.

Times Tower (1 Times Square, Ecke 42nd Street): Viele Stockwerke dieses Gebäudes stehen leer, aber die Besitzer kassieren mehr als 7 Millionen Dollar jährlich für die Leuchtreklame.

MTV Studios (Broadway zwischen 44th und 45th Street): Die Musikfans drängeln sich vor den Studios. Welche Band zurzeit

196 B3
Times Square (1, 2, 3, 7, 9, R, S, W); 42nd Street/ 8th Avenue (A, C, E) M6, M7, M10, M42, M104

Gesetzliche Vorschrift: Die Gebäude am Times Square *müssen* mit Leuchtreklame versehen werden

wirklich »in« ist, weiß man am besten, wenn man die T-Shirts der Kids betrachtet.

42nd Street: Der E-Walk Entertainment Complex, das AMC Multiplex, Madame Tussaud's Wachsfigurenkabinett und das renovierte New Amsterdam Theater gehören zu den Attraktionen westlich der 7th Avenue.

Paramount Building (1501 Broadway, Ecke 43rd Street): Durch die zurückversetzten Stockwerke erinnert das Art-déco-Gebäude mit der vergoldeten Kugel auf der Spitze entfernt an einen Berg.

TKTS Kiosk (47th Street zwischen Broadway und 7th Avenue): Hier gibt es Tickets für Broadway-Shows zum halben Preis (keine Kreditkarten).

Heute beherrschen moderne Bürotürme die Silhouette des Times Square

Palace Theatre (1564 Broadway, Ecke 47th Street): Ein Auftritt im Palace war während der großen Zeit der Varietés ein Höhepunkt der Karriere.

Times Square Visitor Center (1560 Broadway, Ecke 47th Street): Das frühere Embassy Theater, ein renoviertes Kino aus den Zwanzigerjahren, bietet Toiletten, Möglichkeit zum Geldwechsel und Toureninformation.

KLEINE PAUSE

Kurz vor dem Theaterbeginn ist das Café **Un Deux Trois** (123 West 44th Street, Tel. 212/354-4148) ein Tollhaus.

WISSENSWERTES

ANZAHL DER FIRMEN: 5000
BÜRORAUM: 7 Millionen Quadratmeter
JÄHRLICHE BESUCHER: 26 Millionen
BESUCHER AN SILVESTER: 500 000
ANZAHL DER THEATER: 39
VERKAUFTE TICKETS PRO JAHR: 11,5 Millionen
RIESENLEUCHTREKLAMEN: 50
HOTELS: 29, 20% aller Zimmer in New York

TIMES SQUARE: INSIDER-INFO

Top-Tipp: Um noch die alten Fassaden einiger Theater zu sehen, lohnt sich ein Spaziergang auf der 44th, 45th oder 47th Street. Die Bar auf dem Marriott ist **nur wegen der Aussicht empfehlenswert**.

Muss nicht sein! Die Souvenirshops auf dem Times Square sind **überteuert.** Die T-Shirts gibt es überall billiger.

Nach Lust und Laune!

1 United-Nations-Hauptquartier

Das ist fast schon ein Paradoxon: Früher gab es auf dem Gelände Schlachthäuser, heute sitzt in diesem gefälligen Gebäude die Organisation, die für weltweiten Frieden sorgen soll. Bei einer Führung kann man die meisten Räume besichtigen, u. a. den Saal der Vollversammlung und des Sicherheitsrates. Dabei sind die wortgewandten Führer so diplomatisch wie die gesamte Institution und weichen unangenehmen Fragen aus.

197 F4
1st Avenue, zwischen 42nd und 48th Street
(212) 963-8687
tägl. Führungen 9.30–16.45 Uhr, März–Dez.; Mo–Fr 9.30–16.45 Uhr, Jan.–Feb. (keine Kinder unter 5 Jahren). Geschlossen am 1. Jan., Presidents' Day, Karfreitag, 4. Juli, Labor Day, Eidal-Fitr, Thanksgiving, 24.–25. Dez.
Grand Central (4, 5, 6, 7, S)
M15, M27, M42, M50, M104 ($$)

Die faszinierende Spitze des Chrysler Building

2 Chrysler Building

Der amerikanische Automobilhersteller Walter P. Chrysler stützte sich in den Zwanzigerjahren mit dem für kurze Zeit höchsten Gebäude der Welt in Unkosten (➤ 6). Sein Architekt William Van Alen schmückte die Spitze des Gebäudes mit überdimensionalen Nachbildungen von Autoteilen von Chrysler-Modellen aus dem Jahr 1929.

Keine Ausgaben wurden gescheut für eines der großartigsten Art-déco-Foyers New Yorks mit marokkanischen Marmorwänden, weißem Onyx aus Mexiko und einem Deckengemälde von Edward Trumbull. Die Türen der Grabkammer des ägyptischen Königs Tut-ench-Amun dienten als Vorbilder für die Holzintarsien der Fahrstuhltüren und pyramidenartige Aufzugsbeleuchtung.

197 E3
East 42nd Street und Lexington Avenue
Lobby Mo–Fr 8–18 Uhr; Sa, So beschränkter Zugang
Grand Central (4, 5, 6, 7, S)
M1–4, M42, M101–104

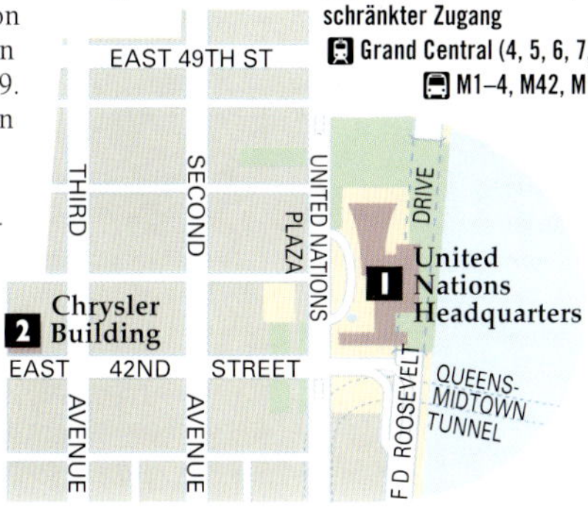

Die modernen Betonriesen in Midtown

Midtowns Skyline ist eine Mischung aus gelungener und schlechter Architektur. Neben vielen nichts sagenden Bauwerken sind die nachfolgend erwähnten eine Betrachtung wert (von Ost nach West).

Seagram Building

Mies van der Rohe entwarf dieses 38-stöckige Gebäude mit der bemerkenswerten Plaza (die im Baujahr 1958 völlig neuartig wirkte). Philip Johnson gestaltete das Innere einschließlich des noblen Four Season Restaurant and Bar.

197 D5 375 Park Avenue, Ecke 52nd Street

Lever House

Zwar gab es bereits 1910 Gebäude mit Glasfassaden, aber erst 1952 mit dem Entwurf von Gordon Bunshaft für dieses 24-stöckige Hochhaus setzte sich diese Idee durch.

197 D5 390 Park Avenue, Ecke 53rd Street

Sony Building

Die Postmoderne bekam durch dieses Gebäude von Philip Johnson und John Burgee viel Auftrieb. Beachtenswert sind die Granitfassade, die Eingangshalle mit Blattgolddecke und die Chippendale-ähnlichen Verzierungen am Dach.

197 D5 550 Madison Avenue, Ecke 56th Street

CBS Building

Der einzige Wolkenkratzer des finnischen Architekten Eero Saarinen. Er ist wegen seiner majestätischen dunkelgrauen Granitsäulen auch unter dem Namen »Schwarzer Fels« bekannt.

196 D5 51 West 52nd Street, Ecke Avenue of the Americas

5 St Patrick's Cathedral

New Yorks Kirchen beeindrucken im Allgemeinen nicht so wie die in Europa, aber die neugotische St.-Patrick-Kathedrale ist eine Ausnahme.

James Renwick jr., der auch die Grace Church in Manhattan entwarf, nahm als Vorbild für das Innere von St Patrick's mehrere europäische Kathedralen, allen voran die von Reims, Köln und Amiens. Der Bau begann 1858, die Kirche wurde im Jahr 1879 geweiht, aber die mehr als 100 Meter hohen Kirchtürme wurden erst 1888 fertig gestellt. Neben den Wolkenkratzern wirken die Türme wie Miniaturen, und die Statue des heidnischen Gottes Atlas drängt vom Rockefeller Center hinüber, aber die Kirche mit ihrer Symmetrie und den Steinen voll Patina hat ihre eigene Größe.

Einer der bedeutendsten Glaskünstler des 20. Jahrhunderts, Charles Connick, hat die Rosette entworfen, und der St.-Michael- ebenso wie der St.-Louis-Altar wurden von Tiffany & Co. gefertigt.

197 D4 5th Avenue und 50th Street
(212) 753-2261
5th Avenue/53rd Street (E, F)
M1–5, M50
frei

6 Museum of Television and Radio

Gelächter und gelegentliches Schluchzen unterbrechen die Stille in diesem Museum, in dem alle Arten von Fernsehsendungen vorgeführt werden – vom ernsten Film über Comedy und Talkshows bis hin zu Dokumentarfilmen, Nachrichten, Sportsendungen und Werbung. Ausstellungen und

Filmvorführungen ehren Radio- und Fernsehprominenz und widmen sich der Geschichte dieser Medien.

- 196 C5
- 25 West 52nd Street, westlich der 5th Avenue
- (212) 621-6600 oder (212) 621-6800
- Di–So, 12–18 Uhr (auch Do 18–20 Uhr; Fr 18–21 Uhr bei Veranstaltungen). Geschlossen 1. Jan., 4. Juli, Thanksgiving, 25. Dez.
- 5th Avenue/53rd Street (E, F)
- M1–5, M50
- ($)

9 Sony Wonder Technology Lab

Ein vierstöckiger Spielplatz für Kinder und Erwachsene mit interaktiven Hightech-Ausstellungsstücken, die unterhalten und Wissen vermitteln. Kinder und Erwachsene können an

simulierten Studioaufnahmen teilnehmen, etwas über Computerchips lernen oder an einem Kunstprojekt mitarbeiten.

- 197 D5
- 550 Madison Avenue, Ecke 56th Street
- (212) 833-8100
- Di–Mi und Fr–Sa 10–18 Uhr; Do 10–20 Uhr, So 12–18 Uhr. Geschlossen 1. Jan., Ostern, 4. Juli, Thanksgiving, 25. Dez.
- 5th Avenue/53rd Street (E, F)
- M1–4, M31, M57
- frei

10 F.A.O. Schwarz

Man sagt, dass Einzelhandelsgeschäfte die wahren Museen der Gesellschaft sind. Dann wäre diese Fundgrube für Plüschtiere, technisches Spielzeug, Barbiepuppen, Spielzeugeisenbahnen und Modellautos der Louvre der Spielwarengeschäfte. Die Anhäufung verschlägt einem den Atem – ebenso wie die Preise. Unter den Kunden wurden schon bekannte Stars wie Eddie Murphy gesichtet. – Das jährliche Erscheinen des Weihnachtsmanns ist ein großes Spektakel.

- 199 E1
- 767 5th Avenue, Ecke 58th Street
- (212) 644-9400
- 5th Avenue/60th Street; N, R, W)
- M1–5, M31, M57

11 Plaza Hotel

Henry J. Hardenberg entwarf zwei berühmte Gebäude in Manhattan, die Dakota Apartments (► 98) und das 19-stöckige Plaza Hotel mit seinen weißen Ziegelwänden und grünen Kupfertürmchen. Es ersetzte 1907 ein gleichnamiges acht Stockwerke hohes Hotel, das ebenfalls bei der New Yorker Gesellschaft beliebt war. Glitzernde Lichter, Pferdekutschen vor der Tür und das plüschige Marmorfoyer drinnen versetzen den Besucher in die Atmosphäre der Romane von F. Scott Fitzgerald (der hier mit seiner Frau Zelda groß feierte). Im Ballsaal des Plaza veranstaltete Truman Capote seinen Kostümball, *das* gesellschaftliche Ereignis in den Zwanzigerjahren.

- 199 E1
- 5th Avenue und Central Park South
- (212) 759-3000
- 5th Avenue/60th Street; N, R, W)
- M1–5

13 Bryant Park

Der Park hinter der New York Public Library wurde zu Ehren von William Cullen Bryant (1794–1878) benannt – die Liebe zur Natur ist eines der Hauptthemen seiner Gedichte. Auf halbem Weg zwischen einem Restau-

Ein Essen im Palm Court ist immer ein Erlebnis

rant und einem Straßencafé steht eine Statue des Autors von *Thanatopsis* und langjährigen Herausgebers der *The New York Evening Post*. Eine große Rasenfläche, flankiert von baumbestandenen Wegen, erstreckt sich vom Café zur 6th Avenue. Der Park wird von der Modebranche zu Werbezwecken genutzt, im Sommer werden montags Filmklassiker gezeigt.

196 C3
6th Avenue und West 42nd Street
42nd Street/6th Avenue (B, D, F, 7)
M1–4, M42, M104 **frei**

14 New York Public Library

Zwei Marmorlöwen bewachen den pompösen Aufgang zum Hauptgebäude, das von der Architektenfirma Carrère und Hastings im typischen *Beaux-Art*-Stil erbaut wurde, in der Haupthalle, Astor Hall, wimmelt es von Marmorbögen. Im dritten Stock schildern große Wandgemälde von Edward Lansing die Geschichte des Buchdrucks. Der riesengroße Rose Reading Room erinnert an einen Ball-

Kampfflugzeug im *Intrepid* Museum

Besondere Museen (Öffnungszeiten bitte telefonisch erfragen)

American Craft Museum
Die Grenze zwischen Kunsthandwerk und Kunst ist in diesem Museum (40 West 53rd Street an der 5th Avenue, Tel. 212/956-3535), das Arbeiten aus Metall, Holz, Ton, Stoff und anderen Materialien zeigt, eher fließend.

International Center of Photography
Die Exponate in diesem renommierten Zentrum (1133 Avenue of the Americas – 6th Avenue – an der 43rd Street, Tel. 212/860-1777) illustrieren die Rolle der Fotografie im heutigen Leben.

American Folk Art Museum
In einem schönen neuen Bau zeigt dieses Museum (45 West 53rd Street an der 6th Avenue, Tel. 212/595-9533) traditionelle und unkonventionelle Volkskunst.

saal, venezianische Gemälde dienten als Vorbild für die lachsfarbenen Wolken in den Deckengemälden. Die gut konzipierten Ausstellungen der Bibliothek zeigen die vielseitigen Facetten New Yorks und seiner Kultur.

196 C3 ✉ 5th Avenue und 42nd Street ☎ (212) 930-0830; (212) 869-8089 für Ausstellungsinfos Mo und Do–Sa 10–18 Uhr, Di–Mi 11–19.30 Uhr (Ausstellungen bis 18 Uhr). Geschlossen 1. Jan., Martin Luther King Day, Presidents' Day, Memorial Day, 4. Juli, Labor Day, Columbus Day, Veterans' Day, Thanksgiving, 25. Dez. 42nd Street/6th Avenue (B, D, F,) M1–4, M42, M104 frei

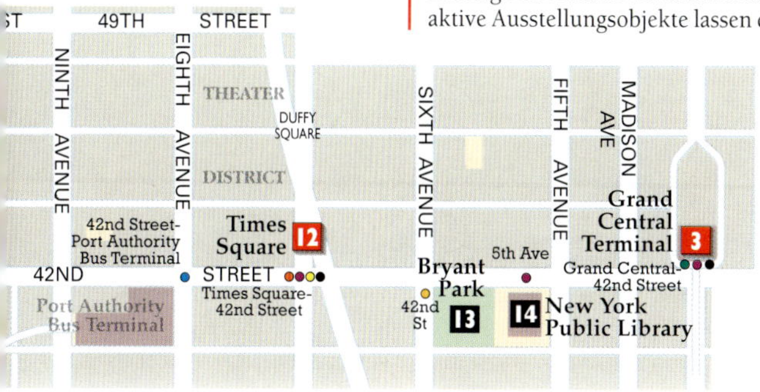

15 *Intrepid* Sea-Air-Space Museum

Der Flugzeugträger USS *Intrepid*, der im Zweiten Weltkrieg von japanischen Kamikazefliegern angegriffen wurde und später bei der Bergung der Raumkapseln mitwirkte, wurde in ein gut durchdachtes Museum umgewandelt. Neben der Besichtigung der historischen Flugzeuge auf dem Deck kann man einen Rundgang durch ein U-Boot, einen Zerstörer und andere Schiffe machen und sich Ausstellungen über die US Navy sowie Luft-, See- und Raumfahrttechnologie ansehen. Die Lage im Hudson River sowie interaktive Ausstellungsobjekte lassen den Besuch zu einem besonderen Erlebnis werden.

196, bei A4
✉ 12th Avenue und West 46th Street
☎ (212) 245-0072 Mo–Fr 10–17 Uhr, So 10–18 Uhr, April–Sept.; Di–So 10–17 Uhr, Okt.–März. Kassenschluss eine Stunde früher. Geschlossen an Thanksgiving, 25. Dez. 42nd Street/ 8th Avenue (A, C, E), 42nd Street/Times Square (1, 2, 3, 7, N, Q, R, W, S)
M42, M50 ($$)

Wohin zum ... Essen und Trinken?

Preise: Die Anzahl der $-Zeichen zeigt den ungefähren Betrag für ein komplettes Essen mit Getränken, Steuer und Trinkgeld für eine Person an.
$ unter 30 $ $$ 30–60 $ $$$ über 60 $

RESTAURANTS

Beacon $$$

Der frühere Chef des Rainbow Room, Waldy Malouf, eröffnete dieses aufstrebende Restaurant. Hier wird bodenständiges Essen zubereitet, zum größten Teil in Holzöfen. Zu den Spezialitäten gehören Spanferkel sowie geräucherte Forellen und Hummer, bei den Desserts verschiedene Soufflés (nach Vorbestellung), karamelisierter Apfelpfannkuchen und geröstete Früchte.

196 C5
25 West 56th Street, zwischen 5th und Madison Avenue
(212) 332-0500
Lunch Mo–Fr 12–14; Dinner Mo–Do 17.30–22.30, Fr. Sa 17.30–23 Uhr; geschl. So und nationale Feiertage

Le Bernardin $$$

Das unter der Leitung von Maguy Le Coze stehende Restaurant hat wahrscheinlich die beste französische Küche. Eine Unzahl von Kellnern serviert in dem großen Raum die besten Fischgerichte New Yorks. Es gibt sowohl ein Drei-Gänge-Menü als auch ein Probiermenü. Das Frikassee vom Schellfisch ist göttlich. Die Desserts sind faszinierende Kombinationen exotischer Zutaten. Herren müssen ein Sakko tragen.

196 B5
155 West 51st Street, zwischen 6th und 7th Avenue
(212) 489-1515
Lunch Mo–Fr 12–14.30; Dinner Mo–Do 17.30–23.30 Uhr; geschl. So und nationale Feiertage

Broadway Diner $

Obwohl die beiden einst zusammengehörigen Restaurants (das andere ist auf der Lexington Avenue; keine Kreditkarten) jetzt unabhängig voneinander sind, bieten beide hervorragende Standardversionen aller amerikanischen Klassiker. Die amerikanisierten Versionen fremder Gerichte sollten Sie meiden; sie sind nicht so gut, und außerdem können Sie in New York das Original bekommen. Der Service klappt gut.

196 B5
1726 Broadway an der 55th Street
(212) 765-0909
Lunch Mo–Fr 11.30–16 Uhr; Dinner tägl. 16–22.30 Uhr
197 D5
590 Lexington Avenue an der 52nd Street (212) 486-8838
Lunch 11–16 Uhr; Dinner 15–22 Uhr; Thanksgiving, Ostern, 25. Dez. und So geschl.

Carnegie Deli $

Hier wird eine authentische New Yorker Atmosphäre geboten: riesige Sandwiches, eigenwillige Bedienung und große Enge. Die wunderbaren Pastrami- oder Corned-Beef-Sandwiches mit Pickles, Krautsalat und Russian Dressing und die gute Gelegenheit für ein Gespräch sollte man nutzen. Keine Kreditkarten.

196 C5
854 7th Avenue, Ecke 55th Street
(212) 757-2245
tägl. 6.30–4 Uhr
nur Bargeld

Churrascaria Plataforma $$

Hier kann man das brasilianische Barbecue essen; besonders gut geeignet für eine Gruppe, die es nach Fleisch gelüstet. Für einen Festpreis kann man so viel essen, wie man will, ein grünes oder rotes Signal für den Kellner genügt. Angeboten werden Unmengen von Rindfleisch, Hähnchen, Würstchen und Innereien, dazu gibt es ein eindrucksvolles Büfett. Und natürlich Caipirinha als Nationalgetränk.

196 A4
Belvedere Hotel, 316 West 49th Street, zwischen 8th and 9th Avenue
(212) 245-0505
Lunch tägl. 12–17, Dinner tägl. 17–24 Uhr

Dawat $$

Der Ort für ausgezeichnete indische Küche, der Experte Madhur Jaffrey half bei der Zusammenstellung der Speisekarte. Schon die Brote sind phantastisch, die elegante Atmosphäre und die Gewürze bieten ein besonderes Erlebnis.

199, bei F1
210 East 58th Street, zwischen 2nd und 3rd Avenue (212) 355-7555
Lunch Mo–Sa 11.30–14.45 Uhr; Dinner Mo–Sa 17.30–23, So 17.30–22 Uhr

East $

Diese beliebte kleine Kette japanischer Restaurants schließt eine Lücke in Midtown. Sushi ist der Renner – frisch, schnell und gut zubereitet –, vor allem während der Happy Hou. Es gibt auch vegetarische und traditionelle japanische Gerichte. Der Service ist aufmerksam und freundlich. Ein Lokal an der Lower East Side lockt exotischere Kunden an.

196 B5 253 West 55th Street
(212) 581-2240
197 E4 210 East 44th Street
(212) 687-5075

Felidia $$$

Hier gibt es echte norditalienische Küche, denn die Besitzerin Lidia Bastianich stammt aus Triest. So werden z. B. hausgemachte Pasta, ausgezeichnete Risotti und geschmorte Fleischgerichte serviert. Im Herbst kann man die Nudeln auch mit frischen Trüffeln bekommen, dazu gibt es einen Barbera oder Barbaresco.

199, bei F1
243 East 58th Street, zwischen 2nd und 3rd Avenue (212) 758-1479
Lunch Mo–Fr12–14.30; Dinner Mo–Do 17–22.45, Fr, Sa 17–23.15 Uhr; geschl. So und nationale Feiertage

La Grenouille $$$

Erstklassiges französisches Restaurant mit großartiger Küche in einem romantischen Rahmen. Der Chef Richard Pommeis kreiert wunderbare Gerichte, dazu gibt es tadellosen Service und hübsche Blumenarrangements. Sowohl zum Lunch als auch zum Dinner wird ein Menü zu einem festen Preis angeboten. Lunch ist sehr viel günstiger.

197 D5
3 East 52nd Street, zwischen 5th und Madison Avenue (212) 752-1495
Lunch Do–Sa 12–14.30 Uhr; Dinner Di–Sa 17.30–23.30 Uhr; geschl. So, Mo, nationale Feiertage, Aug.

Keens Chophouse $$

Ein klassisches New Yorker Steakhaus mit der Atmosphäre des 19. Jahrhunderts. An den etwas gespenstisch aussehenden dunklen Balken hängen alte Tonpfeifen aus vergangenen Zeiten. Zu empfehlen ist das Legendary Mutton Chop mit Kartoffelbrei und Spinat. Die Fleischportion ist sehr ordentlich, und die Menge an Kartoffelbrei und Rahmspinat ist eigentlich schon zu groß für eine Person.

196 C2
72 West 36th Street, zwischen 5th und 6th Avenue
(212) 947-3636
Lunch Mo–Fr 11.45–15 Uhr; Dinner Mo–Sa 15–22 Uhr; geschl. So

Kum Gang San $

Eine der besten Adressen in »Korea Town«. Es bietet sich die wohl einmalige Gelegenheit, in einer Grotte neben einem Wasserfall zu speisen. Die klassische koreanische Küche ist ausgezeichnet, dagegen lohnen sich die Sushi nicht. Kleinigkeiten wie Gemüse und manchmal eine Suppe gehören in echt koreanischer Tradition zu jedem Essen dazu.

196 C2 49 West 32nd Street (am Broadway)
(212) 967-0909
24 Stunden geöffnet

Lespinasse $$$

Vier Sterne von der *New York Times* für die erstklassige französische Küche von Christian Delouvrier; außerdem hat der amerikanische Automobilclub AAA für die Leistung des Küchenchefs die höchste Punktzahl vergeben. Angenehme Atmosphäre mit viel Platz und gedämpften Tönen. Die Weinkarte ist ebenso beeindruckend wie das Essen. Herren müssen Sakko tragen.

197 D5
St Regis Hotel, 2 East 55th Street, zwischen 5th und Madison Avenue
(212) 339-6719
Dinner Di–Fr 18–22, Sa 17.30–22 Uhr; geschl. So, Mo

March $$$

Wayne Nish bietet ein wunderbares Menü mit vielen Gängen in annehmbaren Portionen an, Joseph Scalice hilft, den passenden Wein zu finden. Das Restaurant ist in einem Stadthaus mit Kamin und einem Garten untergebracht.

199, bei F1
405 East 58th Street, zwischen 1st Avenue und Sutton Place
(212) 754-6272
Dinner Mo–Sa 18–23, So 18–22.30 Uhr; geschl. 1 .Jan., Thanksgiving, 25. Dez.

Molyvos $$

Nur eine Ecke von Carnegie Hall entfernt liegt dieses Restaurant, das einem griechischen Fischerdorf ziemlich genau nachempfunden ist. Hier stimmt alles: freundliche Bedienung, schmackhaftes Essen und guter Ouzo. Als Vorspeise empfehlen sich die *Mezes*, bei den Hauptgerichten geschmortes Kaninchen und Lammkeule im Tontopf.

196 B5
871 7th Avenue, zwischen 55th und 56th Street (212) 582-7500
Lunch tägl. 12.30–15 Uhr; Dinner Mo–Fr 17.30–23.30, Sa 17–24, So 17–23 Uhr; geschl. 25. Dez.

Oyster Bar at Grand Central $–$$

Wo sonst als in New York kann man Austern im Innern des schönsten Bahnhofs essen? Der Geruch von Meer liegt in der Luft, die Atmosphäre ist locker, es gibt verschiedene Möglichkeiten bei der Tischwahl. Da sind der große, höhlenartige Hauptraum, die gemütliche Bar und die Theke, von der aus man bei der Zubereitung der Austern zusehen kann.

197 D3
Grand Central, untere Ebene, 42nd Street und Vanderbilt Avenue
(212) 490-6650
Mo–Fr 11.30– 21.30 Uhr (auch Sa 19–22.30 Uhr)

Rosa Mexicano $$

So weit von der mexikanischen Grenze entfernt ist es schwierig, ein typisches gutes Restaurant zu finden. Josefina Howard serviert jedoch wunderbare Gerichte wie Lammkeule mit Guajillo-Peperoni, Posole vom Schwein und eine tolle Guacamole. Dazu gibt es Margaritas.

199, bei F1
1063 1st Avenue, Ecke 58th Street
(212) 753-7407
Dinner tägl. 17–24 Uhr; geschl. Thanksgiving

Sparks Steakhouse $$$

Die Steaks sind die Spezialität, die Atmosphäre ist altmodisch maskulin und bezieht den knisternden Effekt daraus, dass vor dem Lokal der Mord an Paul Castellano geschah – nachdem dieser gerade das Lokal verlassen hatte. Sie müssen natürlich nichts befürchten – schon gar nicht, wenn Sie die Speisekarte studieren. Zu empfehlen sind das klassische Steak und die Lammkoteletts. Als Vorspeise lohnen sich der Tomatensalat mit Blauschimmelkäse und der Spargel (steht nicht auf der Karte). Die Weinkarte ist ausgezeichnet. Das Restaurant hat achthundert Plätze, die auf mehrere Räume verteilt sind – deswegen wirkt es überhaupt nicht so groß. Nach dem Essen kann man sich an die Bar zu einer Zigarre und einem Scotch zurückziehen.

197 E4
210 East 46th Street, zwischen 2nd und 3rd Avenue
(212) 687-4855
Lunch Mo–Fr 12–15 Uhr; Dinner Mo–Sa 17–23 Uhr; geschl. So, nationale Feiertage

BARS

FireBird (und FireBird Café nebenan)

Als ob man in einer St. Petersburger Kneipe säße – eine ungeheure Auswahl an Wodka; und als leichtes Essen vor dem Theater empfehlen sich *Zakvska*, russische Vorspeisen.

196 A4
365 West 46th Street, zwischen 8th und 9th Avenue
(212) 586-0244
Mo–Sa 11.30–22 Uhr, So 17–21.30 Uhr

King Cole Bar

Maxfield Parrish's gigantisches Wandgemälde dient als Blickfang in dieser eleganten Bar, in der gepflegte Cocktails und eine bemerkenswerte Auswahl an leichten Gerichten serviert werden.

197 D5
St Regis Hotel, 2 East 55th Street, zwischen 5th und Madison Avenue
(212) 339-6721
Mo–Do 11.30–1 Uhr, Fr und Sa länger, So 12–24 Uhr

Oak Bar

Hier begann für Cary Grant das Abenteuer in *North by Northwest*. Die Bar ist beeindruckend und hat viel Atmosphäre – nicht, weil sie besonders exklusiv ausgestattet wäre, sondern gerade wegen ihres etwas verruchten Ambientes. Ein idealer Ort für einen Martini! Außerdem werden Lunch- und Bar-Menüs serviert.

199 E1
Plaza Hotel, 768 5th Avenue, Ecke Central Park South **(212) 546-5330**
tägl. 12–1 Uhr

P. J. Clarke's

Eine klassische New Yorker Bar in einem kleinen Gebäude inmitten eines Meeres von Wolkenkratzern – lebhaft und nicht teuer. Auf der Karte stehen Hamburger – ansonsten ist die Auswahl nicht besonders groß.

197 E5
915 3rd Avenue, Ecke 55th Street
(212) 355-8857
tägl. 11.30–4 Uhr

Rainbow Grill Bar

Diese weniger vornehme Version der früheren Rainbow Promenade Bar (beachten Sie: kein Sakko-Zwang) oben im Rockefeller Center bietet mit Klaviermusik und der Skyline von Midtown Manhattan die perfekte Kulisse für den perfekten Manhattan-Abend. Auch das Foyer des Gebäudes lohnt eine rasche Besichtigung – die raffinierten Wandgemälde werden Ihnen nach einem oder zwei Drinks noch mehr vorgaukeln als sonst. Für die guten Drinks sind keine Reservierungen erforderlich.

196 C4
49 West 49th Street, 65. Stockwerk, im Rockefeller Center
(212) 623-5000
So–Do 17–24, Fr–Sa 17–1 Uhr

Solera

Der perfekte Ort für einen Drink und ein kleines Essen. Man sitzt an der Theke und kann sich an einem reichen Sortiment Tapas, Sherry, Wein und wunderbarem spanischem Käse gütlich tun. Die Bedienung ist sehr freundlich und kompetent.

197 E5
216 East 53rd Street, zwischen 2nd und 3rd Avenue
(212) 644-1166
Mo–Fr 12–22 Uhr, Sa 17–1 Uhr

Whiskey Bar

Hier können Sie einen Blick aufs »coole« New York werfen – aber nicht so cool, dass nicht auch normale Leute hineinkämen. In Wirklichkeit ist die Whiskey Bar heute nicht mehr so angesagt, eher bei Hotelbesuchern aus der Provinz (die Bar befindet sich im Foyer von Ian Schragers schickem Paramount Hotel). Doch gelegentlich kann man

Promis sehen, und auch sonst gibt es genug interessante Leute. Am besten tragen Sie Schwarz in Schwarz.

196 B4 235 West 46th Street
(212) 919-0404
Mo–Sa 16–4, So 16–3 Uhr

CAFÉS

Trotz seiner zentralen Lage gibt es in Midtown nahezu keine guten Cafés. Allerdings besteht in zahlreichen besseren Hotels wie im St Regis, im Plaza Court und im Waldorf die Möglichkeit zu einem ausgezeichneten englischen Fünf-Uhr-Tee. Eine erwähnenswerte Adresse gibt es allerdings – ein kleines Café, weit abseits der Touristenrestaurants, aber bei den New Yorkern bekannt für köstlichen Kaffee und hervorragende Kuchen:

Cupcake Café

Dieses kleine Café hat nur ungefähr drei Tische, so gut wie keine Atmosphäre und ist meistens überlaufen, aber es gibt phantastischen Kuchen, sodass sich der Besuch lohnt.

196 A3
522 9th Avenue, Ecke 39th Street
(212) 465-1530
Mo–Fr 7–19 Uhr, Sa 8.30–18.30 Uhr, So 9–17 Uhr

EasyInternetCafe

Café ist eine zu bescheidene Bezeichnung für diese Mammuteinrichtung am Times Square mit 800 PCs – es wirkt mehr wie eine hyperaktive Universitätsbibliothek. Es ist täglich rund um die Uhr geöffnet, die Preise für Telefon und Computer sind günstig, und der Kaffee ist auch nicht schlecht.

196 B3
234 West 42nd Street (zwischen 7th und 8th Avenue)
(212) 398-0775 oder (212) 398-0724
42nd Street/Times Square (1, 2, 3, 7, N, Q, R, W, S); 42nd Street/8th Avenue (A, C, E)

Wohin zum... Einkaufen?

Midtown ist der Ort zum Einkaufen mit seinen großen Kaufhäusern, Juwelieren und den Geschäften der bekannten Firmen. Auf der 5th Avenue reihen sich zahlreiche Läden der großen Ketten aneinander, während die ganz großen Namen immer noch zwischen der 47th und der 60th Street zu finden sind.

Takashimaya (693 5th Avenue) ist ein interessantes Kaufhaus mit einem großen Angebot an japanischen Waren. **Henri Bendel** (712 5th Avenue) führt in einer Art Boutique-Kaufhaus Kleidung und Haushaltswaren in einzigartigem Design. **Bergdorf Goodman** (5th Avenue, Ecke 59th Street) zählt zu den Klassikern, das Herrengeschäft befindet sich gegenüber. Das größte Kaufhaus ist **Macy's** (34th Street, Ecke Herald Square), **Bloomingdale's** (59th Street, Ecke Lexington Avenue), das berühmteste, hat nichts von seinem Ruf eingebüßt.

Tiffany & Co (5th Avenue, Ecke 57th Street) ist ein faszinierender Ort für Schmuckliebhaber, und die Schaufenster von **Harry Winston** (718 5th Avenue) zeigen, welchen Schmuck richtig reiche Leute tragen. Wenn es um Diamanten und Gold geht, ist die 47th Street zwischen 5th und 6th Avenue die richtige Adresse. Dazu gehört auch die **Jewelry Exchange** (15 West 47th Street), eine Art Markt mit vielen kleinen Händlern. Erwähnenswert sind ebenfalls **Roberta Antiques Jewelry** (73 West 47th Street) und **Mark Jewelry** (32 West 47th Street) für Silber. Bei **Jean's Silvermiths** (16 West 45th Street) findet man Silber zu günstigen Preisen.

Die ehemalige Vanderbilt-Villa lohnt einen Abstecher, auch wegen des Geschäfts des Designers **Gianni Versace** (647 5th Avenue). **F.A.O. Schwarz** (767 5th Avenue) ist das berühmte Spielzeuggeschäft, doch sollten Sie auch **Toys 'R' Us** am Times Square nicht versäumen. Andere interessante Adressen sind z. B. der **Museum of Modern Art Design Store** (44 West 53rd Street) mit Artikeln aus MoMAs Designsammlung und **Felissimo** (10 West 56th Street) mit Haushaltswaren und Accessoires aus aller Welt.

Es gibt mehrere bemerkenswerte Buchläden: **Rizzoli** (31 West 57th Street); **Urban Center Books** (457 Madison Avenue) in der alten Villard-Villa, das sich auf Bücher über Städteplanung spezialisiert hat, und **Argosy** (116 East 59th Street) für seltene Bücher.

An der Madison Avenue gibt es einige Herrenausstatter, z. B. **Brooks Brothers** (346 Madison Avenue) für klassische Kleidung und **Crouch & Fitzgerald** (400 Madison Avenue) für Taschen und Aktenkoffer.

Das **Manhattan Art & Antiques Center** (1050 2nd Avenue) empfiehlt sich für Antiquitäten. Galerien haben sich hauptsächlich auf der 57th Street zwischen Madison und 6th Avenue etabliert, Verzeichnisse finden sich im Magazin *New York* und im *The New Yorker*.

Der Garment District (West 38th Street, zwischen 6th und 7th Avenue) ist interessant für Stoffe und Kurzwaren. In *Time Out New York* oder im Magazin *New York* werden Ort und Zeit von Ausverkäufen veröffentlicht. **Hersh 6th Avenue Buttons** (1000 6th Avenue) hat eine große Auswahl an Stoffen, Knöpfen und Bändern.

Die Adresse für Raucher ist **Nat Sherman** (500 5th Avenue). **Bridge Kitchenware** (214 East 52nd Street) erweist sich als Fundgrube für Hobbyköche. Eine gute Auswahl an New-York-Souvenirs führt **NYC 57** (24 West 57th Street).

Wohin zum … Ausgehen?

THEATER

Allgemeine Informationen über Theater am Broadway, Tickets und Reservierungen stehen im Kapitel »Erster Überblick« unter »Ausgehen« (➤ 45 f).

Roundabout Theater

Spezialisiert auf Dramen, manchmal gibt es jedoch auch Komödien und Musicals. Hauptspielstätte ist das American Airlines Theatre.

196 B3 · 227 West 42nd Street
(212) 719-1300

Manhattan Theater Club

Eine Bühne für moderne Stücke, dazu gibt es Lesungen und Workshops.

196 B5 · 131 West 55th Street
(212) 581-1212

TANZ

City Center

Hier treten erstklassige Ballettkompanien auf – man kann hier wirklich modernes Tanztheater erleben.

196 C5
131 West 55th Street
(212) 212/581-1212

MUSIK

Klassik/Jazz

Birdland

Ein Jazzlokal mit ausgezeichneter Akustik, in dem man auch gepflegt essen kann.

196 A4
315 West 44th Street
(212) 581-3080

Carnegie Hall
Ein weltberühmter Tempel für klassische Musik und Jazz.
196 B5
881 7th Avenue an der 57th Street
(212) 247-7800

Iridium Jazz Club
Musikgrößen wie Ahmad Iamal und Abbey Lincoln treten in den schicken neuen Räumen auf.
196 B5 1650 Broadway
(212) 682-2121

Zeitgenössische Musik

BB King's Blues Club & Grill
Der Vorposten des Blues-Sängers in Manhattan hat ein flottes Dekor und entsprechende Preise. Musik vom Feinsten!
196 B3
243 West 42nd Street an der 8th Avenue
(212) 997-4144

Le Bar Bat
Hier gibt es eine Disco sowie R&B, Soul und manchmal Jazz.
196 A5 311 West 57th Street
(212) 307-7228

Radio City Music Hall
In dem berühmten Art-déco-Saal treten Stars aus Pop und Rock auf.
196 C4 120 6th Avenue an der 50th Street (212) 247-4777

Roseland
Aktuelle Rockmusik dröhnt durch diesen ehrwürdigen Musiktempel.
196 B5 295 West 52nd Street
(212) 777-6800

Town Hall
Ein historischer Veranstaltungsort, in dem Jazz, Rock und andere Musik ertönen.
196 C3 123 West 43rd Street
(212) 840-2824

COMEDY UND KABARETT

Caroline's on Broadway
Komiker bringen Sie zum Lachen.
196 B4 1626 Broadway, Nähe 49th Street (212) 757-4100

Don't Tell Mama
Eine Pianobar und Kabaretts geben in diesem Club den Ton an.
196 A4 343 West 46th Street
(212) 757-0788

FireBird Cafe
Jazzkünstler und gute Kabarettisten treten hier auf. Die Akustik des Lokals ist großartig.
196 A4 363 West 46th Street
(212) 586-0244

Oak Room
Jazzsänger präsentieren ihr anspruchsvolles Repertoire in einer intimen Atmosphäre.
196 C4
Algonquin Hotel, 59 West 44th Street
(212) 840-6800

Stardust Theater
Urkomische »Forbidden-Broadway-« und »Forbidden Hollywood«-Parodien gelangen hier zur Aufführung.
196 B5 Broadway, Ecke 51st Street
(212) 239-6200

FILM

Die Kinoketten **Loew's** und **AMC** auf der 42nd Street nahe 8th Avenue betreiben zusammen 38 Filmtheater.

Paris
Kunst- und Independentfilme flimmern in einem hübschen Kino nahe dem Plaza Hotel über die Leinwand.
199 E1
4 West 58th Street
(212) 688-3800

Museum of Television and Radio
Es gibt täglich Vorführungen alter TV Shows (➤ 66).
196 C5 25 West 52nd Street
(212) 621-6600

Ziegfeld
Allein schon die 1400 Samtsitze lohnen den Besuch.
196 C5
141 West 54th Street, Ecke 6th Avenue
(212) 765-7600

Uptown und Central Park

Erste Orientierung

Im 19. Jahrhundert breiteten sich die Wohnsitze der reichen New Yorker weiter Richtung Norden aus. Damals entstand der Central Park als grüne Lunge, die heute die beiden Stadtviertel Upper East Side und Upper West Side voneinander trennt.

Uptown beginnt an der 59th Street. Museen und schicke Läden sind die Hauptattraktionen der Upper East Side; Theater, Oper, Konzerte und weitere Geschäfte locken auf der Upper West Side. Auf der westlichen Seite wird die 8th Avenue zur Central Park West, während auf der östlichen Seite des Parks die 5th Avenue ihren Namen behält.

Die Highsociety der New Yorker Gesellschaft zog die East Side vor, die deswegen auch als steif und spießig gilt. Es soll New Yorker geben, die aus diesem Grund nur dann einen Fuß in die East Side setzen, wenn sie ein Museum besuchen wollen. Die Upper West Side ist lebhafter, die Geschäfte sind flotter, die Kneipen haben mehr Atmosphäre. Die Architektur auf beiden Seiten des Central Park ist sehenswert, aber das Grün dazwischen ist mindestens ebenso attraktiv.

★ Nicht verpassen!

- 1 Central Park ➤ 82
- 2 Metropolitan Museum of Art ➤ 87
- 3 Guggenheim Museum ➤ 92
- 14 American Museum of Natural History ➤ 94

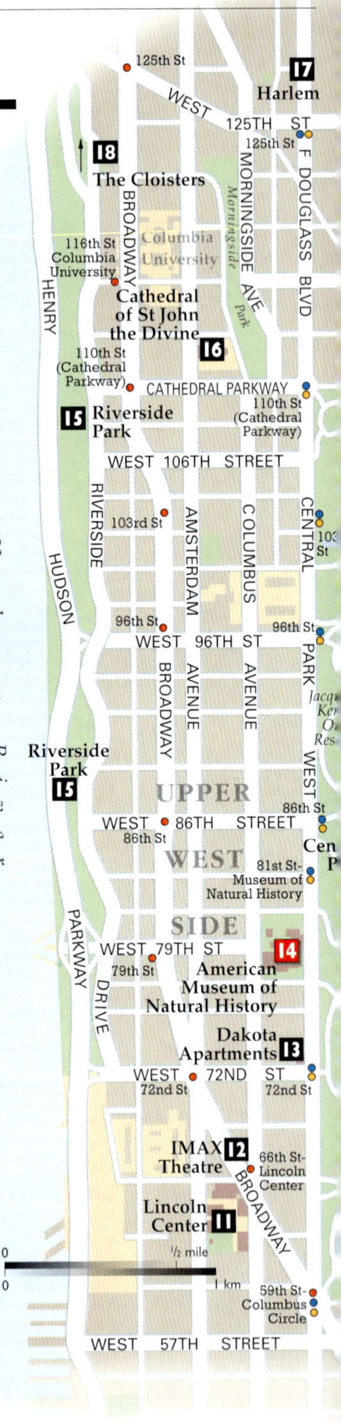

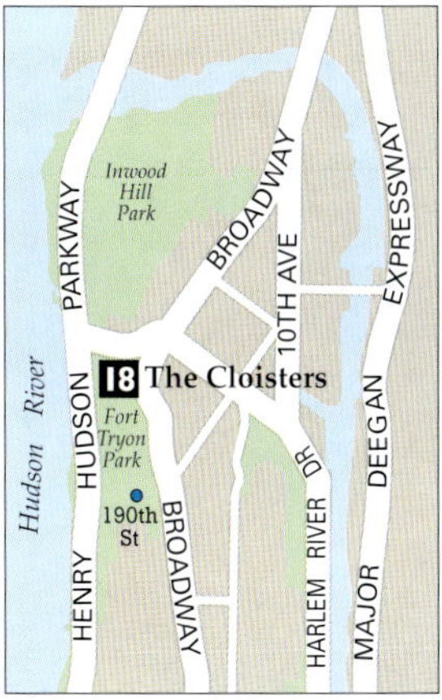

Nach Lust und Laune!

- **4** 5th Avenue Residences and Clubs ➤ 95
- **5** Frick Collection ➤ 95
- **6** Museum of the City of New York ➤ 95
- **7** Madison Avenue ➤ 96
- **8** Whitney Museum of American Art ➤ 97
- **9** Park Avenue ➤ 97
- **10** East River Promenade ➤ 98
- **11** Lincoln Center ➤ 98
- **12** IMAX Theatre ➤ 98
- **13** Dakota Apartments ➤ 98
- **15** Riverside Park ➤ 99
- **16** Cathedral of St John the Divine ➤ 99
- **17** Harlem ➤ 99
- **18** The Cloisters ➤ 100

Uptown und Central Park an einem Tag

8.30 Uhr

Kurzer Spaziergang im **Central Park** (➤ 82f). Vom Eingang an der 5th Avenue, Ecke 66th Street, geht es entlang der 5th Avenue nach Norden bis zur 79th Street. Dort trifft der Weg wieder auf die 5th Avenue.

9.30 Uhr

Es lohnt sich, zu dieser Zeit im **Metropolitan Museum of Art** (➤ 87 ff) zu sein. Kurz nach der Öffnung ist das Museum noch nicht so überlaufen.

11.30 Uhr

Es empfiehlt sich ein frühes Mittagessen bei Serafina Fabulous Pizza (1022 Madison Avenue, Ecke 79th Street). Hier gibt es auch Salate und italienische Vorspeisen.

12.45 Uhr

Kunstliebhaber sollten auf der 5th Avenue zum **Guggenheim Museum** (➤ 92 f) gehen. Nach dem Besuch des Museums führt der Weg auf der 5th Avenue zurück zur Met. Von dort aus sieht man Cleopatra's Needle in den Himmel ragen. Ansonsten führt der Spaziergang direkt auf der 79th Street zum **Central Park** (links, ➤ 82 ff) in der Nähe des Shakespeare Garden vorbei zu Cleopatra's Needle. Eine gute Aussicht bietet der Turm des Belvedere Castle ganz in der Nähe.

13.30 Uhr

Vom Turm aus fiel der Blick schon auf das nächste Ziel, das **American Museum of Natural History** (➤ 94) mit seinen faszinierenden Dinosauriern. Es liegt südlich des Ausgangs West 81st Street.

15.30 Uhr

Das **Dakota** Building (➤ 98), ein beeindruckendes Ziegelhaus am Central Park West, Ecke 72nd Street, war der letzte Wohnsitz von John Lennon. Von hier aus kann man den Park wieder betreten und gelangt direkt zu den Strawberry Fields (links), die an John Lennon erinnern.

16.15 Uhr

Loeb Boathouse (rechts) etwas weiter nördlich bietet die Gelegenheit für eine wohlverdiente Pause, bevor man den Park an der West 67th Street verlässt.

16.45 Uhr

Die West 67th Street säumen große rote Ziegelbauten. Die »Studios« – eigentlich nur Apartments mit großen Fenstern – in den Hausnummern 17 und 27 wurden zu Beginn des 20. Jahrhunderts von Malern bewohnt. Biegt man links in die Columbus Avenue ein, ist es zum **Lincoln Center** (➤ 98) nicht mehr weit.

17.15 Uhr

Weiter auf der Columbus Avenue bis zur 71st Street, dann rechts, und ein weiteres Ziel ist erreicht: das Café de la Fortuna (69 West 71st Street), das mit italienischem Eis und Gebäck auf einen Abend in der Oper einstimmt.

20.30 Uhr

Entweder ist jetzt der Besuch einer Vorstellung im Lincoln Center angesagt, oder man hat einen Tisch im Café des Artistes (➤ 104) reserviert. Das Restaurant im Parterre des Studioblocks ist ideal für einen romantischen Abend.

Central Park

Es gibt Zeiten, da scheint der Central Park einer der wunderbarsten Orte der Welt zu sein: bei einer Freiluftvorstellung unter Sternen im Delacorte Theater, beim Anblick seiner glitzernden Pracht nach einem Schneesturm oder bei einem Frühlingsspaziergang an einem warmen Wochenende, zusammen mit ungefähr der Hälfte der New Yorker Bevölkerung. Aber auch sonst ist dieser Grüngürtel einfach phantastisch.

Die Landschaftsarchitekten Frederick Law Olmsted und Calvert Vaux wollten mit ihrem Plan für eine grüne Lunge kein urbanes Parkgebilde zwischen der 59th und der 110th Street schaffen, sondern einen Ort von solch ländlichem Charakter, dass die New Yorker ihr städtisches Milieu schlichtweg vergessen sollten.

Das Konzept war zwar von den Londoner Parks beeinflusst, aber revolutionär neuartig. Die Zeitung *The New York Herald* sorgte sich 1858, dass der Park nichts anderes als ein »großer Biergarten für die unterste Bevölkerungsschicht« werden würde, aber von Beginn an war er eine öffentliche Grünanlage für alle Schichten.

Natürlich ist heute vieles anders als damals. *The Bandshell*, im 19. und frühen 20. Jahrhundert der Ort schicklicher Sonntagskon-

Immer schon war der Park ein Dorado für Schlittschuhläufer

199 D3 begrenzt von der 59th Street (Central Park South), Central Park West, 110th Street (Central Park North) und 5th Avenue (212) 360-3444 6–1 Uhr Leaping Frog Café ($); Boathouse Express ($); Barthouse Café ($$–$$$); Tavern on the Green ($$–$$$) West Side (verschiedene Haltestellen am Central Park West; A, B, C, D); 1, 2 (bis Columbus Circle); East Side (5th Avenue/60th Street, N, R, W) M1–4 (East Side), M66, M72, M79, M86, M96, M106 (Busse fahren durch den Park), M10 (West Side) frei

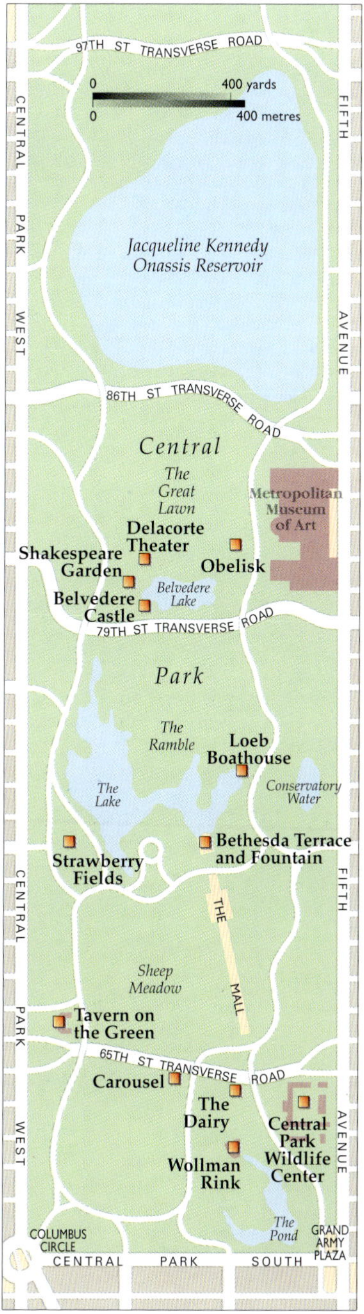

zerte, wird jetzt beherrscht von plärrender Musik für Skateboard- und Rollerblades-Artisten. Aber auch wenn nun schrillere Töne dominieren, ist die Szenerie nicht weniger unterhaltend, wobei nur wenige Schritte entfernt in Sheep Meadow auch wieder Stille einkehrt.

Park-Grazie auf Rollen

Man war nicht in New York, wenn man den Central Park nicht gesehen hat. Ein empfehlenswerter Spaziergang verläuft vom Eingang Grand Army Plaza, 59th Street, Ecke 5th Avenue, in nordwestlicher Richtung. The Mall, Bethesda Fountain, The Lake, The Ramble und Belvedere Castle sind einige der Sehenswürdigkeiten auf diesem Weg, der noch zum Great Lawn und Reservoire fortgesetzt werden kann.

Eine Alternative dazu bietet sich mit der Runde durch den mittleren Park. Ausgangspunkt ist die U-Bahn-Station 72nd Street (Linie B oder C), von wo aus man direkt zu Strawberry Fields kommt. Weiter geht es zum Bethesda Fountain, dann in südliche Richtung bis The Bandshell und The Mall, wieder zurück zum Brunnen und von dort zum Boathouse.

Es folgen Richtung Osten das Conservatory Water und die Statue Alice in Wonderland, dann wieder das Boathouse und Richtung Norden entlang The Ramble das Belvedere Castle. Vom dritten Stock aus sieht man den Turtle Pond und The Great Lawn. Durch den Shakespeare Garden geht es zum Ausgang an der West 81st Street.

Highlights im Central Park

Belvedere Castle. Das Märchenschloss (links) auf der Spitze von Vista Rock beherbergt das Henry Luce Nature Observatory. Hier bekommt man Informationen über Fauna und Flora im Park. Von der Spitze des Turms bietet sich eine gute Rundumsicht.
⊠ **Parkmitte an der 79th Street**

Bethesda Terrace and Fountain. Schnitzereien von Flora und Fauna schmücken die große Treppe am Nordende der Mall. Die Bronzeskulptur *Angel of the Waters* des Springbrunnens wurde von Emma Stebbins geschaffen, die vier Putten sind Allegorien der Reinheit, der Gesundheit, des Friedens und der Mäßigung.
⊠ **Parkmitte an der 72nd Street**

Carousel. In einem achteckigen Ziegelgebäude dreht sich ein Karussell mit Holzpferden.
⊠ **Parkmitte an der 64th Street**

Central Park Zoo. Die angenehme Größe und die realistischen Lebensräume der Tiere machen den Zoo interessant. Von der 5th Avenue bietet sich ein Blick auf die Schafe, Ziegen und Kühe.
⊠ **Südlich der East 65th Street** **($)**

Conservatory Garden. Abseits des üblichen Lärms liegt dieser Bereich mit Gärten im klassischen englischen, französischen und italienischen Stil. Rundgänge gibt es jeden Samstag um 11 Uhr von Mitte April bis Mitte Oktober.
⊠ **5th Avenue, Ecke East 105th Street**

Conservatory Water. Dies ist das Revier der Modellboote. Am Nordufer befindet sich die Statue von *Alice in Wonderland*, Gesellschaft leisten ihr das weiße Kaninchen und der verrückte Hutmacher. Auf der Westseite wurde Hans Christian Andersen mit einer Allegorie des hässlichen Entleins verewigt.
⊠ **East Side an der 74th Street**

Dairy. Im 19. Jahrhundert gab es hier Milch für die Kinder, heute ist in diesem viktorianischen Haus ein Visitors Center untergebracht.
⊠ **Parkmitte an der 65th Street**

Delacorte Theater. Jeden Sommer werden hier zwei Produktionen aufgeführt, mindestens eine ist ein Stück von Shakespeare. Tickets gibt es am Tag der Vor-

Kutschfahrten

Wie schon die Besucher im 19. Jahrhundert, kann man auch heutzutage den Central Park von einer Kutsche aus genießen (links).

stellung ab 13 Uhr. Bei beliebten Stücken sollte man sich bereits ganz früh anstellen.
☒ Parkmitte an der 81st Street (näher zur West Side)

Great Lawn. Hier finden Freiluftkonzerte und andere Veranstaltungen statt.
☒ Parkmitte zwischen 80th und 84th Street

Jacqueline Kennedy-Onassis Reservoire. Nach ihrem Tod erhielt der Wasserspeicher in Erinnerung an Jackie Kennedys Verdienste um den Park ihren Namen.
☒ East Side zwischen 87th und 96th Street

The Lake. Im Winter wie im Sommer eine der Hauptattraktionen im mittleren Park. Über den See führt die Bow Bridge und trennt dabei den wilderen *Ramble* im Norden vom gemäßigteren Süden.
☒ Parkmitte zwischen 72nd und 77th Street

Loeb Boathouse. Ein schöner Ort für eine Pause: Im Winter wärmt ein Kaminfeuer, im Sommer erfrischt eine Fahrt mit dem Leihboot.
☒ Parkmitte an der 74th Street

The Mall. Unzählige Ulmen spenden über den vielen Bänken auf der Allee zwischen The Dairy und Bethesda Terrace Schatten. Im 19. Jahrhundert war dies der Ort, an dem sich junge Leute ohne Aufsicht treffen konnten.
☒ Parkmitte zwischen 66th und 72nd Street

Obelisk. Die Hieroglyphen auf der 23 Meter hohen Säule künden von den Verdiensten des Pharao Tutmosis II. Dieses Geschenk der Ägypter trägt auch den Namen »*Cleopatra's Needle*«, obwohl Kleopatra es wohl nie gesehen hat.
☒ Hinter dem Metropolitan Museum of Art an der 81st Street

The Ramble. Diese ausgedehnte Grünfläche liegt direkt unter der Flugstrecke der Zugvögel von der Arktis in die Tropen. Der Central Park ist zeitweiliger oder ständiger Lebensraum für die Hälfte aller in den USA vorkommenden Vogelarten.
☒ Parkmitte zwischen 74th und 79th Street

Sheep Meadow (oben). Bis in die Dreißigerjahre haben hier tatsächlich Schafe geweidet. Heute ist das Gelände eine Ruhezone – Sport ist nicht gestattet.
☒ West Side an der 67th Street

WISSENSWERTES

FLÄCHE: **341 ha**
JÄHRLICHE BESUCHER: **20 Millionen**
KOSTEN FÜR GELÄNDE UND GEBÄUDE: **7,4 Millionen Dollar (1858)**
ANZAHL DER GEPFLANZTEN BÄUME, STRÄUCHER UND PFLANZEN: **500 000 (1858–1873)**

❑ **Aufwand für die Landschaftsgestaltung: 15 Jahre/20 000 Arbeiter**

Shakespeare Garden. Die Pflanzungen an diesem ruhigen Ort könnten von dem großen Poeten höchstpersönlich stammen.
⊠ **West Side an der 79th Street.**

Strawberry Fields. Yoko Ono, die Witwe von John Lennon, gab das Geld für die Pflanzen und den Unterhalt des in der Nähe der Dakota Apartments (► 98) gelegenen Friedengartens. Ein schwarz-weißes Mosaik trägt das Wort *»imagine«*, den Titel eines der Lieder John Lennons.
⊠ **West Side an der 72nd Street**

Tavern on the Green. Ein wahrer Augenschmaus mit Kerzenleuchtern, verspiegelten Wänden und Blumenteppichen im früheren Schafstall. Die Küche ist nicht so betörend wie das Ambiente. Wenn die Bar geöffnet ist, lohnt sich ein Drink.
⊠ **West Side an der 66th Street**

Wollman Rink. Im Winter steht Schlittschuh laufen auf dem Programm, im Sommer Rollschuh laufen; und einen Verleih für Sportgeräte gibt es ebenfalls.
⊠ **East Side Nähe 63rd Street** **($$; ohne Gebühr für Schlitt- bzw. Rollschuhe)**

KLEINE PAUSE

Im Leaping Frog Café (beim Zoo an der 64th Street) und im Boathouse Express (Parkmitte Nähe 74th Street) besteht die Möglichkeit zu einem Imbiss. The Boathouse beherbergt ein sehr gutes Restaurant namens Park View (im Winter allerdings mittags geschlossen). Tavern on the Green an der West 66th Street ist ein Luxusrestaurant.

Festliche Atmosphäre herrscht rund ums Jahr in der Tavern on the Green

CENTRAL PARK: INSIDER-INFO

Top-Tipps: Die Preise für Erfrischungen im Park sind hoch – also etwas mitbringen. **Am Wochenende ist der Park sehr sicher**, unter der Woche sollte man etwas vorsichtiger sein. Ein **Besuch in der Dunkelheit ist nur bei Veranstaltungen angebracht.**

Muss nicht sein! Der westliche Bereich südlich der 66th Street ist nicht besonders interessant, für Kinder ist jedoch das **Carousel** sehenswert.

Geheimtipp: **Conservatory Garden** und **Belvedere Castle** gehören zu den schönsten Plätzen im Park.

2 Metropolitan Museum of Art

Das Metropolitan Museum of Art, auch bekannt als Met, besitzt mehr als drei Millionen Kunstwerke – man kann also unmöglich an einem oder zwei Tagen alles sehen. Es empfiehlt sich, die Exponate »herauszufiltern«, die einen interessieren, dazu den ägyptischen Tempel von Dendur (rechts vom Eingang), eine Pause in einem der Skulpturenhöfe einzulegen und vielleicht noch einen Künstler oder eine Periode im Rahmen eines geführten Rundgangs kennen zu lernen. Als Belohnung gibt es dann eine Erfrischung im Café.

Die Kunst im Met umfasst eine Zeitspanne von 5000 Jahren. Zu den Höhepunkten gehören jedoch unbestritten die Werke von Rembrandt und Vermeer, den Impressionisten und Postimpressionisten, natürlich auch die europäischen Skulpturen, die Gemälde und Bildhauereien im American Wing und die ägyptische Sammlung.

Es ist schwierig, sich im Museum nicht zu verlaufen, aber die Angestellten können weiterhelfen, auch wenn sie nicht unbedingt große Kunstkenner sind.

---

199 E4 · 1000 5th Avenue, Ecke East 82nd Street · (212) 535-7710 (Tonband) oder (212) 879-5500 · Di–So 9.30–17.30 Uhr (Fr–Sa 17.30–21 Uhr); geschlossen 1. Jan., Thanksgiving, 25. Dez. · Cafeteria ($); Café und Bar ($); Restaurant ($$) · 86th Street (4, 5, 6) · M1–4, M79 · ($$); Eintrittskarte auch für The Cloisters (➤ 100)

Highlights des Met

American Wing. Gemälde von Winslow Homer, John Singer Sargent, Thomas Cole, Mary Cassatt und Thomas Eakins gehören zu den Highlights, aber man sollte auch auf keinen Fall den Wohnraum des *Little House* im Erdgeschoss verpassen. Der Architekt Frank Lloyd Wright entwarf diesen ruhigen, für die damalige Zeit sehr modernen Raum. Daneben liegt der Charles Engelhard Court mit Glasarbeiten von Louis Comfort Tiffany.

Arts of Africa, Oceania and the Americas. Masken, Skulpturen, Geräte, Waffen, Kultgegenstände und anderes geben einen faszinierenden Einblick in die Kulturen jener Regionen. Entlang der südlichen Wand befinden sich Mbis-Pfähle, die für Beerdigungsriten benutzt wurden, und andere Zeremoniengegenstände aus Ozeanien.

Ein Stück Ägypten im Central Park: der Tempel von Dendur

Gegenüberliegende Seite: Die Great Hall mit ihren Bögen präsentiert sich als ein beeindruckendes Entree

Egyptian Art. Für den Tempel von Dendur, den 15 v. Chr. der römische Kaiser Augustus hatte erbauen lassen, wurde ein Extraflügel angebaut. Die Gravuren in den Wänden aus Sandstein künden von der Verehrung ägyptischer und nubischer Götter. (Und auch die eingekratzten Namen der europäischen Touristen aus dem 19. Jh. kann man noch sehen.) Die gut erhaltenen, viertausend Jahre alten hölzernen Figuren, die aus dem Grab einer hochrangigen Persönlichkeit stammen, geben Aufschluss über das Alltagsleben in Ägypten.

Oben: Napoleon ließ die Skulptur *Perseus mit dem Haupt der Medusa* aus Italien rauben

European Sculpture and Decorative Arts. Gian Lorenzo Berninis *Kinder necken einen Faun* und der flämische Gobelin *Die zwölf Alter des Menschen* gehören zu den vielen bemerkenswerten Exponaten dieser Abteilung. Die Wrightsman Galleries beherbergen den Grand Salon des Hôtel de Tessé, ein Beispiel für den pompösen Stil Ludwigs XVI., und andere Zimmerausstattungen aus verschiedenen europäischen Stilrichtungen (darunter u. a.Frankreich und Großbritannien).

Greek and Roman Art. Die komplizierten Muster auf den Gegenständen des alltäglichen Bedarfs zeigen, wie die Griechen und Römer die Kunst in ihren Alltag brachten. Die *Statue eines Kouros* (Jugend) ist eine der subtilsten Skulpturen in der Met. Im Cubiculum von Boscoreale, einer Villa in der Nähe von Pompeji, sind sieben seltene römische Fresken zu bewundern.

Medieval Art. Einige der schönsten Ausstellungsstücke befinden sich in der Außenstelle *The Cloisters*, dennoch bieten sich dem Betrachter auch hier im Museum wunderbare Objekte. Claux de Werve wird das Fresko *Mutter und Kind* zugeschrieben. Die Medieval Treasury zeigt weltliche und sakrale Werke.

20-Century Art. Picasso wiederholte immer wieder, dass Gertrude Stein zunehmend stärker dem Porträt gleiche, das er von ihr gemalt hatte und das hier zu sehen ist. Neben vielen anderen Künstlern sind Werke von Henri Matisse und Wassily Kandinsky zu bewundern.

Asian Art. Jede Menge Buddhas und Inkarnationen bevölkern diese Abteilung. Besonders sehenswert sind einige ungewöhnliche Figuren aus Kambodscha und Thailand in der südostasiatischen Abteilung. Ein Anbau im zweiten Stock birgt Kunstwerke aus Tibet und Nepal, darunter der *Stehende Maitreya*.

Chinese Art. Der große *Bodhisattva* in der Arthur M. Sackler Gallery überragt alles andere. Hier befindet sich auch ein 15 Meter langes Wandgemälde aus dem 15. Jahrhundert, das die Lehren Buddhas illustriert. Die angrenzenden Charlotte C. Weber Galleries zeigen ebenfalls chinesische Kunst, der Astor Court ist die Rekonstruktion des Hofes eines Gelehrten.

Renaissance Paintings. Gemälde von Giotto, Fra Filippo Lippi, Raffael und anderen hängen in der italienischen Galerie. Jan van Eycks *Kreuzigung* ist einer der Höhepunkte von Raum 23, Pieter Breughels d. Ä. *Die Kornernte* hängt in Raum 25.

17th- and 18th-Century European Paintings. Der Raum 14 der Altman Collection ist mit Werken von Rembrandt ausgestattet. Vermeers *Junge Frau mit Wasserkrug* in Raum 12 und Poussins *Raub der Sabinerinnen* (Raum 10) sind weitere Attraktionen.

Edouard Manet verbrachte den Sommer mit Renoir und Monet, als er *En Bateau* malte

19th-Century European Paintings and Sculpture. Gemälde von so bedeutenden Künstlern wie Claude Monet, Jean Renoir, Paul Cézanne und Vincent van Gogh hängen in den Annenberg Galleries, viele Werke von Edgar Degas entdecken Sie in den Havemeyer Galleries.

Robert Lehman Collection. Dieser Kunstliebhaber stiftete seine faszinierende Gemäldesammlung europäischer Kunst dem Met. Dazu gehört unter anderem *Die Verkündigung* von Botticelli.

Islamic Art. Hier sind Gebetsnischen und -teppiche zusammen mit Gemälden und Schriftrollen zu sehen.

Japanese Art. Die Ausstellung zeigt Kleidung, Kalligrafien, Wandmalereien und Statuen, dazu auch einige typische Räume.

Music Instruments. In der umfassenden und zum Teil skurrilen Sammlung sind das älteste Klavier der Welt und eine Sitar in Pfauengestalt zu bewundern. Chronologisch reicht die Sammlung von prähistorischer Zeit bis in die Gegenwart.

Wissenswertes

GEGRÜNDET: 1870
ERÖFFNUNG IM CENTRAL PARK: 1880
AUSSTELLUNGSRAUM: 190 000 m^2
JÄHRLICHE BESUCHER: 5,2 Millionen
BESCHÄFTIGTE: 1800 fest angestellte Mitarbeiter; 500 Freiwillige
Das Architekturbüro Kevin Roche John Dinkeloo and Associates war mit allen Anbauten seit 1970 betraut. Der *Garland-Sarkophag* aus Prokonnesos war die erste Spende.

Eine ehemalige Außenwand ist heute Teil des Petrie Sculpture Court

KLEINE PAUSE

In der Cafeteria und im Café werden Sandwiches und andere Kleinigkeiten serviert; Nudeln und weitere Gerichte gibt es im Restaurant. Im European Sculpture Court bekommt man neben Erfrischungen auch einen guten Blick auf den Central Park geboten.

METROPOLITAN MUSEUM OF ART: INSIDER-INFO

Top-Tipps: Am Wochenende ist das Met sehr voll. Besser ist ein Besuch vormittags während der Woche oder während des Konzerts freitag- und samstagabends. Gruppen sollten unbedingt einen **Treffpunkt** und einen **Zeitpunkt** verabreden. Die Highlights des Museums werden vom Direktor Philippe de Montebello auf einer Audiokassette vorgestellt.

Muss nicht sein! Die Kunst des 20. Jahrhunderts bildet keinen Schwerpunkt des Museums.

Geheimtipp: Der **romantische Dachgarten** bietet nicht nur Skulpturen und einen großartigen Blick auf den Central Park, sondern auch Erfrischungen. Geöffnet von Mai bis Mitte November.

3 Guggenheim Museum

Das Guggenheim Museum ist die Krönung der Architektenkarriere Frank Lloyd Wrights. Viele Besucher kommen nur, um dieses 1959 fertig gestellte Gebäude zu bewundern, aber auch die Sammlung und die Ausstellungen gehören zum Besten, was New York an moderner Kunst zu bieten hat.

In dem Film *Men in Black* jagt der Schauspieler Will Smith einen Verbrecher die spiralförmige Rampe hoch – sicher nicht das, was Frank Lloyd Wright sich damals vorgestellt hat, doch diese Kinoszene unterstreicht sehr anschaulich das Fließende dieses Bauwerks.

Anders als bei den üblichen Museen gibt es keine Gliederung in Säle, »dem Auge begegnen keine Winkel oder abrupte Änderungen der Form«, wie Wright sagte. Die Wände sind leicht nach hinten geneigt, um so die beste Perspektive zu ermöglichen und Reflexionen auf den Bildern zuvermeiden. Wright war berüchtigt für seine Besserwisserei. Kritik an den vermutlich zu niedrigen Wän-

199 E5 1071 5th Avenue, Ecke East 89th Street (212) 423-3500 So–Mi 9–18 Uhr (Fr–Sa auch 18–20 Uhr); geschlossen 1. Jan., Martin Luther King Day, Presidents' Day, Memorial Day, 4. Juli, Labor Day, Columbus Day, am 4. Fr im Nov., 25. Dez. Museum Café ($) 86th Street (4, 5, 6) M1–4 ($$)

den konterte er mit dem Satz: »Wenn die Bilder zu groß sind, dann halbiert sie doch!«

Wrights Absicht war, dass Besucher mit dem Aufzug nach oben fahren und dann beim Heruntergehen die Exponate betrachten. Heute verlaufen jedoch viele Ausstellungen von unten nach oben. Das Guggenheim ist nicht unbedingt ideal, aber die Entwicklung einer Kunstphase oder eines Künstlers lässt sich hier besser darstellen als in einem konventionellen Museum.

Die Spirale zeigt Wechselausstellungen, während im 1992 fertig gestellten Anbau, einem noch von Wright entworfenen Turm, der Bestand der Sammlung und große Kunstwerke zu sehen sind. Zu den Highlights des Museums gehören Gemälde von Wassily Kandinsky, Paul Klee, Pablo Picasso, Robert Delaunay und Joan Miró. Die ursprüngliche Sammlung von Solomon R. Guggenheim wurde in den Siebzigerjahren durch Werke von Paul Cézanne, Edouard Manet, Vincent van Gogh und anderen Künstlern vervollständigt.

Der Blick auf Wrights faszinierende Glaskuppel

Gegenüber: Das Museumsgebäude ist selbst ein Kunstwerk

KLEINE PAUSE

Im Museumscafé gegenüber dem Eingang gibt es Erfrischungen und Snacks.

GUGGENHEIM MUSEUM: INSIDER-INFO

Top-Tipps: Bei gefragten Ausstellungen kann die Wartezeit mehr als 30 Minuten betragen. Es lohnt sich, **früh zu kommen** und **Wochenenden und Feiertage zu meiden.** Freitags gibt es von 17 bis 20 Uhr ein Jazzkonzert in der Rotunde. Ebenfalls freitags ab 18 Uhr wird der Eintrittspreis vom Besucher bestimmt. Man kann das Museum in zwei Stunden besichtigen.

Geheimtipp: Blickt man in der Rotunde nach oben, so wird ersichtlich, dass Wright beim Entwurf der Kuppel Anleihen bei der babylonischen Zikkurat-Architektur nahm. Vom dritten Stock des Turms bietet sich ein guter Blick auf die großen und kleinen Rotunden und die unterstützenden Säulen. Vom **obersten Stockwerk** aus ist das kreisförmige Muster des Fußbodens, der die Gestaltung der Rotunde betont, bestens zu erkennen.

14 American Museum of Natural History

Hoch aufragende Decken, neoklassizistische Säulen und die aus den Fünfzigerjahren stammenden Darstellungen der Lebensräume der Tiere geben dem Museum die Pracht eines Lehrsaals aus alten Zeiten. Die Exponate, darunter auch die Dinosaurier, sind jedoch auf dem neuesten Stand. Eine Ausnahme bildet der Saal mit den Kunsterzeugnissen der Indianerstämme der Nordwestküste.

In der Eingangshalle wird der Besucher von einem Barosaurus in Angriffsstellung begrüßt

Am beeindruckendsten sind die Exponate, die Leben und Geschichte der Dinosaurier zeigen. Riesige Skelette bilden den Rahmen zu einem versteinerten Ei, in dem sich noch ein Embryo befindet. Die Ahs und Ohs der erstaunten Kinder erhöhen das Vergnügen noch. Die Edelstein- und Mineraliensammlung, die Säugetiere, das High-Tech-Museum und das Hayden Planetarium (eine stabile Kugel in einem durchsichtigen Würfel) des Rose Center sind weitere Attraktionen.

Eilige Besucher sollten sich im dritten Stock die Dinosaurier ansehen und dann im Erdgeschoss die Meteoriten, Edelsteine und Mineralien. Wenn noch Zeit bleibt, lohnen sich die Säugetiere und die Relikte der Indianer der Nordwestküste.

KLEINE PAUSE

Café 4, die schönste Cafeteria im Museum, bietet Suppen, Sandwiches, Salate, Desserts und Espresso.

---

198 C4 ✉ Central Park West, Ecke West 79th Street ☎ (212) 769-5100 ⏲ tägl. 10–17.45 Uhr (Fr–Sa auch 17.45–20.45 Uhr; geschlossen Thanksgiving, 25. Dez. 🍴 Museum Food Court ($); Café 77 ($); Café 4 ($) 🚇 81st Street (B, C) 🚌 M10, M 79 ($)

Nach Lust und Laune!

EAST SIDE

4 5th Avenue Residences and Clubs

Die meisten ehemaligen Villen und Stadthäuser nördlich des Plaza Hotels auf der früheren »Millionärs-Meile« wurden durch Apartmenthäuser ersetzt. Was noch geblieben ist, dient heute als Schule, Konsulat oder Firmenhauptquartier. Sehenswerte Gebäude sind der Metropolitan Club im italienischen Stil (1 East 60th Street), der Knickerbocker Club im Stil des Neoföderalismus (2 East 62nd Street), ein Apartmenthaus im italienischen Renaissancestil (817 5th Avenue, Nähe 63rd Street), die Frick-Villa im Louis-Seize-Stil (1 East 70th Street), der neoklassizistische Commonwealth Fund (1 East 75th Street), das Zwillingshaus im französischen Stil (972 und 973 5th Avenue, Ecke 79th Street), das Beaux-Arts-Haus der Amerikanisch-Irischen Historischen Gesellschaft (991 5th Avenue) und die Villa des Yivo Institute for Jewish Research im französischen Stil (1048 5th Avenue).

199 E2
Zwischen East 59th und East 110th Street
mehrere Haltestellen (4, 5, 6, N, R, W)
M1–4, M66, M72, M79, M86, M96

5 Frick Collection

Wenn man die Besucherhorden und das Übermaß an Kunstwerken im Metropolitan Museum of Art zu entmutigend findet, sollte man sich dieses Juwel im pompösen Stadthaus von Henry Clay Frick (► 28) ansehen. Der Stahlbaron war auch beim Kunstsammeln so verschroben wie sonst im Leben; seine Sammlung umfasst Werke von Tizian, El Greco, Fragonard, Fra Filippo Lippi, Turner, Corot, Vermeer, Rembrandt und Gainsborough. Als Bonus bekommt man einen Einblick in das Leben der reichen New Yorker. Der Innenhof lädt zu einer Pause ein und zum Nachsinnen über Fricks luxuriöses Leben. Keine Kinder unter zehn Jahren.

199 E3 1 East 70th Street
(212) 288-0700
Di–Sa 10–18 Uhr, So 13–18 Uhr, Presidents' Day, Election Day, 11. Nov. 13–18 Uhr; geschlossen 1./2. Jan., 4. Juli, Thanksgiving, 24.–25. Dez.
68th Street (6) M1–4, M72 ($$)

6 Museum of the City of New York

Etwas abseits im Norden liegt diese Fundgrube für Geschichtsinteressierte: von historischen Dokumenten über Spielzeuge (New York war lange ein Zentrum der Spielwarenfabrikation) bis hin zu Kostümen jeder Art. Im vierten Stock befinden sich zwei Räume aus dem Stadthaus von John D. Rockefeller. Zu den Wechselausstellungen gehören Cartoons aus dem *New Yorker,* zweihundert Jahre Broad-

Die Ornamentik der Villen auf der »Millionaires Mile« wirkt oft stark überladen

Besondere Museen (Öffnungszeiten telefonisch erfragen)

Asia Society
Diese Organisation veranstaltet ausgezeichnete Ausstellungen, die dazu beitragen sollen, Asiens Kultur und Geschichte besser zu verstehen.
199 F3 725 Park Avenue, Ecke East 70th Street (212) 288-6400 oder (212) 517-6387

Cooper-Hewitt National Design Museum
Der Fokus dieses Museums liegt auf jeder Art von Design von der Vergangenheit bis zur Zukunft. Es befindet sich in der Villa des Stahlkönigs und Philanthropen Andrew Carnegie.
200 C1 2 East 91st Street, Ecke 5th Avenue (212) 849-8400

El Museo del Barrio
Seltene präkolumbische Kunst und viele Hundert Santos (geschnitzte Heilige) werden u. a. in diesem Museum, das der lateinamerikanischen Kunst und Kultur gewidmet ist, gezeigt.
200 C3 1230 5th Avenue, Ecke East 104th Street (212) 831-7272

International Center of Photography Uptown
Die Ausstellung befasst sich mit der Rolle der Fotografie in allen Bereichen unseres Lebens.
199 F5 1130 5th Avenue, Ecke East 94th Street (212) 860-1777

Jewish Museum
Das größte jüdische Museum in der westlichen Welt bietet einen Überblick über 4000 Jahre jüdische Kunst, Kultur und Geschichte.
200 C1 1109 5th Avenue, Ecke East 92nd Street (212) 423-3230

way-Geschichte und Architektenentwürfe der Wolkenkratzer des 20. Jahrhunderts. Das Museum ist wegen mehrerer Baustellen mit dem Bus besser zu erreichen als mit der U-Bahn.

200 C3
1220 5th Avenue, Ecke East 103rd Street
(212) 534-1672
Mi–Sa 10–17 Uhr, So 12–17 Uhr; geschlossen 1. Jan., 4. Juli, Election Day, 11. Nov., Thanksgiving, 25. Dez.
103 Street (6) M1–4 ($$)

7 Madison Avenue
Modedesigner, Antiquitätenhändler und andere Anbieter kostspieliger Ware zahlen die höchsten Mieten der Welt für Verkaufsflächen in der Madison Avenue zwischen 59th und 72nd Street. Bei einem Schaufensterbummel sieht man möglicherweise einen Star aus einer Limousine steigen und bei einem Topdesigner verschwinden. Eine ausführliche Betrachtung wert ist die minimalistisch gestylte Boutique Giorgio Armanis (760 Madison Avenue, Ecke East 65th Street). An der nächsten Straßenecke sollte man einen Blick nach oben riskieren. Das neugotische Apartmenthaus an der 45 East 66th Street bringt einen zum Taumeln. Einer der Architekten entwarf übrigens auch Theater.

199 F2
Zwischen East 59th und East 72nd Street
Lexington Avenue (N, R, W); 9th Street (4, 5, 6); 68th Street (6)
M1–4, M66, M72

8 Whitney Museum of American Art
Bei den New Yorker Kunstenthusiasten ist es Mode geworden, dem Whitney vorzuwerfen, es habe seine ästhetische und philosophische Basis in den Neunzigerjahren verloren. Puristen beschuldigen die Direktoren,

Die amerikanischen Meister finden im Whitney die ihnen gebührende Würdigung

sie würden Politik über Kunst stellen. Diese Kritik bezieht sich besonders auf die Whitney Biennal Exhibition, die ab 2000 in allen geraden Jahren stattfinden soll. Andere wiederum glauben, dass sich hier das Schaffen zeitgenössischer amerikanischer Künstler spiegelt. Wie auch immer, das Museum, das von der Kunstsammlerin und Bildhauerin Gertrude Vanderbilt Whitney gegründet wurde, scheint weniger wichtig geworden zu sein. Der jetzige Direktor hat das Kuratorium umorganisiert und dem Museum durch eine Retrospektive über amerikanische Kunst des 20. Jahrhunderts neue Aufmerksamkeit verschafft. Das Whitney besitzt bedeutende Werke von Edward Hopper, Georgia O'Keeffe, Alexander Calder und anderen.

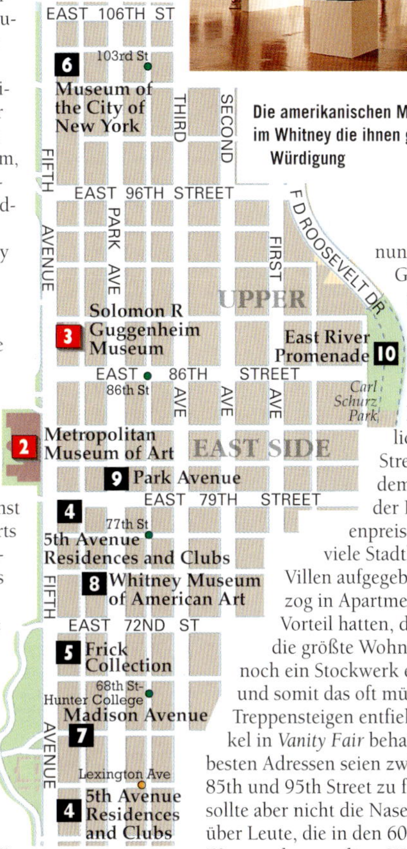

199 F3
945 Madison Avenue, Ecke East 75th Street (212) 570-3676
Di–Do und Sa–So 11–18 Uhr, Fr 13–21 Uhr; geschlossen 1. Jan., Thanksgiving, 25. Dez.
77th Street (6)
M1–4, M72, M79
($$)

9 Park Avenue

Ein breiter Grünstreifen, oft mit Blumen bedeckt, trennt die West- und Ostseite einer der prächtigsten Straßen New Yorks. Die frühere 4th Avenue war im 19. Jahrhundert ein rußgefüllter Korridor für die Züge zum Grand Central Depot. Die Eröffnung des Grand Central Terminal 1913 beschleunigte die Entwicklung nördlich der 42nd Street. Mit dem Anstieg der Immobilienpreise wurden viele Stadthäuser und Villen aufgegeben. Man zog in Apartments, die den Vorteil hatten, dass sogar die größte Wohnung nur noch ein Stockwerk einnahm und somit das oft mühevolle Treppensteigen entfiel. Ein Artikel in *Vanity Fair* behauptet, die besten Adressen seien zwischen der 85th und 95th Street zu finden. Man sollte aber nicht die Nase rümpfen über Leute, die in den 60ern oder 70ern wohnen – diese Wohnungen sind noch teuer genug.

199 F2
Zwischen 59th und 96th Street
Verschiedene Haltestellen (6 Local; 4, 5 an der 59th und 86th Street; N, R, W nur 5th Avenue/60th Street)
M1–4, M66, M72, M79, M86, M96

10 East River Promenade

An einem schwülen Nachmittag, wenn es selbst im Central Park drückend ist, macht eine kühle Brise vom Fluss den Spaziergang oberhalb des Roosevelt Drive angenehm. Es gibt genügend

Bänke und einen schönen Blick auf Queens, mehrere Brücken und Inseln. Gloria Vanderbilt und andere berühmte New Yorker leben in den Apartmenthäusern oberhalb der Promenade. Direkt anschließend erstreckt sich der schattige Carl Schurz Park, in dem am Wochenende häufig Märkte stattfinden. Am Nordende des Parks liegt Gracie Mansion, der Wohnsitz des Bürgermeisters.

199, bei F5
81st bis 90th Street östlich der East End Avenue
86th Street (4, 5, 6)
M15, M31, M79, M86

WEST SIDE

11 Lincoln Center

Über fünfhundert Gebäude im Bezirk San Juan Hill mussten dem Bau des Lincoln Center weichen, doch erst nachdem sie 1961 für den Film *West Side Story* als Kulisse gedient hatten. Das Lincoln Center ist ein strenger modernistischer Komplex aus weißem Travertin, der in den Sechzigerjahren fertig gestellt wurde. Hier sind neben der Metropolitan Opera das New York Philharmonic Orchestra, das New York State Theater und die weltberühmte Juilliard School for the Performing Arts zu Hause. Die beste Zeit für einen Spaziergang durch den Komplex ist die Abenddämmerung, weil dann die Wandgemälde von Marc Chagall durch die Fenster des erleuchteten Metropolitan Opera House sichtbar werden.

Tagsüber werden sie häufig durch Gardinen vor dem Sonnenlicht geschützt. Abends ist auch die Zeit, wenn die New Yorker Gesellschaft zu den Vorstellungen der diversen Bühnen eilt. Opernfans sollten eine Führung durch die Kulissen des Metropolitan Opera House mitmachen (Tel. 212/769-7020); Führungen durch den Gesamtkomplex werden ebenfalls angeboten (Tel. 212/ 875-5350). Auf dem großen Platz des Center und im Damrosch Park südlich des Opernhauses finden oft Konzerte statt.

198 C2
Broadway zwischen West 62nd und West 66th Street
(212) 546-2656
66th Street/Lincoln Center (1, 9)
M5, M7, M11, M104

12 IMAX Theater, Sony Lincoln Square

Hier werden großformatige Filme über Sport, Natur und andere Themen im 2-D- oder 3-D-Format gezeigt. Die Handlung des Films *Across the Sea of Time: New York 3-D*, der fast täglich gezeigt wird, ist etwas platt, aber er mischt alte Stereofotografien des frühen 20. Jahrhunderts mit heutigen 3-D-Aufnahmen. Die Gegenüberstellung von damals und heute ist faszinierend.

198 C2
1998 Broadway, Ecke West 68th Street
(212) 336-5000
66th Street/Lincoln Center (1, 9)
M5, M7, M104
($$)

13 Dakota Apartments

Edward S. Clark, der Präsident der Nähmaschinenfabrik Singer, machte sich zum Gespött der Leute, als er ein Apartmenthaus im damals noch kaum bewohnten Gebiet westlich des Central Parks erbauen ließ. Einer der Scherze war, dass dieses 1884 fertig gestellte Ziegelgebäude mit seinen Türmchen so weit von der Zivilisation entfernt sei wie das Zentrum von Dakota. Clark nahm diesen Scherz auf und nannte sein Haus »Dakota«. In die 85 Apartments zogen schnell reiche New Yorker. Der Architekt des Plaza Hotel, Henry J. Hardenberg, ist verantwortlich für das verspielte und zugleich etwas unheimliche Aussehen des Dakota. Hier wohnten Berühmtheiten wie Boris Karloff und Lauren Bacall, und im Dakota spielte zum Beispiel Roman Polanskis *Rosemary's Baby*. (Die Hauptdarstellerin Mia Farrow wohnt nebenan im Langham Building.) Der Musiker John Lennon wurde 1980 vor dem Eingang ermordet, seine Witwe Yoko Ono lebt heute noch in dem Apartment im sechsten Stock.

198 C3 ✉ 1 West 72nd Street
72nd Street (B, C)
M10

15 Riverside Park

Diese lang gezogene Grünfläche erfreut sich wegen ihrer Spielplätze und der Aussicht auf den Hudson River großer Beliebtheit. Der Straßenlärm des Henry Hudson Parkway stört die Idylle nur wenig. Der Felshügel an der 83rd Street bekam seinen Namen, Mount Tom, von Edgar Allan Poe, der hier viel Zeit verbrachte. An der Ecke Riverside Drive und 122nd Street befindet sich die neugotische Riverside Church, von deren Turm aus man einen schönen Blick auf das Wasser hat. Daneben ist Ulysses S. Grant's Tomb, die Ruhestätte des US-Präsidenten und siegreichen Führers der Nordstaatentruppen während des Bürgerkriegs. Die Gegend nördlich der 122nd Street ist nicht so interessant, deshalb sollte man sie auslassen und mit dem Bus zurück nach Downtown fahren.

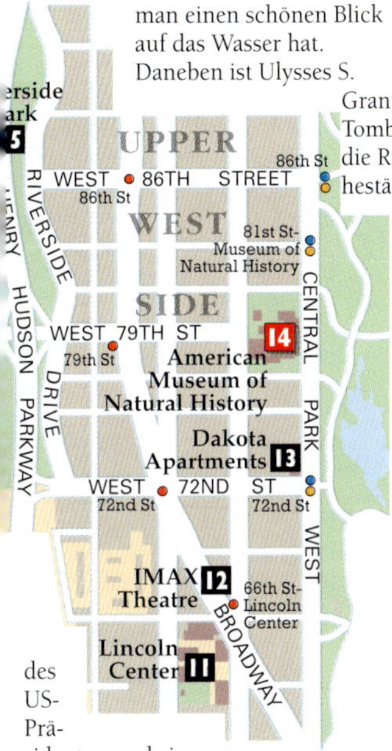

198 A4
✉ Zwischen West 72nd und West 125th Street und West 135th und 155th Street
verschiedene Haltestellen (1, 2, 3, 9)
M5

19 Cathedral of St John the Divine

Besucher der Kirche werden mit den Worten begrüßt, sie sei die »größte gotische Kathedrale der Welt«. Diese Prahlerei soll zu Spenden für die Fertigstellung des bereits 1892 begonnenen Baus animieren. Aber anders als Westminster Abbey in London oder Notre Dame in Paris ist diese Kirche auf den ersten Blick nicht sonderlich beeindruckend. Sie gewinnt jedoch durch Nebensächlichkeiten wie den Altar zu Ehren der New Yorker Feuerwehr oder die Opfer von Völkermord oder Aids, die Wandplastik zur Erinnerung an den Musiker John Coltrane oder das Tryptichon von Keith Haring, sein letztes Kunstwerk. Wenn man Glück hat, singt der Chor, die Akustik ist ausgezeichnet.

198, bei B5
✉ Amsterdam Avenue, Ecke West 112th Street
(212) 316-7540
Mo–Sa 7–18 Uhr, So 18–19 Uhr
Cathedral Parkway/110th Street (B, C, 1)
M4, M11, M104
($)

20 Harlem

Beim Namen Harlem denkt man an die turbulente Harlem Renaissance der Zwanzigerjahre und an den jahrzehntelangen Kampf des Viertels gegen Armut und Verbrechen. Beide Bilder sind nur Mosaiksteinchen. Der Film *Cotton Club* ruft Erinnerungen wach an die Renaissance, doch schwarze Amerikaner durften das

Rosettenfenster der Cathedral of St John the Divine

Etablissement nur betreten, um die weißen Gäste zu bedienen oder zu unterhalten. Die Clubs der Schwarzen waren weniger berühmt als die der Weißen. Dass in Harlem die Armut dominiert, ist ein Gerücht, denn die meisten Bewohner gehören der Mittelschicht an. Kriminalität ist immer noch ein Problem, aber während des Tages sind die großen Straßen wie der Martin Luther King jr. Boulevard (125th Street) und Malcolm X Boulevard (Lenox Avenue) im Allgemeinen sicher.

Das **Apollo Theater** (253 West 125th Street, Tel. 212/531-5300), in dem schon Stars wie Ella Fitzgerald und James Brown aufgetreten sind, hat seinen Glanz etwas verloren. Das Studio Museum of Harlem (144 West 125th Street, Tel. 212/864-4500) zeigt Arbeiten afroamerikanischer Künstler. Beide befinden sich östlich der U-Bahn-Station 125th Street (Linien A-D). Einen halben Block östlich des Museums halten die U-Bahn-Linien 2 und 3. In der Nähe liegt das **Schomburg Center for Research in Black Culture** (515 Malcolm X Boulevard, Tel. 212/491-2200), das sich mit ausgezeichneten Ausstellungen einen Namen gemacht hat. Wenn Sie so weit gekommen sind, können Sie nördlich und westlich die architektonisch bedeutsamen Wohnhäuser, die als **Striver's Row** bekannt sind, ansehen (202–250 und 203–271 West 138th Street und 202–252 und 203–269 West 139th Street). Stanford White (► 24) entwarf die von der italienischen Renaissance beeinflussten Gebäude zwischen 203 und 269 West 139th. Hier lebten auch eine Reihe bekannter Musiker, in der 139th Fletcher Henderson (Nr. 228) und W.C. Handy (Nr. 232), in der 138th Eubie Blake (Nr. 236). Harlem Spirituals, Gospel & Jazz Tours (Tel. 212/391-0900) bietet geführte Touren durch Harlem. Harlem Spirituals Gospel & Jazz Tours (Tel. 212/391-0900) bietet Exkursionen durch Harlem an.

200 B5

Von der 110th Street (125th Street im Westen) bis 151st Street

125th Street (am Broadway: 1; am Frederick Douglass Boulevard: A, B, C, D; an der Lenox Avenue/Malcolm X Boulevard: 2, 3)

M1–4, M18, M100, M101, M104

21 The Cloisters

Die nördliche Außenstelle des Metropolitan Museum, hoch oben auf einem Hügel über dem Hudson River gelegen, beherbergt Kunst des Mittelalters. Zu den Meisterstücken gehören die *Unicorn Tapestries* (Brüssel, ca. 1500), die in vielfältiger Symbolik die damaligen religiösen, kulturellen und sozialen Vorstellungen illustrieren. Verschiedene Kapellen und die Schatzkammer mit liturgischen Objekten aus Edelmetallen und -steinen sind weitere Höhepunkte. Auch wenn man in Europa solche Kapellen an Ort und Stelle bewundern kann, beeindruckt im Museum die chronologische Darstellung der geistigen und architektonischen Entwicklung. Drei Gärten vergrößern an einem sonnigen Tag das Vergnügen. Es gibt einen Bus von der U-Bahn zum Museum, oder man läuft durch den Fort Tryon Park.

198, bei B5

Fort Tryon Park nördlich der West 190th Street

(212) 923-3700

Di–So 9.30–17.15 Uhr März–Okt., Di–So 9.30–16.45 Uhr Nov.–Feb.; geschlossen 1. Jan., Thanksgiving, 25. Dez.

190th Street (A)

M4

($$), Eintrittskarte gilt am selben Tag auch für das Metropolitan Museum of Art

The Cloisters, Ort mittelalterlicher Schätze

Wohin zum …
Essen und Trinken?

Preise Die Anzahl der $-Zeichen zeigt den ungefähren Betrag für ein komplettes Essen mit Getränken, Steuer und Trinkgeld für eine Person an.
$ unter 30 $ $$ 30–60 $ $$$ über 60 $

RESTAURANTS

Aureole $$$
Ein elegantes Stadthaus mit einem Garten im Hinterhof; daher ist ein Besuch bei gutem Wetter ganz besonders zu empfehlen. Eine gelungene amerikanische Küche, die Gerichte werden kunstvoll serviert. Es gibt hier eine wirklich ausgezeichnete Weinkarte. Mittags und abends gibt es ein Festpreis-Menü, abends auch ein Sechs-Gänge-Menü. Nach 14 Uhr wird das Essen billiger.

199 F1
34 East 61st Street, zwischen Madison und Park Avenue (212) 319-1660
Lunch Mo–Fr 12–14.30 Uhr; Dinner Mo–Sa 17.30–23 Uhr; geschl. So, 25. Dez.

Avenue $$
Ein Treffpunkt für alle Gelegenheiten, um viele Klassen besser als andere. Das Menü wechselt je nach Saison; man kann zwischen kleinen, mittleren und großen Portionen wählen. Die Küche ist klassisch französisch-amerikanisch, das Dekor leger mit Ziegelwänden und moderner Ausstattung. Es gibt ein Frühstücksbüfett.

198 C5
520 Columbus Avenue, Ecke 85th Street
(212) 579-3194
tägl. 8–23.30 Uhr

Barney Greengrass $
Geräucherter Fisch ist hier die beliebte Spezialität. Am Wochenende kann man direkt im Geschäft vor der Theke geräucherten Fisch essen, allerdings ist es sehr voll. Unter der Woche geht es ruhiger zu, dann sitzt man auch im Speisesaal neben dem Geschäft. Natürlich kommt man hierher, um Fisch zu essen – dazu wählt man am besten *Bialys* und Zwiebelfrischkäse.

198 B5
541 Amsterdam Avenue, zwischen 86th und 87th Street (212) 724-4707
Di–Fr 8.30–16 Uhr, Sa–So 8.30–17 Uhr

Carmine's $$
Hier fühlt man sich in die italienischen Restaurants von gestern zurückversetzt, wo so lange Essen gebracht wurde, bis jemand tot umfiel. Die Portionen sind ausgesprochen groß. Zu empfehlen ist Pasta, Kalbfleisch, Hähnchen und Meeresfrüchte-Antipasti. Ausgehungerte Menschenmassen, die auf einen Tisch hoffen (besonders aussichtslos am Wochenende), stehen den Broadway entlang Schlange, reservieren Sie also besser.

198 B5
2450 Broadway (zwischen 90th und 91st Street) (212) 362-2200
Lunch tägl. 11.30–15 Uhr; Dinner tägl. 15–24 Uhr

Daniel $$$
Einer der besten Köche New Yorks, Daniel Boulud, ist kürzlich mit seinem Spitzenrestaurant in diese pompösen Räume im Stil der Renaissance mit Säulen, Balustraden und Kassettendecken gezogen. Die Küche ist französisch, die Menüs wechseln je nach Saison. Boulud ist ein ausgezeichneter Koch und Kenner der klassischen französischen Techniken, wagt aber auch immer neue Kreationen. Die Weinkarte ist beeindruckend.

199 F2
60 East 65th Street, zwischen Madison und Park Avenue (212) 288-0033
Lunch Di–Sa 12–14.15 Uhr; Dinner Mo–Sa 17–1 Uhr; geschl. So, nationale Feiertage

Gabriela's $

Ein beliebter Ort für ganz alltägliche, schmackhafte mexikanische Küche. Besonders abends ist es immer voll. Die *guacamole* und die *crisps* sind immer ausgezeichnet, bei den Hauptgerichten lohnt sich das »gegrillte Hähnchen mit Yucatan spices«.

198, bei B5
685 Amsterdam Avenue, Ecke 93rd Street
(212) 961-0374
tägl. Lunch und Dinner 11.30–24 Uhr

Jean Georges $$$

Jean Georges Vongrichten gab diesem Fünf-Sterne-Restaurant seinen Namen. Das Restaurant, mit Blick auf den Central Park, ist außergewöhnlich schick und modern. Die Karte bietet französisch-amerikanische Küche mit saisonalem Bezug. Abends gibt es ein Festpreis-Menü und ein Fünf-Gänge-Menü.

Der Koch schafft außergewöhnliche Kreationen wie Jakobsmuscheln in einer Rosinen-Kapern-Soße und Blumenkohl oder Knoblauchsuppe mit Froschschenkeln. Nougatine, siehe unten, ist das preiswertere Bistro.

198 C1
Trump International Hotel, 1 Central Park West, zwischen 60th und 61st Street
(212) 299-3900
Lunch Mo–Fr 12–14.30 Uhr; Dinner Mo–Sa 17.30–23 Uhr; geschl. So

Nougatine $$

Im vorderen Teil des Restaurants Jean Georges (siehe oben) befindet sich dieses Bistro mit einer eigenen Speisekarte.

Es ist eine akzeptable und etwas preiswertere Alternative zum Hauptrestaurant, denn das Essen stammt aus derselben Küche. Abends ist das Jackett Pflicht.

198 C1
Trump International Hotel, 1 Central Park, zwischen 60th und 61st Street
(212) 299-3900
Frühstück Mo–Fr 6.30–11 Uhr, Sa 8–11 Uhr; Brunch So 11–15 Uhr; Lunch tägl. 12–15 Uhr; Dinner tägl. 17.30–23 Uhr

Ollie's Broadway $

Diese kleine chinesische Restaurantkette war schon populär, bevor die amerikanische Talk-Königin Rosie O'Donnell sie in alle Himmel hob. Doch Ollie's ist die neue Berühmtheit nicht zu Kopf gestiegen. In jedem der Lokale findet man die gleiche Karte mit ausgezeichneten Nudelsuppen, Klößen und typischen chinesischen Gerichten. Die Ausstattung lädt nicht zum längeren Aufenthalt ein, doch die beiden Lokale an der Upper Westside liegen gegenüber von Multiplex-Kinos, und wer den Anfang seines Films nicht versäumen will, hat es sowieso eilig.

198 C2
1991 Broadway an der 67th Street (auch an der 84th und 116th Street)
(212) 695-8181
Lunch tägl. 11.30–15 Uhr, Dinner tägl. 15–24 Uhr

Pampa $

Ein sehr beliebtes Lokal mit akzeptablen Preisen und argentinischem Essen. Die Steaks oder der Mixed Grill und die berühmte *Morcilla*-Wurst sind den Trubel dort wert.

198, bei B5
768 Amsterdam Avenue, zwischen 97th und 98th Street (212) 865-2929
Dinner tägl. Mo 16–23, Di–Fr 16–24, Sa–So 12–24 Uhr; geschl. an nationalen Feiertagen

Payard Patisserie and Bistro $$

Ein klassisches Bistro mit ebenso klassischer Bistroküche sowie wunderbarem Gebäck und delikaten Desserts. Der Chef ist François Payard, der auch das Spitzenrestaurant Daniel an der 60 East 65th Street (➤ 101) leitet.

199 F3
1032 Lexington Avenue, zwischen 73rd und 74th Street (212) 717-5252
Lunch Mo–Sa 12–15 Uhr; Dinner Mo–Do 17.45–23.30, Fr–Sa 17.45–23 Uhr; geschl. So

Picholine $$$

Seit langer Zeit eines der besten Restaurants in diesem Bezirk. In einem gut gestalteten Raum mit ländlichem

Charme wird mediterrane Küche serviert. Eine Spezialität ist der Lachs in einer Meerrettichkruste, und auch die Tageskarte lohnt einen Blick. Die erfahrene Bedienung hilft bei der Auswahl des Weins, der Zusammenstellung des Menüs und berät bei der Wahl des Käses vom legendären Büfett.

198 C2
35 West 64th Street, zwischen Broadway und Central Park West
(212) 724-8585
Lunch Di–Sa 11.45–14 Uhr; Dinner Mo–Do 17.15–23, Sa 17.15–23.45, So 17–21 Uhr; geschl. an nationalen Feiertagen

Shun Lee $$

In diesem ausgezeichneten chinesischen Restaurant wird mit besseren Zutaten gekocht und Ausgefalleneres an Gerichten serviert als in den Lokalen der Chinatown. Zu den Spezialitäten gehört *Beggar's Chicken*, das im Lehmmantel gebacken wird und einen Tag im Voraus bestellt werden muss. Nebenan gibt es ein Café.

Shun Lee Café $

Etwas legerer als das Restaurant und gut geeignet für einen kleinen Imbiss, zum Beispiel *Dim Sum*, vor einer Veranstaltung im Lincoln Center.

198 C2
43 West 65th Street, zwischen Columbus Avenue und Central Park West
(212) 595-8895
Restaurant: Lunch tägl. 12–16 Uhr; Dinner tägl. 16–24 Uhr; Café: Lunch Sa–So; Dinner tägl.

Spazzia $$

Überwiegend Gerichte von der italienischen Riviera, manchmal etwas französisch angehaucht. Der Chef, Dave Hart, ist ein renommierter Kenner dieser Küche. Zu seinen Spezialitäten gehören die ligurische Fischsuppe und gegrillter Tintenfisch auf schwarzem Reis. Die Bedienung ist ausgezeichnet.

198 C4
366 Columbus Avenue, Ecke 77th Street **(212) 799-0150**
Lunch Mo–Fr 11.30–15 Uhr; Dinner Mo–Fr 17.30–22; Sa–So 17–23.30 Uhr

BARS

Entlang der Columbus und der Amsterdam Avenue auf der Upper West Side und der 2nd Avenue auf der East Side gibt es eine große Anzahl von Bars und Restaurants. Viele sind ganz nett, aber nichts Außergewöhnliches. Wenn man in der Gegend ist und Lust auf einen Drink hat, wären die folgenden Lokale, die zu den Lieblingsbars der New Yorker gehören, zu empfehlen.

Brandy's

Ein gut gemischtes Publikum aus Homo- und Heterosexuellen kommt in dieser Pianobar zusammen.

199, bei F5 **235 East 84th Street, zwischen 2nd und 3rd Avenue**
(212) 650-1944 **tägl. 16–4 Uhr**

Café Luxembourg

Ein Treffpunkt in der Nähe des Lincoln Center und eine gute Möglichkeit, einen Imbiss zu genießen.

198 B2
200 West 70th Street, zwischen Amsterdam und West End Avenue
(212) 873-7411
Mo–Sa 12–24 Uhr, So 11–24 Uhr

Elaine's

Die bekannte Elaine Kauffman zieht Schriftsteller und andere New Yorker Berühmtheiten an. Die Küche hat sehr lange geöffnet.

199, bei F5
1703 2nd Avenue, zwischen 88th und 89th Street
(212) 534-8103 **tägl. 18–2 Uhr**

CAFÉS

Café Guy Pascal

Ein kürzlich wieder eröffnetes Café mit französischen Torten vom Chef des berühmten französischen Restaurants La Côte Basque. Eine Sünde wert ist *Le Delice*.

199 F5
1231 Madison Avenue, Ecke 89th Street
(212) 831-2340
Mo–Sa 7.30–22 Uhr, So 8–22 Uhr

Le Pain Quotidien
Eine belgische Bäckerei mit ausgezeichnetem Brot, leckerem *café au lait* und köstlichen Sandwiches.

199 F5
1131 Madison Avenue, zwischen 84th und 85th Street (212) 327-4900
Mo–Fr 7–19 Uhr, Sa und So 8–19 Uhr

Parlor at Café des Artistes
Das Café ist eine Kopie des gegenüberliegenden Hauptrestaurants – es gibt die gleiche Speisekarte, man kann aber auch nur Kaffee und Kuchen genießen.

198 C2
1 West 67th Street, zwischen Columbus Avenue und Central Park West
tägl. 17-24 Uhr

Payard Patisserie and Bistro
Das Gebäck von François Payard lohnt einen Stopp. Zu empfehlen sind die *canneles*.

199 F3
1032 Lexington Avenue, zwischen 73rd und 74th Street (212) 717-5252
Patisserie geöffnet Mo–Sa 7–23 Uhr

Wohin zum ... Einkaufen?

Upper West Side
In Uptown gibt es einige lange Straßen mit vielen kleinen Läden, die dem täglichen Bedarf der Bewohner dienen. Die Columbus Avenue und der Broadway zwischen 72nd und 86th Street sind mit zahlreichen bemerkenswerten Einkaufsmöglichkeiten ausgestattet; dazwischen liegen immer wieder Restaurants und Lebensmittelläden. Entsprechend lebhaft geht es daher auf der Straße zu. Sehenswert ist **Zabar's** (2245 Broadway), eines der besten Lebensmittelgeschäfte der Stadt, das im ersten Stock ein ausgezeichnetes Angebot an Küchenutensilien führt.

Bemerkenswert sind außerdem **April Cornell** (487 Columbus Avenue) mit hübschen indischen Stoffen und Wäsche; **Pickle-Licious Gourmet** (580 Amsterdam Avenue) mit schmackhaften selbst gemachten Pickles und Brotaufstrichen. Das bekannte **Shoofly** (465 Amsterdam Avenue) hat tolle Kinderschuhe, und **Unique Science** (410 Columbus Avenue) ist ein Laden für Zauberer jeden Alters.

Im **Performing Arts Shop/ Metropolitan Opera Shop** (136 West 65th Street) bekommt man alles, was mit den Vorführungen im Lincoln Center zu tun hat.

Upper East Side
Die Madison Avenue zwischen der 60th und 72nd Street beherbergt einige der besten Geschäfte für Designermode und erstklassige Galerien. Einen Blick wert ist die neue Boutique von **Calvin Klein** (654 Madison Avenue). **Barney's** Department Store (660 Madison Avenue) verkauft geschmackvolle Herrenbekleidung und Accessoires, es gibt auch eine kleine Abteilung für Frauen. **Shanghai Tang** (667 Madison Avenue) ist ein gediegenes chinesisches Geschäft mit einer großen Auswahl an importierten Waren.

Moschino (803 Madison Avenue) führt außergewöhnliche Mode, **Mackenzie-Childs** (824 Madison Avenue) hat neckische Haushaltswaren und eine kleine Ausstellung (Eintrittsgebühr).

Cowboystiefel bekommt man bei **Billy Martin's** (220 East 60th Street), wunderbaren alten Schmuck bei **Fred Leighton** (773 Madison Avenue). **Infinity** (1116 Madison Avenue, Ecke 83rd Street) ist ein Muss für weibliche Teenager, wenn es um Kleidung und Accessoires geht.

Die gut situierten Bewohner dieser Gegend sorgen für ein ausgezeichnetes Angebot der Secondhand-Shops, denn dorthin gelangen nicht selten Kleidungsstücke, die zu den besten der Welt zählen, aber von ihren Besitzern ausgemustert wurden. Die meisten dieser Läden befinden sich in den East 80er-Straßen. Echte Schnäppchen kann man bei **Out of the Closet** (220 East 81st Street) oder im **Irvington Institute**

Thrift Shop (1534 2nd Avenue, Ecke 82nd Street) machen.

Tender Buttons (143 East 62nd Street) präsentiert ein enormes Sortiment alter und neuer Knöpfe. Die beste Auswahl an Kochbüchern gibt es bei **Kitchen Arts & Letters** (1435 Lexington Avenue). Alle Arten von Spielen für Groß und Klein kann man bei **Game Show** (1240 Lexington Avenue) kaufen, das auch eine Filiale in Greenwich Village betreibt. Volkskunst finden Sie bei **Steve Miller American Folk Art** (17 East 96th Street, No 11A, Tel. 212/348-5219). Vielleicht finden Sie ja gerade die Wetterfahne aus dem 19. Jahrhundert mit der nötigen Patina oder das primitive Bild, nach dem Sie gesucht haben.

Ein besonderes New-York-Erlebnis ist **Weitz & Coleman Rare Books and Bindings** (1377 Lexington Avenue, Tel. 212/831-2213), interessante Gespräche inklusive. Hier kann der bibliophile Kunde noch wirklich interessante Fachgespräche mit dem kundigen Personal führen.

Wohin zum … Ausgehen?

THEATER

Lincoln Center Theater

Im Vivian Beaumont gastieren Broadway Shows, das Mitzi E. Newhouse präsentiert kleinere Produktionen.

198 B2 150 West 65th Street
(212) 362-7600

New York Shakespeare Festival

Im Sommer werden zwei Open-Air-Produktionen aufgeführt; eine davon ist immer ein Stück von Shakespeare.

199 D4 Central Park, Delacorte Theater (212) 539-8500

TANZ

American Ballet Theater

Die Auftritte dieser Spitzentruppe dauern nur zwei Monate und beginnen im Mai. Im City Center gibt es noch zwei Wochen im Herbst Vorführungen.

198 C2
Lincoln Center, Metropolitan Opera House, Broadway, Ecke 64th Street
(212) 362-6000

Dance Theater of Harlem

Die Vorstellungen sind immer etwas ganz Besonderes.

(212) 690-2800

Lincoln Center Out of Doors

Im Sommer gibt es kostenlose Open-Air-Aufführungen.

198 C2
Lincoln Center Plaza, Broadway, Ecke 64th Street (212) 875-5108

New York City Ballet

Tanztheataer in der Tradition von Jerome Roberts und George Balanchine. Die Vorstellungen laufen von Mitte November bis Anfang März, davon einen Monat lang der *Nussknacker,* und noch einmal acht Wochen ab Ende April.

198 C1
New York State Theater, Broadway, Ecke 63rd Street
(212) 870-5570

MUSIK

Klassik und Jazz

Kaufmann Concert Hall at 92nd Street Y

Interpreten klassischer Musik und Jazzer treten in dieser Halle mit Spitzenakustik.

200 C1
1395 Lexington Avenue
(212) 996-1100

Lincoln Center

Die New Yorker Philharmoniker spielen von Ende September bis Anfang Juni in der Avery Fisher Hall. Das Kammerorchester tritt in der kleineren Alice Tully Hall auf. Andere Angebote im Lincoln Center sind die Reihe *Mostly Mozart* und *Great Performers* sowie Studentenkonzerte in der Julliard School. Bei Jazz liegt die Betonung auf Klassik.

198 C2
Broadway und 64th Street
(212) 546-2656 (Tonband), (212) 721-6500 (Eintrittskarten)

Andere interessante Treffpunkte für klassische Musik

Cathedral of St John the Divine
112th Street und Amsterdam Avenue (212) 662-2133

Church of St Ignatius Loyola
980 Park Avenue
(212) 288-2520

Metropolitan Museum of Art
5th Avenue Ecke 82nd Street
(212) 870-6700

Zeitgenössische Musik

Apollo Theater

Afrikanisch-amerikanische Musikgruppen treten hier auf.
200, bei A5 253 West 125th Street
(212) 749-5838

Beacon Theater

Pop-, Rock- und andere Bands spielen an diesem traditionsreichen Ort.
198 B3 2124 Broadway
(212) 496-7070

Central Park Summer Stage

Konzerte und Tanzaufführungen.
199 E3
Rumsey Playfield, Parkmitte an der 72nd Street (212) 360-2777

OPER

Metropolitan Opera

Die Saison dauert von Oktober bis Mitte April.
198 C2 Lincoln Center, Metropolitan Opera House, Broadway und 64th Street (212) 362-6000

New York City Opera

Auftritte von September bis November und wieder im März und April.
198 C1
Lincoln Center, New York State Theater, Broadway und 63rd Street
(212) 870-5570

COMEDY UND KABARETT

Café Carlyle/Bemelmans Bar

Regelmäßige Auftritte von Künstlern wie Eartha Kitt und, jeden Montag, Woody Allen und seiner Dixielandband. Sehr vornehm.
199 F3 36 East 76th Street
(212) 570-7189

Comic Strip

Treffende und aktuelle Comedy.
199, bei F4 1568 2nd Avenue
(212) 861-9386

Stand-Up New York

Jeden Tag passieren hier die kommischsten Sachen.
198 B4 236 West 78th Street
(212) 595-0850

FILM

IMAX Theatre/ Sony Lincoln Square

Dies ist das netteste Kino in Uptown, das Hollywoodfilme vorführt.
198 C2 Broadway und 68th Street
(212) 336-5000

Lincoln Plaza Cinemas

Kunst- und Independent-Filme sind in diesem kleinen Kino zu sehen.
198 C2 Broadway, Ecke 63rd Street
(212) 757-2280

New York Film Festival

Während der Veranstaltung im September werden amerikanische und ausländische Filme gezeigt.
198 C2 Lincoln Center (unterschiedliche Orte), Broadway und 65th Street (212) 875-5610

Walter Reade Theatre

Stummfilme, Kunstfilme und Videos werden hier gezeigt.
198 C2 165 West 65th Street am Broadway (212) 496-3809

Empire State bis Greenwich Village

Erste Orientierung

Empire State Building und Greenwich Village stehen für die zwei Extreme Manhattans: zum einen der Geschäftsmann, der ohne eine Spur von Sentimentalität das geliebte alte Waldorf-Astoria-Hotel abreißen und durch das Empire State Building ersetzen ließ, und auf der anderen Seite die Bewohner von Greenwich Village, die seit zwei Jahrhunderten jegliche Veränderung ihres Viertels nicht nur ablehnen, sondern sich ihr auch widersetzen.

Heute ist das Empire State Building ein geliebtes Wahrzeichen der Stadt. Es ragt am westlichen Rand von Murray Hill empor, südlich davon erstrecken sich Gramercy Park, Union Square und East Village. Im Westen liegen der Garment District, südlich Chelsea und Greenwich Village.

Greenwich Village bezeichnete ursprünglich ein Gebiet, das vom Hudson River, 14th und Houston Street sowie 4th Avenue begrenzt wurde. In den Sechzigerjahren kam der Name East Village dafür auf. Hört man heute die Bezeichnung Village, West Village oder Greenwich Village, so ist meistens der gleiche Ort gemeint: die Straßen westlich der 5th Avenue. East Village steht für das Gebiet östlich der 4th Avenue bis zur Avenue C oder D.

Beide »Villages« sind bekannt für ihre Denkmalpflege und die Aufgeschlossenheit gegenüber Andersdenkenden. Ein Vertrag garantiert Chelsea seinen Charakter als ruhiges Wohnviertel mit viel Bausubstanz aus dem 19. Jahrhundert.

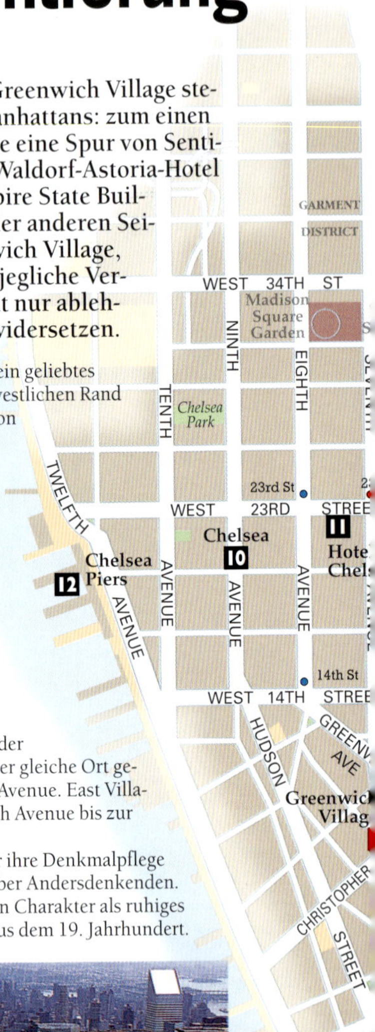

Vorhergehende Seite: Blick auf das Empire State Building

Kilometerweite Sicht vom Empire State Building

★ Nicht verpassen!

- **2** Empire State Building ➤ 112
- **8** East Village ➤ 116
- **9** Greenwich Village ➤ 120

Nach Lust und Laune!

- **1** Morgan Library ➤ 124
- **3** Madison Square Park ➤ 124
- **4** Flatiron Building ➤ 124
- **5** Gramercy Park ➤ 125
- **6** Union Square ➤ 125
- **7** Forbes Magazine Galleries ➤ 126
- **10** Chelsea ➤ 126
- **11** Hotel Chelsea ➤ 126
- **12** Chelsea Piers ➤ 127

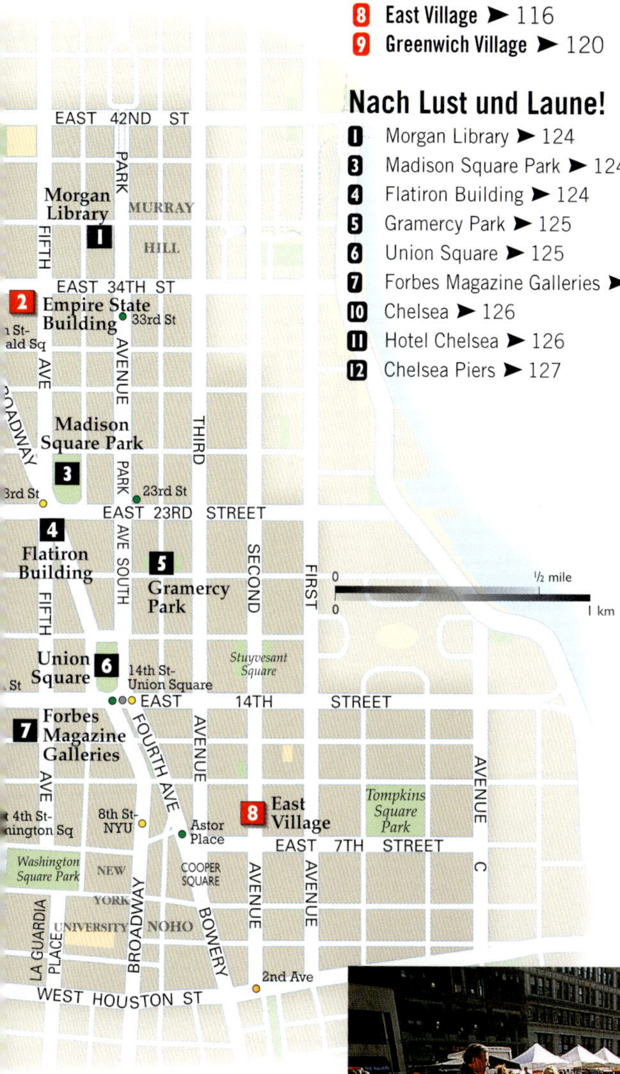

Obst- und Blumenstände am Union Square Greenmarket

Ein Besuch von New Yorks berühmtestem Wahrzeichen und Exkursionen in vier unverwechselbare Stadtviertel.

Empire State bis Greenwich Village an einem Tag

9 Uhr

Es lohnt sich, früh am **Empire State Building** (➤ 112ff) zu sein. Der erste Aufzug fährt um 9.30 Uhr.

11.30 Uhr

Der Hof der **Morgan Library** (➤ 124), nicht weit vom Empire State an der Ecke East 36th Street und Madison Avenue, ist ein ausgezeichneter Ort für einen Lunch.

13 Uhr

Im Süden der Madison Avenue liegt der **Madison Square Park** (➤ 124). Das **Flatiron Building** (links; ➤ 124f) ist zwar nicht das höchste Gebäude in der Umgebung, es stiehlt aber allen anderen die Show.

13.30 Uhr

Den Broadway entlang geht es nach Süden bis zur East 21st Street, dann links und weiter bis zum stets ruhigen **Gramercy Park** (➤ 125), über Irving Place südwärts bis zur East 17th Street und dort nach rechts.

14 Uhr

Am historischen **Union Square** (➤ 125) herrscht immer Trubel. Von hier aus geht es Richtung Westen entlang der 12th Street bis zu den **Forbes Magazine Galleries** (➤ 126) mit ihren wunderlichen Ausstellungen.

14.45 Uhr

Für den Weg ins **East Village** (➤ 116f) kann man entweder ein Taxi nehmen oder vorbei an der St Mark's-in-the-Bowery Church laufen. Zur Stärkung geht es ins Veniero's (➤ 32) an der East 11th Street, dann folgt ein Schaufensterbummel in der Gegend um 1st Avenue und Avenue A zwischen East 11th und East 6th Street.

16.15 Uhr

Es ist Zeit, East Village Richtung Westen am St Mark's Place, der zur 8th Street wird, zu verlassen, und am University Place links abzubiegen. Die prächtigen Häuser am **Washington Square Park** (➤ 120f) bilden einen wunderbar unpassenden Rahmen für die Skateboarder, Rollerskater und Straßenkünstler, die den Park in ständiger Bewegung halten.

17 Uhr

Die Route durch **Greenwich Village** (➤ 120) führt südlich in die MacDougal Street, dann rechts an der Minetta Lane, über die 6th Avenue und links in die Carmine Street. Am St. Luke's Place würde man sich, wenn die Autos nicht wären, wie im 19. Jahrhundert vorkommen. Einige Blocks nördlich befindet sich Manhattans schmalstes Wohnhaus, 75½ Bedford Street.

18 Uhr

Wer bei Chumley's (➤ 131), einer zu Prohibitionszeiten illegalen Bar, einkehrt, glaubt sich an den Beginn des 20. Jahrhunderts zurückversetzt. Das Dekor hat sich seit den Zeiten von F. Scott Fitzgerald wenig verändert. Zeit für ein Bier und eine Menge Atmosphäre.

18.30 Uhr

Von Chumley's geht es weiter auf der Bedford Street bis zur Grove Street, dann rechts und wieder links in die Bleecker Street mit vielen netten Läden.

20 Uhr

Zeit, um mit gut betuchten New Yorkern neue amerikanische Küche in der schnieken Gramercy Tavern (➤ 129) zu genießen. Etwas weniger teuer, aber genauso schick ist Grange Hall (50 Commerce Street, Tel. 212/924-5246). Bei beiden Restaurants muss man reservieren.

2 Empire State Building

Für ein Gebäude, dessen Baustil in Architekturbüchern als »gedämpftes Art déco« beschrieben wird, erntet das Empire State Building eine ganze Menge Beachtung. King Kong hat es bestiegen, ein B-52-Bomber flog dagegen, Waghalsige haben sich mit dem Fallschirm hinuntergestürzt, und pro Jahr fahren ungefähr hundert Blitze in den Wolkenkratzer. Er zählt etwa 3,5 Millionen Besucher jedes Jahr, insgesamt waren es fast 100 Millionen. Selbst Fidel Castro hat das Gebäude besucht. In puncto Romantik kann es kein Skyscraper mit dem Empire State Building aufnehmen.

Das alte Waldorf-Astoria, eines der schicksten Hotels in New York, musste dem Bau des Empire State Building weichen. John Jacob Raskob, ein Vorstandsmitglied bei General Motors, wollte, dass sein Wolkenkratzer das 77-stöckige Chrysler Building, das 1930 der rivalisierende Automobilhersteller Walter P. Chrysler hatte errichten lassen, an Höhe übertraf. Das Chrysler Building hätte wahrscheinlich einen Schönheitswettbewerb gewonnen, aber als das Empire State am 1. Mai 1931 eröffnet wurde, errang es den Titel des höchsten Gebäudes der Welt. Und es verteidigte ihn mehr als vierzig Jahre.

Nicht genug der 86 Stockwerke mit Büros, wird das Empire State von einem 16-stöckigen Aussichtsturm sowie Antennen und einem Blitzableiter gekrönt. Ursprünglich sollte die Spitze als Ankerplatz für Luftschiffe dienen, aber nach mehreren Fehlschlägen wegen des starken Windes in dieser Höhe wurde der Plan aufgegeben.

Das Äußere ist bewusst funktional gehalten, das Empire State soll an einen Bleistift erinnern. Die Verzierungen des Beaux-Arts und des Neoklassizismus, sogar des frühen Art déco, sind verschwunden. Das Äußere feiert die Rolle der Massenfabrikation beim Bau des Gebäudes. Das Design der Kalksteinfassade und der Edelstahlfenster ist durch Maschinen bestimmt. Auch das Rot der Fensterrahmen, eine Farbe, die zum Grundieren von Stahl benutzt wird, unterstreicht den industriellen Charakter.

Hochmoderne Techniken und Arbeit rund um die Uhr führten zu einer Bauzeit von nur 14 Monaten.

---

196 C2 · 350 5th Avenue, Ecke East 34th Street · (212) 736-3100 · Mo–Fr 10–24, Sa, So 9.30–24 Uhr · 34th Street/Herald Square (B, D, F, N, Q, R); 33rd Street (6) · M1–7, M16, M34 · ($$)

Raskob hatte noch 1929 in einem Artikel mit dem Titel *Everybody Ought To Be Rich* behauptet, dass Wohlstand eine endlose Kette sei – dann brach die amerikanische Börse zusammen, noch bevor das Waldorf völlig abgerissen war.

In den Dreißiger- und Vierzigerjahren fanden sich so wenige Mieter für das Empire State, dass es den Spitznamen »Empty State Building« bekam. Jahrelang waren es die Eintrittsgelder für die Aussichtsplattform, mit denen die Steuern beglichen wurden.

Das Empire State wirft seinen Schatten über die East Side

Von seiner Fertigstellung an war der Wolkenkratzer ein Star in den unterschiedlichsten Filmen (bisher 125), Dokumentationen und Wochenschauen. Die bekannteste Szene jedoch – King Kong erklettert das Empire State Building, in seiner Hand die Schauspielerin Fay Wray, und verscheucht Flugzeuge, bevor er dann stirbt – wurde in Hollywood gedreht.

Selbst bei stärkstem Sturm bewegt sich das Gebäude nicht mehr als wenige Zentimeter, aber die Frage nach seiner Stabilität wurde von Beginn an heiß diskutiert. Jeder Zweifel wurde jedoch beseitigt, als 1945 ein Flugzeug der US- Luftwaffe zwischen dem 78. und 79. Stock in das Hochhaus krachte. Zwar starben bei der Explosion und dem dadurch verursachten Feuer 14 Menschen, aber nur die umliegenden Stockwerke wurden beschädigt. Zweimal sind Fallschirmspringerpaare

WISSENSWERTES

HÖHE MIT ANTENNE: **449 m**
AUSSICHTSPLATTFORM (102. STOCK): **381 m**
AUSSICHTSPLATTFORM (86. STOCK): **322 m**
ANZAHL DER STUFEN BIS ZUM 102. STOCK: **1860**
SICHTWEITE AN EINEM KLAREN TAG: **über 100 km**
GEWICHT: **35 000 t**

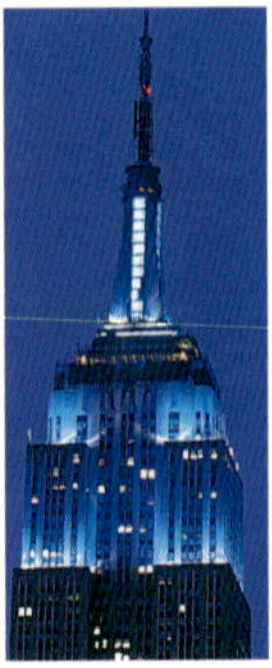

Farbskala

Normalerweise leuchtet der Wolkenkratzer nachts weiß, zu besonderen Gelegenheiten wird er jedoch in farbiges Licht getaucht. Hier einige Möglichkeiten:

Rot, schwarz, grün: Martin Luther King Day (3. Mo im Jan.)
Grün: St Patrick's Day (17. Mai), Rainforest Awareness (April)
Rot, weiß, blau: alle gesetzlichen Feiertage
Rot: Valentinstag (14. Feb.)
Gelb, weiß: Osterwoche
Lila, weiß: Gay Pride (letztes Juniwochenende)
Pink, weiß: Race for the Cure (gegen Brustkrebs; Sept.)
Kein Licht: Day Without Art (Aidstag; 1. Dez.)

vom Empire State geschwebt. Die Polizei konnte nur einen der vier schnappen – einen britischen Touristen im Jahr 1986.

KLEINE PAUSE

Die Coffeeshops und Restaurants im Empire State sind Durchschnitt. Im nahe gelegenen Morgan Court Café (37th Street und Madison Avenue, Tel. 212/689-9016) der Morgan Library (➤ 124) kann man mittags nett essen und nachmittags Tee trinken, ohne Eintritt für das Museum bezahlen zu müssen. Montags geschlossen!

Ein Gebäude als Filmstar

In *King Kong* spielte das Empire State Building erstmals eine wichtige Rolle in einem Film; später folgten weitere Filme, darunter:
An Affair To Remember
Annie Hall
Easter Parade
The French Connection
Independence Day
Manhattan
New York, New York
Sleepless in Seattle
Taxi Driver
When Harry Met Sally

Rechts: King Kong droht, New York zu zerstören

Links: Die Eingangshalle an der 5th Avenue besteht ganz aus Marmor

EMPIRE STATE BUILDING: INSIDER-INFO

Top-Tipps: Das Anstehen nach Karten und das Warten auf den Lift kann endlos dauern. Es spart Zeit, wenn man das **Ticket vorher kauft,** z. B. am Automaten in der NYC&Company-Touristeninformation (► 36, nur Kreditkarten). Eine andere Möglichkeit ist der Citypass (► 190); damit kann man sich direkt am Aufzug anstellen und erspart sich so bis zu einer Stunde Wartezeit. Tickets gibt es auch auf der Website unter www.esbnyc.com gegen eine Vorverkaufsgebühr.
Eine weitere Möglichkeit ist der Kauf eines **Kombinationstickets** für die Plattform und den New York SkyRide. Die Schlange am SkyRide-Schalter (Tel. 212/279-9777, 10–22 Uhr) ist sehr viel kürzer. Leider ist die siebenminütige Fahrt im Simulator nicht so besonders aufregend, auch wenn eine ganze Menge Top-Sehenswürdigkeiten vorgeführt werden. Da die Sitze sich in einer Sekunde um 320 Grad drehen, ist das Ganze nur etwas für Schwindelfreie.

Muss nicht sein! Es lohnt sich nicht, zur meist vollen Aussichtsplattform im 102. Stock hochzufahren. Der Blick ist nicht besser als im **86. Stock,** und häufig ist nicht geöffnet.

Geheimtipp: Obwohl die Hauptattraktion natürlich ganz oben wartet, sollte man sich auch für die **beeindruckende Eingangshalle** etwas Zeit nehmen. Der Marmor für die Wandverkleidung stammt aus Belgien, Frankreich, Deutschland und Italien.

8 East Village

Vergangenheit und Gegenwart begegnen einander im East Village auf seltsame Art. Der Bezirk östlich der 4th Avenue zwischen Houston und 14th Street war lange Zeit im 20. Jahrhundert die Anlaufstelle für Einwanderer aus Europa und ein Sammelpunkt linker Aktivisten. Heutzutage sind es nicht nur Flüchtlinge von außerhalb der USA, sondern auch aus den Staaten selbst, und »radical pique« wurde durch »radical chic« ersetzt.

Im East Village ist neuestes modisches Outfit ebenso zu haben wie die ausgefallenste Tätowierung

Bunt und vergammelt – das East Village ist ein großartiger Ort zum Einkaufen, Bummeln und um die Atmosphäre zu genießen. In den Boutiquen gibt es bunte Mode, die Anwohner tragen bunte Tätowierungen, der Stadtteil gibt sich exzentrisch. **Burp Castle Temple of Beer Worship** (41 East 7th Street, Ecke 2nd Avenue, Tel. 212/982-4576), eine dunkle kirchenähnliche Kneipe, in der *brewist monks* in braunen Kutten bedienen, ist nur die Spitze des Eisbergs.

Die Bezeichnung East Village entstand um 1960; vorher gehörte dieser Bezirk zu Greenwich Village (dessen Radikalis-

Kitschiger Flitter und poppige Sammlerstücke locken Käufer zu »LSD«

mus er teilt), Beziehungen gab es auch zur Lower East Side. Aufgrund der vielen jiddischen Theater an der 2nd Avenue während des frühen 20. Jahrhunderts entstand der Spitzname *Jewish Rialto*. Auch eine große Anzahl Deutsche und Italiener lebten hier.

Teile des East Village sehen immer noch wie vor hundert Jahren aus. Fastfood-Restaurants und manches moderne Gebäude mögen diesen Eindruck mitunter stören, doch etliche Mietshäuser und historische Gebäude (leider oft nicht gekennzeichnet) blieben erhalten. Die Vielzahl der Restaurants, Kramläden und altmodischen Kleidergeschäfte erinnern an eine jüngere Vergangenheit – die Fünfziger- und Sechzigerjahre.

Wahrzeichen von East Village

Wer gern einkauft, sei es Kleidung, Haushaltswaren, neue oder gebrauchte Schallplatten oder auch kitschige Andenken, der kann im East Village einen vergnüglichen Tag in der Gegenwart verbringen. Aber auch die Vergangenheit ist ständig präsent. Für Interessenten seien im Folgenden von West nach Ost einige Orte aufgezählt, die die Geschichte des Viertels mitprägten.

- **Grace Church**, Ecke 802 Broadway und East 10th Street. James Renwick jr., der Architekt von St Patrick's Cathedral (► 66), entwarf auch diese neugotische episkopale Kirche, zu deren Sehenswürdigkeiten die Buntglasfenster gehören. Im 19. Jahrhundert war dies die Kirche der New Yorker Highsociety. Sie ist Schauplatz der Hochzeit von Newland Archer und May Welland in Edith Whartons Roman *The Age of Innocence* (dt. Titel: *Zeit der Unschuld* bzw. *Die Hochzeit findet im Himmel statt*).
- **Colonnade Row**, 428–434 Lafayette Street, südlich von Astor Place. Kaum zu glauben: Diese heruntergekommene Reihe von Häusern im neugriechischen Stil (ursprünglich waren es neun) gehörten in den 1830ern zu den besten Adressen in New York. Damals wohnte hier auch John Jacob Astor. In diesen Häusern gab es die ersten sanitären Innenanlagen Manhattans.

195 F3 Astor Place (6); Lower East Side/2nd Avenue (F); 8th Street/ NYU (R, N) M1, M8, M9

• **Merchant's House Museum**, 29 East 4th Street, östlich Lafayette Street, Tel. (212) 777-1089, Do-Mo 13-17 Uhr. Gertrude Tredwell, die in diesem neugriechischen Haus von 1832 lebte, war das Vorbild für die Erbin in Henry James' Roman *Washington Square*. Verbittert durch eine gescheiterte Romanze, zog sie sich völlig zurück und starb 1933 im Alter von 93 Jahren. Da ihr Haus sofort in ein Museum umgewandelt wurde, blieb das Originalmobiliar zum größten Teil erhalten.

• **Cooper Union Foundation Building**, 51 Astor Place, Ecke 3rd Avenue. Der Industrielle Peter Cooper baute eine der ersten Lokomotiven und war einer der größten Selfmademen Amerikas im 19. Jahrhundert. Er war der Gründer des Colleges, das in diesem achtstöckigen Sandsteinhaus am Astor Place untergebracht ist. Abraham Lincoln hielt im großen Saal eine bemerkenswerte Rede, die seine Kandidatur auf das Präsidentenamt unterstrich.

• **The Bowery**. Während des 19. Jahrhunderts und weit ins 20. Jahrhundert war die Bowery – 3rd Avenue unterhalb Astor Place – ein Synonym für Verbrechen, Verfall und Obdachlosenheime. Diese Ungezügeltheit fand ihren gemäßigteren Ausdruck in dem Stück *Dead End*, das 1937 mit Humphrey Bogart verfilmt wurde.

• **St-Mark's-in-the-Bowery**, 131 East 10th Street, Ecke 2nd Avenue. In dieser 1799 erbauten Kirche finden alle Arten von Veranstaltungen statt – von ökumenischen Gottesdiensten bis zu wilden Happenings, von Dichterlesungen bis zu Aufführungen der Werke des Marquis de Sade. Der strenge Gouverneur Peter Stuyvesant aus dem 17. Jahrhundert, der hier begraben liegt, hätte sicherlich einiges dagegen einzuwenden.

• **Second Avenue Deli**, 156 2nd Avenue, Ecke East 10th Street, Tel. 212/677-0606. Im Pflaster vor dem Deli sind Plaketten zu Ehren der Stars des jiddischen Theaters eingelassen. Der Molly Picon Room im Restaurant enthält Bilder und Poster, auf denen die größ-

Nicht ganz ernst gemeinte Warnung, auf seine Kinder aufzupassen

ten Berühmtheiten abgebildet sind. Das Essen sieht nicht nur gut aus, sondern es schmeckt auch so.

- **Fillmore East**, Emigrant Savings Bank, 105 2nd Avenue, Ecke East 6th Street. Die Band von Janis Joplin, Big Brother and the Holding Company, eröffnete diesen kurzlebigen Rockpalast (1968–1971). Hier nahmen unter anderen die Allman Brothers und Frank Zappas Mother of Invention Livealben auf. Nur der obere Teil der Fassade blieb erhalten.
- **Ottendorfer Library and German Dispensary**, 135–137 2nd Avenue, Ecke St Mark's Place. Diese beiden gefälligen roten Ziegelhäuser kombinieren den Queen-Anne- und den italienischen Stil. Das eine war die erste kostenlose öffentliche Bücherei New Yorks, das andere eine Klinik, deren Fassade mit den Büsten berühmter Ärzte bestückt ist. Ein Zeitungsherausgeber und seine Frau stifteten das Gebäude der deutschen Gemeinde in New York.

Andromeda – Mekka für Freunde des Body Piercing

KLEINE PAUSE

Ein Querschnitt der Bewohner des Village bevölkert das ukrainische Restaurant **Veselka** (144 2nd Avenue, Ecke East 9th Street, Tel. 212/228-9682; 24 Stunden geöffnet). Hier bekommt man herzhafte Mahlzeiten in einem übersprudelnden Ambiente. **Stingy Lulu's Luncheonette** (126 St. Mark's Place, Ecke Avenue A, Tel. 212/674-3545) im Stil der Fünfziger liegt im Trend.

EAST VILLAGE: INSIDER-INFO

Top-Tipps: Das kommerzielle Zentrum des Viertels erstreckt sich entlang der 1st und 2nd Avenue und der Avenue A und B. **Die interessantesten Geschäfte gibt es hauptsächlich zwischen der 5th und 11th Street.** Der Tompkins Square Park zwischen der Avenue A und B und 7th und 10th Street ist häufig Treffpunkt von Drogenabhängigen. Zwar ist der Park tagsüber sicher, doch der Anblick der Junkies keine Augenweide.

Muss nicht sein! Ein **Spaziergang östlich der Avenue B** ist nicht besonders interessant und auch keineswegs ungefährlich.

9 Greenwich Village

Immer wieder wird beklagt, dass Greenwich Village nicht mehr das ist, was es einmal war. Vielleicht stimmt es, aber auch wenn das einstige unkonventionelle Viertel inzwischen bürgerlich geworden ist und unansehnliche Häuser inzwischen Preise von einer Million Dollar erzielen, hat es doch immer noch etwas Anarchisches beibehalten.

Henry James dokumentierte die kurze Zeit im 19. Jahrhundert, als der Washington Square eine Enklave der Reichen war. Die Princetown Players führten hier in den Zwanzigern die frühen Werke von Eugene O'Neill auf, Bob Dylan und Jimi Hendrix begeisterten in den Sechzigerjahren ihre Anhänger in den örtlichen Kneipen, und der 1969 von einer Bar in der Christopher Street (► 19) ausgehende Aufstand war der Beginn der Schwulenbewegung.

Aber bereits bevor Greenwich Village als unkonventionell galt, unterstrichen die Einwohner ihre Individualität: Als zu Beginn des 19. Jahrhunderts die Straßen New Yorks gitterförmig angelegt werden sollten, gab es heftige Proteste, die alle Versuche vereitelten, auch südlich der 14th Street dieses Sche-

Gegenüberliegende Seite: Skulpturen im Christopher Park erinnern an die Schwulenbewegung

194 B3 West 4th Street/Washington Square (A, C, E, F)

Schmiedeeisen und Efeu an der Grove Street

Highlights in Greenwich Village

Dies sind, von Ost nach West, einige der Sehenswürdigkeiten im Village, die auch am Weg des West-Village-Spaziergangs (➤ 177f) liegen.

- **Washington Square Park**, am Ende der 5th Avenue. Rollschuhläufer, Straßenkünstler und schräge Typen bevölkern diesen früheren Hinrichtungsort (die große Ulme in der nordwestlichen Ecke des Parks wurde noch 1820 als Galgen genutzt). Washington Arch, entworfen von Stanford White, ist eine marmorne Nachbildung des hölzernen Originals, das zur Jahrhundertfeier der Amtseinsetzung von Präsident George Washington aufgestellt wurde.
- **The Row**, Washington Square Park Nord, beiderseits der 5th Avenue. Die Stadthäuser entlang des Washington Square Park wurden im frühen 19. Jahrhundert im klassizistischen Stil gebaut. Zu den späteren Bewohnern gehörte der Maler Edward Hopper in Nummer 3.
- **Washington Mews**, hinter der 5th Avenue nördlich des Washington Square North. Die beeindruckenden Häuser in dieser Privatstraße waren die Remisen und Stallungen für die Row.
- **MacDougal Alley**, hinter der MacDougal Street nördlich Washington Square Park North. Die Künstlerin und reiche Erbin Gertrude Vanderbilt-Whitney fertigte ihre Skulpturen in einem der Häuser. Um die Ecke, 8 West 8th Street, war der erste Sitz des von ihr gegründeten Whitney Museums.
- **Jefferson Market Library**, 425 6th Avenue, Ecke West 10th Street. Das einstige Gerichtsgebäude ist heute eine öffentliche Bücherei in einem faszinierenden Mix aus viktorianischem und gotischem Stil. Gegenüber liegt Patchin Place, wo der Dichter E. E. Cummings und andere Künstler lebten.
- **Christopher Park**, begrenzt von 7th Avenue South, West 4th Street, Christopher Street und Grove Street. George Segals lebensgroße Skulptur *Gay Liberation*, ein Ensemble aus zwei stehenden Schwulen und zwei auf einer Bank sitzenden Lesben, ist in diesem Park der Kontrapunkt zum Ort der Stonewall Rebellion (➤ 19).
- **Grove Court**, zwischen 10 und 12 Grove Street. Ein romantischer Privathof, umgeben von sechs roten Ziegelhäusern und viel Efeu.
- **75½ Bedford Street**. Die Dichterin Edna St Vincent-Millay lebte kurzzeitig in New Yorks schmalstem Haus (drei Meter breit).
- **Chumley's**, 86 Bedford Street, Nähe Grove Street. Hinter Bücherregalen verborgene Türen und das Fehlen eines Schildes weisen darauf hin, dass hier ein so genanntes *Speakeasy* aus der Prohibitionszeit untergebracht war. Generationen berühmter Schriftsteller haben in diesem Lokal ihren Durst gestillt.
- **St Luke's Place**. Einer der hübschesten Häuserblocks im Village. Die Häuser im italienischen Stil sehen fast noch so aus wie zur Zeit ihrer Entstehung in den 1850ern. Vor Nummer 6, wo Bürgermeister Jimmy Walker während der Prohibition wohnte, stand nach altem holländischen Brauch eine Straßenlaterne, Kennzeichen der Häuser von Honoratioren.

Der Dichter W. H. Auden half mit, das Jefferson Market Courthouse vor dem Abriss zu retten

Bücherregale tarnten die Fluchtwege im einstigen *speakeasy* Chumley's

ma durchzusetzen. (Dieser Sieg der Bewohner wird jedes Mal dann spürbar, wenn man sich mal wieder verlaufen hat.)

Vor über zweihundert Jahren war die Gegend nördlich der Houston Street und östlich des Hudson River ein Synonym für Gesundheit und Wohlstand: Während der Gelbfieberepidemie flüchteten reiche Familien aus Lower Manhattan hierher.

Als sich in den 1840er-Jahren Manhattans Bevölkerung weiter nach Norden ausbreitete, wurde das Gebiet um den Washington Square schick. Die Gegend südlich des Platzes um die MacDougal und Bleecker Street wurde damals Little Africa genannt, weil dort so viele Einwanderer aus Afrika lebten. Und nach der Eröffnung der New York University am Washington Place in den 1830ern verlegten einige Jahre später auch Künstler und Intellektuelle ihr Domizil hierher.

Walt Whitman trank ebenso wie Edgar Allan Poe sein Bier bei Pfaff's, einer Kneipe am Broadway Nähe Bleecker Street. Die literarische Tradition des East Village setzten im 20. Jahrhundert Dichter wie Edna St Vincent-Millay, E. E. Cummings und die Schriftsteller Djuna Barnes, James Baldwin und Allen Ginsberg fort. Cecil Taylor, John Coltrane und andere Größen des Jazz spielten im Village Vanguard, und Folk- und Rockbands entstanden im Café Wha?, Bitter End und anderen Clubs.

GREENWICH VILLAGE: INSIDER-INFO

Top-Tipps: Wer nur wenig Zeit für die Besichtigung des Stadtviertels aufbringen kann, sollte sich auf die Etappen 1–9 des **West-Village-Spaziergangs** (➤ 177f) beschränken.

- An der Bleecker Street westlich der 6th Avenue gibt es viele **schrullige Geschäfte**. Arthur's Tavern (57 Grove Street, Tel. 212/ 675-6879) ist ein **Jazzlokal voll Atmosphäre**, das alte Zeiten wieder aufleben lässt.

Muss nicht sein! Das Gebiet westlich der Hudson Street bietet weniger als die Gegend östlich davon.

Trotz der unvermeidlichen Veränderungen, die mit dem gesteigerten Prestige des Viertels einhergingen, existiert immer noch ein Nachbarschaftsgefühl. Ladenbesitzer scherzen mit ihren Stammkunden, und die gemütlichen Cafés und Geschäfte ermuntern die Kunden zu einem Plausch. Bleecker Street und Christopher Street sind die beiden kommerziellen Stränge in Ost-West-Richtung, aber auch ein Abstecher in die Seitenstraßen lohnt sich.

KLEINE PAUSE

Shopsin's (63 Bedford Street, Ecke Morton Street, Tel. 212/ 924-5160) bietet Pancakes, Sandwiches, schmackhafte Suppen und viel Exzentrizität.
Nicht ganz so schrullig ist die frühere Stammkneipe der Sängerin Suzanne Vega, das **Cornelia St Café** (29 Cornelia Street, Nähe Bleecker Street, Tel. 212/989-9318). Hier finden auch Dichterlesungen statt.

Nach Lust und Laune!

J. P. Morgan forschte in stilvoller Umgebung

1 Morgan Library

Der Finanzier J. Pierpont Morgan sammelte seltene Bücher und Manuskripte, für die er vom Architekten Charles McKim eine Villa im Stil der Renaissance bauen ließ. Allein die wunderbaren Wandgemälde, Mosaiken und das durchdachte Regalsystem lohnen einen Besuch. Im Morgan Court Café im anschließenden Hof werden Lunch und Nachmittagstee serviert (kein Eintritt erforderlich).

197 D2 ✉ 29 East 36th Street, Ecke Madison Avenue ☎ (212) 685-0610 Di–Sa 10.30–17 Uhr (auch Fr 17–20 Uhr, Sa 17–18 Uhr), So 12–18 Uhr; geschlossen 1. Jan., 4. Juli, Thanksgiving, 25. Dez. Morgan Court Café ($) 33rd Street (6) M2–4 ($$)

3 Madison Square Park

Die reichsten Familien New Yorks lebten in der Mitte des 19. Jahrhunderts in der Nähe des Parks, der jedoch in den 1980er-Jahren völlig verwahrloste. Die Geburt der »Silicon Alley« mit Software- und Internetfirmen hat zu einer neuen Blüte beigetragen. Im Park stehen mehrere bedeutende Skulpturen, so die von Augustus Saint Gaudens gefertigte Statue des Admiral David Farragut, eines Nordstaatenhelden im Bürgerkrieg. Die Bronzefigur wird flankiert

von *Mut* und *Loyalität*, nach Entwürfen von Stanford White. Östlich des Parks ragt der Turm der Metropolitan Life Insurance (➤ 7) empor, für kurze Zeit das höchste Gebäude der Welt.

195 D5 ✉ Begrenzt von 23rd und 26th Street sowie Madison und 5th Avenue 23rd Street (N, R) M1–3, M5–7

4 Flatiron Building

Das 22-stöckige Hochhaus im italienischen Renaissancestil mit seiner markanten Dreiecksform inspirierte schon viele Künstler. Bereits der

Manche Lampen am Gramercy Park werden noch heute mit Gas betrieben

Architekt Daniel Burnham bemerkte, dass es einem Bügeleisen ähnelte, der Name blieb hängen und wird noch heute verwendet. Die verschnörkelten Terrakotta-Verzierungen gehören zu seinen Wahrzeichen.

Schon bei der Fertigstellung des Gebäudes 1903 hatte sich die ehemals elegante Umgebung, die Edith Wharton in ihrem Roman *The Age of Innocence* beschreibt, bereits nachteilig verändert. Entgegen aller Legenden war das Flatiron nie das höchste Gebäude der Welt. Es übte jedoch auf Männer früher eine große Anziehungskraft aus, denn Fallwinde am Gebäude führten dazu, dass die langen Röcke der weiblichen Passanten hochgewirbelt und die eigentlich züchtig bedeckten Beine entblößt wurden.

195 DF ✉ 175 5th Avenue Ecke Broadway und 23rd Street
23rd Street (N, R)
M1–3, M5–7

5 Gramercy Park

Wenige Plätze rufen die Erinnerung an das New York des 19. Jahrhunderts so wach wie die exklusiven Häuser am einzigen privaten Park der Stadt. Nur die Anwohner haben dafür einen Schlüssel diese Tradition hat sich bis heute erhalten. Tafeln am nördlichen und südlichen Eingang beschreiben die Stadthäuser, die in griechischem und römischem Stil errichtet wurden. Die Häuser 15 und 16 Gramercy Park South beherbergen zwei berühmte und immer noch aktive Clubs, den von Künstlern gegründeten National Arts Club und den Players Club, Treffpunkt der Schauspieler.

195 D5 ✉ Lexington Avenue zwischen East 21st und East 20th Street
23rd Street (6)
M1–3, M101–103

6 Union Square

Während des Bürgerkriegs gab es hier täglich mindestens eine Demonstration zugunsten der Nordstaaten, später waren es dann Arbeiterkundgebungen. Heute kann man hier Kaffee trinken und Leute beobachten. Die Figuren der Pionierfamilien, Arbeiter, Afroamerikaner und Indianer des Bildhauers Anthony de Francisci schmücken den Sockel des Fahnenmastes in der Platzmitte. Montags, mittwochs, freitags und samstags ist Markttag. Das Union Square Café ist eine gute Möglichkeit für einen Imbiss im Freien.

195 D4 ✉ Begrenzt von 14th und 17th Street und Union Square West und East
14th Street/Union Square (L, N, Q, W, 4, 5, 6)
M1, M2, M3, M9, M14

7 Forbes Magazine Galleries

Der verstorbene Verleger Malcolm Forbes sammelte neben Kunst auch Spielzeugboote und -soldaten, alte Monopolyspiele, Kunstwerke von Peter Carl Fabergé und Dokumente der US-Präsidenten. Diese Kollektion ist der Ort, um eine vergnügliche halbe Stunde zu verbringen.

194 C4 · 62 5th Avenue, Ecke West 12th Street · (212) 206-5549 · Di–Mi und Fr–Sa 10–16 Uhr; geschlossen 1. Jan., Martin Luther King Day, Presidents' Day, Karfreitag, Memorail Day, 4. Juli, Labour Day, Thanksgiving, Fr nach Thanksgiving, 25. Dez. · 14th Street (F); 14th Street/Union Square (L, N, Q, R, W, 4, 5, 6) · M3, M5, M101–104 · frei

10 Chelsea

Joni Mitchell besang dieses Stadtviertel nördlich von Greenwich Village und südlich des Garment District in ihrem Lied »It was a Chelsea morning«. Sie bewohnte während der Sechzigerjahre ein Apartment in 41 West 16th Street. Der Pädagoge Clement Clark, in den USA bekannt als Autor des Gedichtes *Twas the night before Christmas*, besaß im 19. Jahrhundert einen Großteil der Grundstücke. In seinem Testament beschränkte er die kommerzielle Nutzung des Gebietes, wodurch viele historische Häuser erhalten blieben. Im Osten an der 6th Avenue und Broadway lag die Ladies Mile, eine viel besuchte Einkaufsgegend im 19. Jahrhundert. Eines der ehemaligen Geschäfte ist Hugh O'Neill Dry Goods Store (655–671 6th Avenue Nähe 21st Street). Viele Galerien sind inzwischen nach Chelsea umgezogen, weil die Mieten in SoHo zu hoch wurden. Die meisten befinden sich westlich der 10th Avenue zwischen 22nd und 29th Street. Das Dia Center for the Arts (548 West 22nd Street, Tel. 212/989-5566; geöffnet Do–So 12–18 Uhr) ist für Freunde der Gegenwartskunst Pflicht.

194 B5 · Nördlich der 14th Street, westlich der 6th Avenue, südlich der 23rd Street · 14th Street (A, C, E, F, L, 1, 2, 3); 23rd Street (C, E, F, 1, 2, 3, 9) · M10, M11, M14, M23

11 Hotel Chelsea

Auch wenn es innen wie außen seit Jahrzehnten ziemlich heruntergekommen ist, hält das viele mehr oder weniger Prominente nicht davon ab, hier abzusteigen. Zu den Gästen gehörten der Schriftsteller Thomas Wolfe, die Sängerin Janis Joplin, die Feministin Germaine Greer und der Komponist Virgil Thomson, außerdem die Dichter Edgar Lee Masters, Dylan Thomas und Leonard Cohen, die Rockmusiker Bob Dylan, Jimi Hendrix, Patti Smith und die Jungs von Pink Floyd, der Sciencefiction-Schriftsteller Arthur C. Clarke, die Krimiautorin Patricia Highsmith, Edie Sedgwick und Viva (bekannt aus Andy Warhols Film *Chelsea Girls*), der Punkrocker Sid Vicious und Rapper Christo.

Von der gegenüberliegenden Straßenseite kann man das Haus am besten bewundern: schmiedeeiserne Balkongeländer mit Sonnenblumenmotiven über die gesamte Fassade, und vom Dachgarten schlängelt sich etwas Grün hinunter. Das Chelsea gehörte bei seiner Fertigstellung 1884 zu den besten Apartmenthäusern der

Künstler liebten das Ambiente des Hotel Chelsea

Die Piers sind auch Schauplatz von Film- und Fernsehproduktionen

Stadt und war das erste mit einem Penthouse. 1905 wurde es zum Hotel. Manche Künstler bezahlten ihre Rechnung mit einem der Bilder, die heute die Lobby schmücken.

194 B5 ✉ 222 West 23rd Street ☎ (212) 243-3700 23rd Street (C, E, F, 1, 2, 3) M10, M23

12 Chelsea Piers

Golfer schlagen ihre Bälle in die Netze über Pier 59, wo damals die Jungfernfahrt der *Titanic* hätte enden sollen. Die Driving Range erstreckt sich nahe des Chelsea Piers Sports and Entertainment Complex, wo man Basketball spielen oder sich beim Bowling, Eislaufen oder Rollschuhfahren vergnügen kann. Die Chelsea Brewing Company bietet gutes Bier und gutes Essen.

194, bei A5 ✉ Piers 59–62 zwischen 16th und 23rd Street am West Side Highway ☎ (212) 336-6666 23rd Street (C, E; umsteigen in die Buslinie M23 nach Westen) M14, M23

Wohin zum ...
Essen und Trinken?

Preise Die Anzahl der $-Zeichen zeigt den ungefähren Betrag für ein komplettes Essen mit Getränken, Steuer und Trinkgeld für eine Person an.
$ unter 30 $ $$ 30–60 $ $$$ über 60 $

RESTAURANTS

America $
Essen Sie sich in diesem riesigen Lokal quer durch die USA; die Speisekarte ist ein Straßenatlas zu den regionalen Spezialitäten. Von der Cajun-Küche aus New Orleans über die würzigen Speisen aus dem Südwesten bis hin zu schlichten Broten mit Erdnussbutter und Gelee kann das Angebot jedem Gaumen etwas bieten. Ideal für Familien und größere Gruppen – die Größe der Räume sorgt für kurze Wartezeiten.

195 D4 9 East 18th Street
(212) 605-2110

Babbo $$$
Ein neues Toprestaurant in gepflegtem Ambiente. Chefkoch Mario Batali bereitet Gerichte der italienischen Küche unter Einbeziehung der Jahreszeiten.

Zu den Spezialitäten gehören die handgemachten gefüllten Nudeln, die Innereien und traditionellen Fleischgerichte. Eine Weinkarte und professioneller Service sind weitere Pluspunkte.

194 C3 110 Waverly Place, zwischen 6th Avenue und MacDougal Street
(212) 777-0303
Dinner Mo–Sa 17.30–22.30, So 17.30–23 Uhr

Corner Bistro $
Eine einfache, beliebte Bar mit kleinem Speisesaal, in dem preiswerte, aber große köstliche Hamburger serviert werden. Die besten Plätze sind vorne, der beste Burger ist der Bistro Burger.

194 B3
331 West 4th Street, Ecke 12th Street
(212) 242-9502 tägl. 11.30–4 Uhr

Daily Chow $$
Der Besitzer Brad Kelley hat auf den neuesten Trend der New Yorker Gastronomie reagiert und sein koreanisches Restaurant in ein allgemein asiatisches Lokal verwandelt, mit einer eleganten Bar im Obergeschoss und schönen Essplätzen auf beiden Ebenen. Sie sollten unbedingt Bibimbop versuchen, die Spezialität des Hauses, ein köstliches Reisgericht, das mit »wildem Berggemüse« serviert wird.

195 F2 325 Bowery an der 2nd Street
(212) 254 7887
Dinner Mo–Do 17.30–23, Fr–Sa 17.30–24 Uhr

Eisenberg's $
Einer der besten Orte für einen Lunch an der Theke. Das Thunfisch-Sandwich ist zu empfehlen, ebenso *Matzoh Brei*, eine jüdische Spezialität. Sehr klein und mittags sehr voll.

194 C5
174 5th Avenue, zwischen 22nd und 23rd Street
(212) 675-5096
Mo-Sa 7–17 Uhr, kein Dinner

First $$
Sicherlich eines der lohnendsten Restaurants im East Village. Schnörkelloses Design mit angenehmer Beleuchtung und Musik. Die Auswahl kleiner Gerichte und die typisch amerikanischen Desserts brauchen die Konkurrenz nicht zu scheuen. Neben einer guten Weinkarte und Martinis in dreierlei Größen werden auch 25 verschiedene Sorten Bier serviert.

195 F3 87 1st Avenue, zwischen 5th und 6th Street
(212) 674-3823
Dinner Mo–Sa 18–2 Uhr, So 17–1 Uhr; Brunch So 11–16 Uhr

Florent $

Früher war dies eine Imbisskneipe für die Arbeiter des Fleischgroßmarkts in der Nähe, jetzt ist es ein In-Lokal im Stil eines französischen Bistros mit buntem Publikum. Die Küche serviert Steak und Pommes frites, Muscheln, Omelettes und *Rillettes*. Spätabends ist es besonders voll.

194 A3 ✉ 69 Gansevoort Street, zwischen Greenwich und Washington Street
☎ (212) 989-5779
So–Do 9–5 Uhr, Fr–Sa 24 Stunden

Good $$

Die Besitzer des Campo, des früheren Latino-Restaurants, haben zur Neueröffnung alles schlichter gestaltet. Das Essen ist amerikanischer, mit südamerikanischen Einflüssen – Enten-Quesadilla, Thunfisch mit Melasse glasiert, Schweinefleisch mit Gemüsebananen.

194 B3 ✉ 89 Greenwich Avenue, zwischen Bank und West 12 Street
☎ (212) 691-8080
Lunch Di–Fr 11.30–15 Uhr; Dinner Di–Do 18–23, Fr–Sa 18–23.30, So 18–22 Uhr

Gramercy Tavern $$$

In diesem beliebten Restaurant kann man entweder mit Reservierung im Speisesaal essen oder im preiswerteren Tavern Room (➤ 130). Tom Colicchio, der Koch, ist bekannt für seine ausgezeichnete, moderne amerikanische Küche, Claudia Fleming für ihre exzellenten Desserts. Es gibt ein Menü für Vegetarier.

195 D5 ✉ 42 East 20th Street, zwischen Broadway und Park Avenue South
☎ (212) 477-0777
Lunch Mo–Fr 12–14 Uhr; Dinner So-Do 17.30–24, Fr–Sa 17.30–23. Uhr, geschl. an nationalen Feiertagen

Grand Sichuan International $

Gutes chinesisches Essen gibt es nicht nur in Chinatown. Die über Teeblättern geräucherte Ente ist sensationell, das zweimal gekochte Schweinefleisch gut gewürzt. Ein Geheimtipp sind die Erbsensprossen.

194 A5 ✉ 229 9th Avenue, Ecke 24th Street ☎ (212) 620-5200
Lunch tägl. 11.30–17 Uhr; Dinner tägl. 17–23 Uhr

Hangawi $$

Hier gibt es vegetarisches koreanisches Essen, das überzeugt. Man sitzt auf Kissen an niedrigen Tischen und isst wilde Kräuter und unbekannte Gemüse. Das Menü bietet eine gute Zusammenstellung für Neulinge dieser Küche.

197 D2 ✉ 12 East 32nd Street, zwischen 5th und Madison Avenue
☎ (212) 213-0077
Lunch tägl. 12–15 Uhr; Dinner tägl. 17–22 Uhr

Holy Basil $-$$

Ein frisches Basilikumzweiglein begleitet die meisten Gerichte in diesem preisgünstigen Lieblings-Thai-Restaurant des East Village. Am beliebtesten sind scharfe Curry-Gerichte, doch es gibt auch Satay und andere Thai-Speisen.

Der Hauptraum wirkt wie eine Kreuzung aus einem eleganten Bordell und einer Kulisse aus *South Pacific*. Es gibt vorn eine kleine Bar, wo Sie einen Drink bekommen, während Sie auf einen Tisch warten.

195 E3 ✉ 149 2nd Avenue (zwischen 9th und 10th Street)
☎ (212) 460-5557
Dinner Mo–Fr 17–23.30, Sa–So 17–24 Uhr

Il Bagato $

Lassen Sie sich nicht durch die Lage in der Lower East Side täuschen – dieses Lokal, das keine Kreditkarten akzeptiert, ist keineswegs nur ein billiger Essplatz für die hungrigen Künstler der Nachbarschaft. Die klassischen italienischen Speisen sind fast so beliebt wie die stimmungsvolle Bar im Untergeschoss, wo im Hinterzimmer ein DJ Hof hält. Wenn Sie nicht reserviert haben, müssen Sie warten, schnappen Sie sich also einen Platz an der Bar und nehmen Sie einen Drink. Besuchen Sie auch die Weinbar nebenan.

195 F2 ✉ 192 East 2nd Street, zwischen den Avenues A und B
☎ (212) 228-0977
Lunch Di–Fr 12–17 Uhr; Dinner Di–Do 18.30–22.30, Fr–Sa 18.30–0.30, So 18–22.30 Uhr. 1. Jan., 25. Dez. geschl.

I Trulli $$$

Wie der Name schon sagt, stammen die Gerichte und die Weine in diesem anheimelnden Restaurant aus Apulien (*Trulli* sind die seltsam geformten Häuser dieser Gegend). Die Pasta ist handgemacht, und es gibt viele Fischgerichte. Spezialitäten sind *Bavette ai funghi* und der Fisch vom Holzkohlengrill. Im Sommer kann man im Garten sitzen, im Winter drinnen am Kamin.

197 D1 122 East 27th Street, zwischen Lexington Avenue und Park Avenue South
(212) 481-7372
Lunch Mo–Fr 12.30–15 Uhr; Dinner Mo–Do 17.30–23, Fr–Sa 17.30–22.15 Uhr; geschl. nationale Feiertage

I Trulli Enoteca $

Eine kleine Bar mit vielen interessanten Weinen. Man kann am Tresen sitzen oder an einem der kleinen Tische. Das Essen ist preiswerter als im Hauptrestaurant, und es gibt eine eigene Karte.

197 D1 **(➤ oben)**
Mo–Fr 12–22 Uhr (Fr auch 22–23 Uhr), Sa 17–23 Uhr

John's Pizzeria $

Hier gibt es eine der besten Pizzen in New York, frisch aus dem Ofen, reich belegt und knusprig.

194 B2 278 Bleecker Street, zwischen 6th Avenue und 7th Avenue South
(212) 243-1680
tägl. 11.30–23.30 Uhr

Moustache $

Dieses kleine Ladenrestaurant ist bekannt für vorzügliche orientalische Küche. Sehr lecker sind die Käsepastete mit Petersilie und das frische Pitabrot, das direkt aus dem Ofen kommt, mit Salaten oder als Sandwich.

194 B2 90 Bedford, zwischen Barrow und Grove Street
(212) 229-2220
Lunch und Dinner tägl. 12–23 Uhr

Patria $$$

Hier betritt man die bunte Welt Lateinamerikas. Das Essen von Chefkoch Andrew DiCataldo ist sehr schmackhaft. Man isst in einem großen Raum mit lebhafter Atmosphäre. Auf der Weinkarte stehen spanische und argentinische Weine.

195 D5 250 Park Avenue South, Ecke 20th Street
(212) 777-6211
Lunch Mo–Fr 12–15 Uhr; Dinner Mo–Do 17.30–23, Fr, Sa 17–24, So 17–23 Uhr

Second Avenue Deli $

In diesem Inbegriff eines New Yorker Deli warten Delikatessen wie *Chopped Liver, Matzoh Ball Soup* und *Cholent*. Auch die einfacheren Gerichte wie Pastrami, Corned Beef und geräucherter Lachs sind sehr zu empfehlen.

195 E3 156 2nd Avenue, Ecke 10th Street (212) 677-0606
tägl. 7–24 Uhr (Fr–Sa auch 24–3 Uhr); an manchen jüdischen Feiertagen geschlossen

Tavern Room at Gramercy Tavern $$

Hier gibt es einfachere Gerichte zu günstigeren Preisen als in der Gramercy Tavern. Nachmittags und Abends werden »*Tavern Tastes*« angeboten. Eine gute Möglichkeit, das Restaurant zunächst einmal zu einem vernünftigen Preis zu testen, auch wenn man manchmal lange warten muss.

195 D5 **(➤ 129)**
tägl. 12-23 Uhr (Fr-Sa auch 23–24 Uhr)

Tea & Sympathy $

Eine kleine Ladenfront ist der Anziehungspunkt für viele Fans der englischen Küche mit Spezialitäten wie *Bangers and Mash*, *Welsh Rarebit* und *Treacle Pudding*. Serviert wird auch ein wunderbarer Tee mit vielerlei guten Dingen und echter *Clotted Cream* aus Devon; nicht von ungefähr ist Tea & Sympathy bei Briten sehr beliebt. Das Restaurant bietet die gemütlichste Atmosphäre im Village mit sehr guter Küche.

194 B4 108 Greenwich Avenue, zwischen 12th und 13th Street
(212) 807-8329
Mo–Fr 11. 30–22. 30 Uhr, Sa–So 10–22. 30 Uhr

CAFÉS

Anglers & Writers
Rustikal und einladend; hier erfreut man sich an gutem Tee oder Kaffee mit Gebäck, aber auch an herzhaften Kleinigkeiten.

194 B2
420 Hudson Street, Ecke Leroy Street
(212) 675-0810
Mo–Sa 9–23 Uhr (Fr–Sa auch 23–24 Uhr), So 10–22 Uhr

Café Pick-Me-Up
Angenehm ist die legere Atmosphäre; das Café ist ein guter Ort, um die Bewohner des East Village zu beobachten.

195 F3 145 Avenue A, Ecke 9th Street
(212) 673-7231
Mo–Sa 6.30–13.30 Uhr (Fr–Sa auch 13.30–14.30 Uhr)

Caffe Reggio
Ein Lokal, in dem sich die Zeit mit netten Snacks und italienischem Gebäck auf angenehme Art vertreiben lässt.

194 C2 119 MacDougal Street, zwischen Bleeker und 3rd Street
(212) 475-9557
So–Do 9–2 Uhr, Fr–Sa 10–4 Uhr

Danal
Exzellenten Tee am Nachmittag serviert man in diesem charmanten Laden.

195 E3 90 East 10th Street, zwischen 3rd und 4th Avenue
(212) 982-6930
Lunch und Dinner tägl.; Tee Fr–Sa ab 16 Uhr; Brunch Sa 10–15, So 10–15.30 Uhr

Magnolia Bakery
Eine altmodische Bäckerei, die sich auf solche amerikanische Köstlichkeiten wie *Muffins*, *Cupcakes* und *Layer Cakes* spezialisiert hat.

194 B3 401 Bleecker Street, Ecke West 11th Street
(212) 462-2572
Mo–Fr 8–11.30 Uhr, Sa–So 10–24 Uhr

Tea & Sympathy
194 B4 401 Bleecker Street, Ecke West 11th Street (➤ 130)

BARS

Chumley's
Dieser New Yorker Klassiker versteckt sich hinter einer namenlosen Tür, eine Erinnerung an die Zeit als »*Speakeasy*«. Gemütliche Atmosphäre, die im Winter durch ein Kaminfeuer verstärkt wird, und gutes Bier vom Fass.

194 B2
86 Bedford Street, zwischen Grove und Barrow Street
(212) 675-4449
Mo–Sa 18–1 Uhr (Fr–Sa auch 1–2 Uhr), So 16–24 Uhr

Corner Bistro
194 B2
(➤ 128)

I Trulli Enoteca
197 D1
(➤ 130)

McSorley's Old Ale House
Vor der Bestellung sollte man Joseph Mitchells Beschreibung dieses Pubs aus dem 19. Jahrhundert lesen. Es gibt hauseigenes Bier, hell oder dunkel, und Snacks wie Käse oder Cracker. Freitags und samstags ist es oft sehr voll.

195 E3
15 East 7th Street, zwischen 2nd und 3rd Avenue
(212) 473-9148
tägl. 12–24 Uhr

Temple Bar
Der versteckte Eingang wird durch einen Drachen markiert, die Bar ist elegant und vornehm, entsprechend sind die großartigen Drinks und Snacks.

195 D2
332 Lafayette Street, zwischen Bleecker und Houston Street
(212) 925-4242
Mo–Sa 17–1 Uhr (Fr–Sa auch 1–2 Uhr), So 19–24 Uhr

Wohin zum ... Einkaufen?

West Village

Das West Village ist eine lohnende Gegend für einen Spaziergang. Kleine Plätze und viele schöne Wohngebiete laden zum Verweilen ein. Bleecker Street und Christopher Street eignen sich gut für einen Einkaufsbummel.

Es gibt einige ausgefallene Geschäfte wie **Chess Forum** (219 Thompson Street), wo man Schachspiele kaufen oder auch nur eine Partie spielen kann. **Peanut Butter & Jane** (617 Hudson Street) ist ein voll gestopfter Spielzeugladen mit alter und neuer Kinderkleidung. **Pink Pussycat** (167 West 4th Street) hat sich auf Spielzeug für Erwachsene und Dessous spezialisiert.

Kitschen (380 Bleecker Street) bietet alte Küchengeräte, und **Susan Parrish Antiques** (390 Bleecker Street) hat eine gute Auswahl an amerikanischem Kunsthandwerk. In den drei **Amalgamated Homes** (9, 13 und 19 Christopher Street) bekommt man moderne, geschmackvolle Sachen für den Haushalt, ebenso bei **Mxyplyzyk** (125 Greenwich Avenue), wo praktisch jeder etwas findet, was seinem Geschmack entspricht. **Le Fanion** (299 West 4th Street) ist Spezialist für wunderbare französische Keramik.

Gutes Essen fehlt in dieser Gegend ebenso wenig. **Balducci's** (44 6th Avenue) ist eine Institution, und **Murray's Cheese** (257 Bleecker Street) hat die beste Auswahl an unterschiedlichen Käsesorten weit und breit. Wer italienische Nudeln liebt, ist in Bleecker Street mit ihren zahlreichen Nudelgeschäften bestens aufgehoben. **Li-Lac Chocolates** (120 Christopher Street) ist bekannt für die hervorragende selbst gemachte Schokolade.

East Village bis Union Square

Im East Village gibt es viele kleine Designerländen, die manchmal nur aus dem Besitzer mit einer Nähmaschine und seiner neuesten Kollektion bestehen. Insbesondere haben sie sich in der East 9th Street zwischen Avenue A und 2nd Avenue, aber auch in der East 5th, 6th und 7th Street niedergelassen.

Wer alte Kleidung liebt, sollte es bei **Atomic Passion** (430 East 9th Street) versuchen, **Mark Montano** (434 East 9th Street) ist eine gute Adresse für neue Mode. **Patricia Field** (10 East 8th Street) hat ausgefallene Klamotten und Accessoires.

Footlight Records (113 East 12th Street) bietet eine beeindruckende Auswahl an klassischen Vinylplatten, besonders von Sängerinnen. Naturkosmetik gibt es bei **Kiehls** (109 3rd Avenue). Spielzeug für alle Altersgruppen findet man bei **Little Rickie** (49½ 1st Avenue), und Sammler von alten und neuen Comics kommen bei **Forbidden Planet** (840 Broadway) auf ihre Kosten.

Es gibt auch viele Möbelgeschäfte, besonders auf der Bond Street zwischen Lafayette Street und Bowery und auf der Lafayette Street zwischen Prince und Houston Street. Im **Art & Industrial Design Shop** (399 Lafayette Street) findet man eine interessante Auswahl an älteren Möbeln.

Antiquitätengeschäfte reihen sich an der 10th und 11th Street, University Place bis Broadway aneinander, **ABC Carpet & Home** (Broadway und 19th Street) ist mit einer erstaunlichen Auswahl alter und neuer Möbel und Kunsthandwerk vertreten. **Fishs Eddy** (889 Broadway) verkauft altes Tafelsilber aus ehemaligen Restaurants und Hotels.

Bücherliebhaber sollten den **Strand Bookstore** (828 Broadway) nicht verpassen. **Paragon** (Broadway Ecke 18th Street) verkauft Sportartikel aller großen Hersteller. Montags, mittwochs, freitags und samstags findet der **Union Square Greenmarket** statt, ein Mekka für Lebensmittel und Blumen. Besonders sehenswert ist der Markt im Sommer, wenn die meisten Blumen blühen.

Chelsea

In Chelsea gibt es eine ganze Reihe interessanter Geschäfte. Auf der 18th Street zwischen 5th und 6th Avenue konzentrieren sich jene Läden, die gebrauchte Bücher und Schallplatten verkaufen. Dazu gehört **Academy Records & CDs** (10 West 18th Street) für klassische und Jazz-CDs und Bücher und **Books of Wonder** (16 West 18th Street) für alte und neue Kinderbücher.

Eine Ansammlung hübscher Läden findet man beispielsweise in der 21nd Street, zwischen der 7th und der 8th Avenue.

Der berühmte **Chelsea Flea Market** findet am Wochenende auf der 6th Avenue zwischen 24th und 27th Street statt. Seiner Anziehungskraft verdanken neue Restaurants und Antiquitätenläden ihr Entstehen.

Das **Chelsea Art & Antiques Building** (110 West 25th Street) beherbergt eine ganze Reihe von kleinen Läden, die alle Arten von alten Sachen anbieten – von edlem Porzellan bis zu Bonbondosen.

Im siebten Stock des Bürogebäudes des 236 West 26th Street verbirgt sich eine Fundgrube für Jazzliebhaber, das **Jazz Record Center**, für reduzierte Kleidung sind **Loehmann's** (17th Street und 7th Avenue) und **Daffy's** (34th Street und Broadway) die idealen Adressen.

Kameras und Elektronikartikel kauft man günstig bei **B&H Photo-Video** (480 9th Avenue, zwischen 33rd und 34th Street).

Den neuen Galerien im Gebiet um die West 20th Street schließen sich Designerboutiquen und andere Geschäfte an.

Wohin zum … Ausgehen?

THEATER

Astor Place Theater

Die Blue Man Group führt hier seit langem die Show *Tubes* auf.

195 E3 ✉ 434 Lafayette Street
☎ (212) 254-4370

La Mama ETC

Seit den Sechzigerjahren wird hier experimentelles Theater gespielt.

195 E2 ✉ 74A East 4th Street
☎ (212) 475-7710

New York Theater Workshop

Junge Regisseure verdienen sich hier die ersten Lorbeeren.

195 E2 ✉ 79 East 4th Street
☎ (212) 460-5475

Public Theatre

Seit drei Jahrzehnten ist dies eine Top-Adresse für zeitgenössisches Theater.

195 E3 ✉ 425 Lafayette Street
☎ (212) 260-2400

Sullivan Street Playhouse

Hier wird *The Fantasticks* gezeigt, die angeblich am längsten laufende Show der Welt.

194 C2 ✉ 181 Sullivan Street
☎ (212) 674-3838

TANZ

Joyce Theater

Tänzer lieben diese tolle Bühne.

194 B4 ✉ 175 8th Avenue
☎ (212) 242-0800

Kitchen

Der Ort für experimentellen Tanz und Multimedia-Inszenierungen.

194, bei A4 ✉ 512 West 19th Street
☎ (212) 255-5793

PS 122
Kunstperformance, Tanz in unkonventionellen Aufführungen.
195 F3 ✉ 150 1st Avenue
☎ (212) 477-5288

MUSIK

Oper

Amato Opera Theater
»Großartige Oper als großes Theater« ist das Motto dieses Hauses mit hundert Plätzen.
195 E2 ✉ 319 Bowery
☎ (212) 228-8200

Zeitgenössische Musik

Bitter End
Joni Mitchell, Tracy Chapman und andere begannen in diesem historischen Club ihre Karriere.
194 C2 ✉ 147 Bleecker Street
☎ (212) 673-7030

Bottom Line
Hier treten Blues- und Rockstars wie Lou Reed auf.
195 D2 ✉ 15 West 4th Street
☎ (212) 228-6300

CBGB
Musik aus den Siebzigerjahren.
195 E2 ✉ 315 Bowery
☎ (212) 982-4052

The Cooler
Alternative und andere Musik in einer ehemaligen Kühlhalle.
194 A4 ✉ 416 West 14th Street
☎ (212) 229-0785

Fez
Jazz und neue Musik werden gespielt.
195 D2 ✉ Time Café, 380 Lafayette Street ☎ (212) 533-2680

Irving Plaza
In dieser mittelgroßen Konzerthalle finden Konzerte der unterschiedlichsten Musiker statt.
195 D4 ✉ 17 Irving Place
☎ (212) 777-1224

Joe's Pub
Musiker wie Joe Jackson treten in diesem kultivierten Restaurant auf.
195 E3 ✉ Public Theater, 425 Lafayette Street ☎ (212) 539-8770

Jazz

Blue Note
In diesem kleinen, teuren Lokal treten die Legenden des Jazz auf.
194 C2 ✉ 131 West 3rd Street
☎ (212) 475-8592

Jazz Standard
Dieser Club im Flatiron District ist besonders angesagt.
197 D1 ✉ 116 East 27th Street
☎ (212) 576-2232

Smalls
Großartiger Jazz und kleine Preise.
194 B3 ✉ 183 West 10th Street
☎ (212) 929-7565

Sweet Basil
Die Plattenhüllen der hier aufgenommenen Alben schmücken die Wände.
194 B4 ✉ 88 7th Avenue South
☎ (212) 242-1785

Village Vanguard
»Live at the Village Vanguard« ist ein Qualitätssiegel für Spitzenjazz.
194 B5 ✉ 178 7th Avenue South
☎ (212) 255-4037

COMEDY UND KABARETT

Comedy Cellar
In diesem Kellertheater fühlt man sich in das Greenwich Village der Sechzigerjahre zurückversetzt.
194 C2 ✉ 117 MacDougal Street
☎ (212) 254-3480

Judy's Chelsea
Eine gemütliche Pianobar mit Kabarett und viel schwulem Publikum.
194 B4 ✉ 169 8th Avenue
☎ (212) 929-5410

Rose's Turn
Pianobar und ein Kabarett.
194 B2 ✉ 55 Grove Street
☎ (212) 36-5438

Lower Manhattan

Erste Orientierung

Zu Beginn des 17. Jahrhunderts siedelten sich an der Südspitze der Insel die Holländer an. 1789 wurde hier die erste Hauptstadt der Vereinigten Staaten gegründet, nur wenige Jahre später entstand an diesem Ort die New Yorker Börse. Die Vorfahren von Millionen Amerikanern setzten Anfang des 20. Jahrhunderts ihren Fuß zuerst auf Ellis Island. Das bekannteste Wahrzeichen dieses Bereichs, das World Trade Center, wurde 2001 dem Erdboden gleich gemacht.

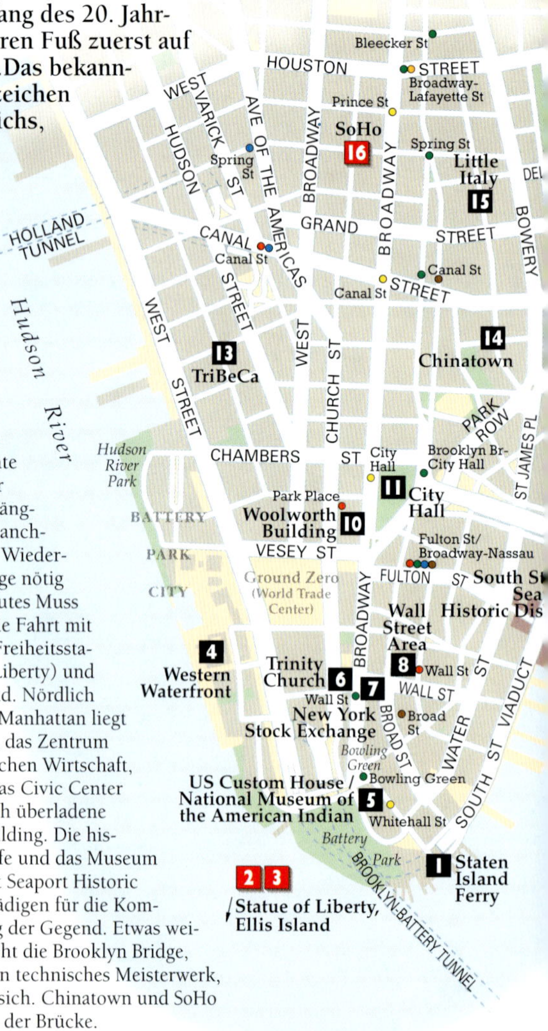

Trotz der Zerstörungen sind viele interessante Plätze in Lower Manhattan zugänglich, obwohl manchmal wegen des Wiederaufbaus Umwege nötig sind. Ein absolutes Muss ist allerdings die Fahrt mit der Fähre zur Freiheitsstatue (Statue of Liberty) und nach Ellis Island. Nördlich der Spitze von Manhattan liegt die Wall Street, das Zentrum der amerikanischen Wirtschaft, und dahinter das Civic Center und das herrlich überladene Woolworth Building. Die historischen Schiffe und das Museum im South Street Seaport Historic District entschädigen für die Kommerzialisierung der Gegend. Etwas weiter nördlich zieht die Brooklyn Bridge, zu Bauzeiten ein technisches Meisterwerk, alle Augen auf sich. Chinatown und SoHo liegen nördlich der Brücke.

★ Nicht verpassen!

- **2** Statue of Liberty ➤ 140
- **3** Ellis Island ➤ 143
- **9** South Street Seaport Historic District ➤ 145
- **16** SoHo ➤ 147

Nach Lust und Laune!

- **1** Staten Island Ferry ➤ 151
- **4** Western Waterfront ➤ 151
- **5** US Custom House and National Museum of the American Indian ➤ 151
- **6** Trinity Church ➤ 152
- **7** New York Stock Exchange ➤ 152
- **8** Wall Street Area ➤ 152
- **10** Woolworth Building ➤ 153
- **11** City Hall ➤ 153
- **12** Brooklyn Bridge ➤ 153
- **13** TriBeCa ➤ 154
- **14** Chinatown ➤ 155
- **15** Little Italy ➤ 155
- **17** Lower East Side ➤ 156
- **18** Lower East Side Tenement Museum ➤ 156

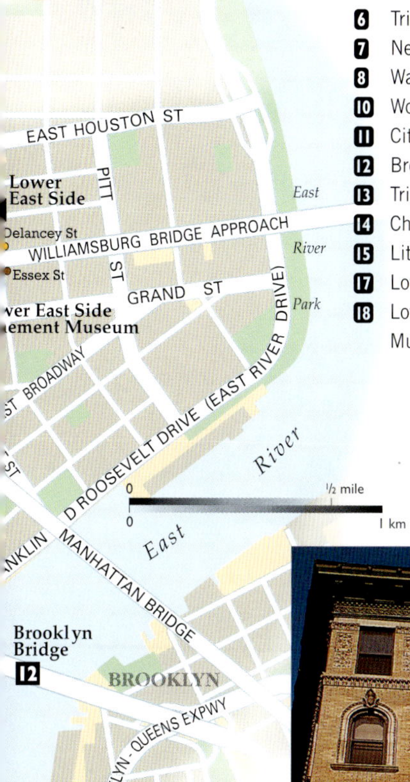

Seite 135: Das Gesicht der Mutter des Bildhauers diente als Modell für den Kopf der Freiheitsstatue

Eisentreppen verbinden die Balkone in einem typischen Brwonstone-Wohnblock in Little Italy

Die eigenen Beine, eine Fähre, ein Taxi oder die U-Bahn sind die Hilfsmittel, die man braucht, um Lower Manhattans Attraktionen an einem recht ausgefüllten Tag in Augenschein zu nehmen.

Lower Manhattan an einem Tag

8.30 Uhr

Man sollte so früh wie möglich zum Castle Clinton fahren (U-Bahn-Linie 4 oder 5 bis Bowling Green), wo die Tickets für die erste Fähre um 9 Uhr (im Sommer früher) zur Freiheitsstatue und nach Ellis Island verkauft werden.

9.45 Uhr

Von der Spitze der Freiheitsstatue (**Statue of Liberty** ➤ 40 ff) bietet sich ein atemberaubender Blick auf den Hafen. Nach einer Runde durch das Museum geht es mit der Fähre weiter.

Mittag

Der faszinierende Rundgang durch die Gebäude auf **Ellis Island** (➤ 43 f), die Millionen von amerikanischen Einwanderer passierten, dauert ca. zwei Stunden. Danach nimmt man die Fähre für die Rückkehr nach Manhattan.

15.30 Uhr

Bummeln Sie von der Fähre aus entlang der **Western Waterfront** (➤ 151) zum Robert F. Wagner Jr. Park, wo Sie mit Blick auf die Freiheitsstatue und das nördliche New Jersey eine Rast einlegen können.

16 Uhr

Fahren Sie mit der U-Bahn 4 oder 5 Richtung Uptown bis Bowling Green, steigen Sie bei Brooklyn Bridge/City Hall in die Linie 6 um und an der Spring Street aus. Schlendern Sie durch **SoHo** (➤ 147ff) mit seinen Läden und seiner Gusseisen-Architektur. Nehmen Sie bei Palacinka (➤ 150) oder Dean & DeLuca (➤ 161) einen Imbiss ein. Oder lassen Sie sich von einem Taxi zum **South Street Seaport Historic District** (unten, ➤ 145f) bringen.

19 Uhr

Nehmen Sie einen Drink bei Fanelli's (➤ 160), Bar 89 (➤ 180) oder in einer der Kneipen in der Nachbarschaft. Genießen Sie das Dinner im Savoy (unbedingt reservieren, ➤ 159), wo man einfallsreiche moderne amerikanische Küche in einem Backstein-Stadthaus im Federal-Revival-Stil aus den 1820er-Jahren serviert. Wenn Sie kontinentale und amerikanische Küche in einem typischen New Yorker Lokal versuchen möchten, gehen Sie zum Odeon (145 West Broadway, Tel. 212/233-0507) in TriBeCa. Steht Ihnen der Sinn nach asiatischer Küche, empfehlen sich Joe's Shanghai (➤ 158) oder Nha Trang (➤ 159) in Chinatown.

2 Statue of Liberty

Überall in der Stadt wimmelt es von Styroporkronen und Nippes, die mit dem Bild der Freiheitsstatue geschmückt sind. Bis sich die Fähre zu dieser Huldigung demokratischer Ideale in Bewegung setzt, mag man sich wundern, wieso Freiheitskämpfer und potenzielle Einwanderer auf der ganzen Welt von ihr so beeindruckt waren. Doch wenn sich das Schiff Liberty Island nähert, beseitigen die Anmut, Größe und die Intensität des Bauwerks alle Zweifel.

Monument to American Independence: Liberty Enlightening the World, so lautet der offizielle Bezeichnung für die mit Kupfer verkleidete Statue. Sie ist so sehr ein Symbol für Amerika, dass man nicht glauben kann, dass ihrer Errichtung ein zähes Ringen vorausging. Der französische Staat finanzierte die Skulptur von Auguste Bartholdi, Amerika sollte für den Sockel sorgen, aber in den USA ließ die Unterstützung für diese Idee sehr zu wünschen übrig. 1885 tadelte die *New York Times* Frankreich in einem Leitartikel für sein »painful parsimony«, sein Geschenk mit Folgekosten. Mehrmals stockten die Arbeiten am Sockel aus Mangel an Geldgebern.

Die Einweihung am 28. Oktober 1886 war voller Ironien. Der Gastredner, Präsident Grover Cleveland, hatte als Gouverneur von New York sein Veto gegen eine Finanzierung des Sockels eingelegt. Und obwohl das Symbol der Freiheit weiblich ist, waren keine Frauen eingeladen. Ein Boot mit Suffragetten segelte jedoch dicht an den geladenen Gästen vorbei, und von der Sprecherin an Bord, Lillie Devereux Blake, bekamen die

Nicht alle Amerikaner waren von der Idee, eine Freiheitsstatue zu errichten, begeistert

Gäste zu hören, dass Freiheit auch gleiche Rechte für Frauen, besonders das Wahlrecht, beinhalte.

Vielleicht ist es diese Kluft zwischen Theorie und Praxis, die der Freiheitsstatue ihre starke Ausstrahlung gibt. Die Geldgeber in Frankreich glaubten, dass die amerikanische Verfassung ein außergewöhnliches System der Selbstverwaltung repräsentiere. Um den Wunsch nach Demokratie in Frankreich zu stärken, sollte das amerikanische Modell als Vorbild dienen.

Tickets für die Fähre zur Statue und nach Ellis Island gibt es am Castle Clinton im Battery Park, geöffnet ab 8.30 Uhr. Die erste Fähre legt um 9 Uhr ab, im Sommer früher; die letzte um 15.30. Zu den Sicherheitsmaßnahmen gehören Metalldetektoren und Taschenkontrollen; es kann früher geschlossen werden.

Libertys leuchtende Fackel weist den Weg in den New Yorker Hafen

WISSENSWERTES

- **Auguste Bartholdi**: Zwanzig Jahre brauchte der Bildhauer für die Finanzierung und Fertigung der Statue. 1869 schlug er vor, eine ähnliche Statue am Eingang des Suezkanals zu errichten, doch stieß er damit in Ägypten auf Ablehnung. Bartholdis Mutter stand Modell für das Gesicht.
- **Gustave Eiffel**: Der berühmte Ingenieur und Architekt des Eiffelturms entwarf das revolutionäre System verzahnter Winkeleisen zur Stabilisierung der Statue.
- **Richard Morris Hunt**: Der New Yorker Architekt entwarf den dreißig Meter hohen Sockel.
- **Edouard Laboulaye**: Der französische Politiker und Historiker hatte 1865 die Idee.

192, bei B1 · Liberty Island · (212) 363-3200 (Statue); (212) 269-5755 (Fahrplan der Fähre) · tägl. 9–17 Uhr (im Sommer etwas länger); geschlossen 25. Dez. · Bowling Green (4, 5) · M9, M15-South Ferry · ($$) inklusive Überfahrt und Eintritt für Ellis Island

- **Emma Lazarus**: »Ich kann nicht auf Befehl dichten«, antwortete Emma Lazarus, als sie gebeten wurde, ein Sonett für die Spendensammlung zu schreiben. Kurz danach besuchte sie einige Einwanderer, die unter Quarantäne standen. Schockiert über deren Lebensbedingungen und beeindruckt von ihrem Lebenswillen schrieb sie dann die Verse *The New Colossus*.

Die Fahrt mit der Fähre ist einer der Höhepunkte des Besuchs von Liberty Island

- **Joseph Pulitzer**: Als der Herausgeber von *The World* auf die Idee kam, die Namen der Spender zu veröffentlichen, begann das Geld zu fließen. Er ließ auch den Kopf mit der Fackel im Madison Square Park (➤ 124) ausstellen.

WISSENSWERTES

Vom Boden zur Fackel: 93 m
Vom Boden zur Sockelspitze: 47 m
Verbrauch an Kupfer: 31 496 t
Dicke des Kupferblechs: 2,3 mm

KLEINE PAUSE

In der Cafeteria gibt es das übliche Fastfood. Man kann drinnen oder draußen essen.

FREIHEITSSTATUE: INSIDER-INFO

Top-Tipps: Aus Sicherheitsgründen sind nur kleine Handtaschen erlaubt; der Rundgang in der Statue kann beschränkt sein.

- **Man sollte im Sommer etwas zu trinken dabei haben und im Winter warm angezogen sein.**
- Es spart Zeit, wenn man als Erster von der Fähre aussteigen kann. Dann sollte man sich gleich in der Schlange für den Sockel anstellen, von dessen Aussichtsplattform sich **ein großartiger Blick auf den Hafen** bietet.

Muss nicht sein! Das Hinaufkraxeln zur Krone lohnt sich nicht. Sie müssen 354 Stufen bewältigen und der Blick ist eingeengt. Die Fackel ist gesperrt.

3 Ellis Island

Der zweite Halt beim Ausflug zur Freiheitsstatue ist eine von New Yorks faszinierendsten Sehenswürdigkeiten. Nur wenige Besucher sind von den beziehungsreichen Ausstellungsstücken auf Ellis Island nicht beeindruckt. Immerhin trafen hier von 1892 bis 1954 mehr als zwölf Millionen Einwanderer ein.

Während die Freiheitsstatue (➤ 140 ff) die Hoffnungen und Sehnsüchte der Neuankömmlinge verkörpert, zeigt Ellis Island mehr die nüchterne Realität. Nachdem sie das Geld für die Dritte-Klasse-Überfahrt oder das Zwischendeck zusammengekratzt hatten, erreichten die meisten Einwanderer New York ohne Geld und häufig krank von der Überfahrt.

Die Passagiere der Ersten und Zweiten Klasse wurden an Bord abgefertigt und durften direkt nach Manhattan, die anderen jedoch mussten nach Ellis Island. Dort, in den roten Ziegelgebäuden im neubyzantinischen Stil, wurden sie auf ihren Gesundheits- und Geisteszustand untersucht.

Für die meisten Einwanderer waren dies nervenaufreibende Stunden, bevor auch sie Manhattan betreten durften. Ein Sechstel wurde jedoch über Tage oder sogar Wochen hingehalten, zwei Prozent mussten wieder den Weg zurück in ihre Herkunftsländer antreten. Zu denen, die regelmäßig zurückgehalten wurden, gehörten allein stehende Frauen. Man

Oben: Ellis Island – einst das Tor Amerikas

Unten: Gepäckstücke der Einwanderer

Hinter dem Hauptgebäude sind auf der American Immigrant Wall of Honor Hunderttausende Namen von Einwanderern vermerkt

befürchtete, dass sie entweder von der Wohlfahrt abhängig würden oder in die Prostitution abglitten.

In Räumen, die den Zuständen zu Beginn des 20. Jahrhunderts nachempfunden sind, wird der Prozess der Einwanderung Schritt für Schritt veranschaulicht. Der Rundgang beginnt in der mächtigen Great Hall, wo sich vor überarbeiteten Beamten lange Menschenschlangen stauten. Wachposten patrouillierten in der Halle, doch sie vermochten die ohnehin vorhandene Furcht kaum noch zu steigern. Die Ähnlichkeit mit einem Gefängnis war noch größer für die Abgeschobenen, die sich in kerkerähnlichen Unterkünften wieder fanden.

Die Ausstellung enthält Fotos, Kleidungsstücke, Gepäck und Bilder von der gesamten Zeit Ellis Islands als Einwanderungsstation und berichtet auch über die Geschichte der Insel vor und nach dieser Periode. (Die Zahl der Ankommenden nahm in den Zwanzigerjahren ab, da diese bereits in den Heimatländern befragt und registriert worden waren.) Erzählungen und Musik der Neuankömmlinge geben der Ausstellung Authentizität. Außerhalb des Gebäudes verläuft die American Immigrant Wall of Honor mit den Namen von mehr als einer halben Million Einwanderer, bekannten und unbekannten.

WISSENSWERTES

- Zwischen 1900 und 1915 trafen täglich bis zu 5000 Menschen auf Ellis Island ein.
- Über 40 Prozent aller Amerikaner – mehr als 100 Millionen – stammen von einem Einwanderer ab, der hier ankam.

Ursprünglich war Ellis Island 1,3 Hektar groß, wurde dann aber auf 11 Hektar vergrößert. Das meiste Neuland gehört zum Bundesstaat New Jersey, der Ende des letzten Jahrhunderts per Gerichtsurteil Miteigentümer wurde.

KLEINE PAUSE

An einem klaren Tag entschädigt der Blick für das Durchschnittsessen im Restaurant. Viel besser ist es, sich etwas Proviant mitzubringen oder anschließend in Manhattan zu essen.

192, bei B1 (212)363-3200 tägl. 9–17 Uhr (im Sommer etwas länger); geschlossen 25. Dez. Bowling Green (4, 5) M9, M15-South Ferry ($$) inklusive Überfahrt und Eintritt für die Freiheitsstatue

ELLIS ISLAND: INSIDER-INFO

Top-Tipps: Die Schlangen für die Fähre werden im Sommer während des Nachmittags immer länger. **Es empfiehlt sich, die Besichtigung bis 15 Uhr abzuschließen.**

- Die zweistündige **Audiotour** lohnt sich, auch wenn man normalerweise gern etwas allein erkundet.

Muss nicht sein! Die Filmvorführungen kann man auslassen, wenn die Zeit knapp ist.

9 South Street Seaport Historic District

Ein Freilichtmuseum? Ein Einkaufszentrum? Ein Themenpark? Das Durcheinander um den Zweck von South Street Seaport Historic District schuf eine bunt gemischte Sehenswürdigkeit.

Im 18. und 19. Jahrhundert breitete sich hier der geschäftigste Hafen Amerikas aus, heute locken die alten Ziegelhäuser und Pflasterstraßen, die Ausstellungen zur Geschichte der Schifffahrt und Schiffe, die man besichtigen kann. Ebenso attraktiv ist natürlich der faszinierende Blick auf Brooklyn und die Brooklyn Bridge vom Ende der Pier 17. Der charakteristische Geruch vom Fulton Fish Market wird heute vom Duft der Restaurants und Imbissstände überdeckt.

Ein altes Feuerschiff dient als künstlerisches Motiv

South Street Seaport Museum

Die Einrichtungen des Museums sind über den ganzen Bezirk verteilt. Im Visitors Center ist ein Kombiticket für die Ausstellungsräume und die Schiffe erhältlich. Dies sind die Hauptsehenswürdigkeiten:

- **207–213 Water Street:** Gut als erster Stopp ist das Besucherzentrum in der Nr. 209. Hier zeigt man auch eine Ausstellung mit Schiffsmodellen und Erinnerungsstücken. In Nr. 211 ist Bowne & Co. zu finden, die Nachbildung einer Druckerei aus dem 19. Jahrhundert, wo Sie sehen können, wie eine alte Druckerpresse funktionierte (New York war im 19. Jahrhundert das Zentrum des amerikanischen Druckwesens.) Wechselausstellungen zu Schiffen gibt es in der Nr. 213.
- **Schermerhorn Row:** eine Reihe von Ziegelhäusern im Federal Style, die im frühen 19. Jahrhundert errichtet wurden. Die schiefen Streben einiger Fenster im ersten Stock zeigen, wie stark sich die Gebäude im Laufe der Zeit gesenkt haben.
- **Pier 16**: Die Schiffe, die besichtigt werden können, wechseln häufig. Meistens gehörten dazu die *Peking*, ein Viermaster aus dem Jahr 1911, und die *Ambrose*, ein 1908 fertig gestelltes Feuerschiff. Es lohnt sich, die *Wavertree* anzusehen, eines der letzten Schiffe aus Schmiedeeisen, die je gebaut wurden. Das Schiff wird langfristig restauriert, dazu zeigt man an Bord eine Ausstellung. An Wochenenden zwischen Mai und Oktober können Sie auch an kleinen Segeltouren des Schiffes teilnehmen.

193 D3 (212) 748-8600 tägl. 10–18 Uhr (Do bis 20 Uhr) April–Sept.; Mi–Mo 10–17 Uhr, Okt.–März; geschlossen Thanksgiving und 25. Dez.

KLEINE PAUSE

The **Bridge Café** (297 Water Street, Ecke Dover Street, Tel. 212/227-3344) liegt unterhalb der Auffahrt zur Brooklyn Bridge. Das Gebäude wurde seit 1847 als Saloon genutzt, es ist also die älteste Bar Manhattans. Die Atmosphäre ist ungezwungen, das Essen amerikanisch. Es gibt Lunch (am Wochenende auch Brunch) und Dinner.

193 E2 South und Fulton Street (212) 732-7678 Bridge Café ($-$$); Pier 17 Restaurants ($) Fulton Street/Broadway-Nassau (A, C, I, M, 1, 2, 4, 5) M15 ($) Eintrittsgebühr Museum/Schiffe; Eintritt frei für Pier 17 und weitere Restaurant- und Einkaufsmöglichkeiten

Links: Der frische Fang wird vorbereitet
Unten: Alte Schiffe und moderne Architektur prägen die Skyline von South Street

SOUTH STREET SEAPORT: INSIDER-INFO

Top-Tipp: Bei wenig Zeit sollte man sich nur die Ausstellung in der **Water Street 209** mit den Schiffsmodellen ansehen.

Muss nicht sein! Die Geschäfte an Pier 17 lohnen sich nicht. Deren Waren gibt es **woanders günstiger.**

Geheimtipp: Vom dritten Stock am Ende von Pier 17 hat man einen direkten Blick auf die **Stahltrossen der Brooklyn Bridge**.

16 SoHo

SoHo ist der aktuellste Beweis für das Prinzip, wie in Manhattan Preise für Immobilien entstehen: rauf, runter und dann wieder rauf. Im 19. Jahrhundert war SoHo Standort kleinerer Industriebetriebe, verslumte dann Mitte des 20. Jahrhunderts und wurde in den Siebzigerjahren wieder schick.

Mitte des 19. Jahrhunderts war SoHo ein Zentrum der Prostitution. Wie später in Chinatown und Harlem zogen die Slums die Neugierigen an, es gab sogar Führer zu den verrufensten Häusern. Die Gegend zwischen Mercer, Greene und Wooster Street wurde als »Hell's Hundred Acres« bekannt – dort gab es mindestens ein halbes Hundert Bordelle.

Die heute so beliebten Häuser beherbergten im 19. Jahrhundert meistens Druckereien und andere Gewerbe. Die Fassaden waren aus »cast iron« (Gusseisen), damals ein billigeres Baumaterial als Stein. Die Architekten trafen die Auswahl aus Katalogen, die Fensterrahmen, Geländer, Säulen und andere Elemente anboten. Neben den günstigen Preisen sprach auch die vermeintliche Feuerfestigkeit des Materials für seine

195 D1 Spring Street (A, C, E); Prince Street (N, R); Broadway/Lafayette (F und 6 Richtung Downtown); Bleecker Street (6) M5, M6

Boutiquen und Galerien gehören zu den Attraktionen SoHos

Gusseisen oder Kalkstein?

Die meisten gusseisernen Fassaden wurden gestrichen, um sie wie Stein aussehen zu lassen. Dies macht es schwierig, einen Unterschied zu erkennen. Die gusseisernen Säulen sind hohl, am Klang ist ihr Material zu erkennen. Gießereien haben manchmal ihren Stempel auf Stützpfeiler und Säulen geprägt. Auch Rostflecke können als Hinweis dienen. Die sicherste Methode ist jedoch, einen Magneten an das Gebäude zu halten.

Palacinka: ausgezeichnetes Essen in altmodischem Ambiente

Verwendung. Das Gusseisen fing zwar kein Feuer, aber wenn die Holzfußböden eines Hauses brannten, schmolz es.

Als nach dem Ende des Zweiten Weltkriegs die Betriebe in modernere Produktionsstätten zogen, begann der Niedergang der Gegend. Es waren Künstler, die in den Sechzigerjahren in die verlassenen Lofts bezogen. Eine Änderung des *zoning law* 1972 legalisierte diese Wohnungen und bewirkte einen raschen Anstieg der Immobilienpreise, so dass zum Teil die ursprünglichen Bewohner und auch manche Galerien zum Auszug gezwungen wurden. Hier und da heißt es, dass SoHo berühmter geworden ist, als ihm gut tut, aber trotz der vielen Kettenläden macht ein Bummel immer noch Spaß.

SoHo bedeutet »South of Houston Street«, die die nördliche Grenze bildet; die südliche Grenze ist Canal

Museen und Galerien

Museen

Auf dem Broadway zwischen Houston und Prince Street gibt es zwei Kunstmuseen. Am **New Museum** (583 Broadway, Tel. 212/219-1222) lohnt es sich einen Stopp einzulegen, da es eine der besten Adressen der Stadt für zeitgenössische Kunst ist. Zur Dauerausstellung gehören bahnbrechende Arbeiten bedeutender New Yorker Künstler der vergangenen drei Jahrzehnte. Das **Museum for African Art** (593 Broadway, Tel. 212/966-1313) bietet eindrucksvolle Ausstellungen mit Werken aus Afrika oder von Afrikanern.

Galerien

Dutzende von Galerien haben sich hier angesiedelt, manche auf Straßenniveau, andere in Lofts der oberen Stockwerke.

Walter De Marias Konzeptkunstwerk ***The New York City Earth Room*** begeistert seit 1977 Besucher (von Mitte September bis Mitte Juni) in der 141 Wooster Street. Weitere wichtige Galerien sind **Howard Greenberg** (120 Wooster Street), **Tony Shafrazi** (119 Wooster Street) und **OK Harris** (393 West Broadway).

Die Öffnungszeiten sind sehr unterschiedlich, aber die meisten Galerien haben montags geschlossen und mittwochs bis samstags von 11 bis 17 Uhr geöffnet, das Museum for African Art und die Mehrheit der Galerien auch dienstags.

Links: Die Fassade des Little Singer Building gehört zu den schönsten in SoHo

Gegenüberliegende Seite: Typische Gusseisenfassaden in bunter Stilmischung

Schönheiten in Eisen und Stahl

Wie das East Village bietet auch das heutige SoHo dem Besucher viel, wenngleich das alte SoHo sich nicht zu verstecken braucht:

- **Haughwout Building**, 488 Broadway, Ecke Broome Street. Der Besitzer dieses 1857 erbauten Hauses wollte einen Palazzo im venezianischen Stil zu einem günstigen Preis, und der Architekt schuf eins von SoHos hübschesten Gebäuden aus Gusseisen. Elisha Graves Otis – der Gründer der Aufzugfirma – montierte hier seinen ersten dampfbetriebenen Fahrstuhl.
- **St Nicholas Hotel**, 499 und 521–523 Broadway. Zwei große, mehr als hundert Jahre alte gusseiserne Gebäude trennen das, was noch von New Yorks bestem Hotel aus der Mitte des 19. Jahrhunderts übrig geblieben ist. Mark Twain traf hier seine zukünftige Frau (sie gingen damals in die alte Steinway Hall, um Charles Dickens aus seinem neuesten Roman *David Copperfield* lesen zu hören). Den besten Blick hat man von gegenüber (504 Broadway), wo Harry Houdini arbeitete, bevor er ein berühmter Entfesselungskünstler wurde.
- **Little Singer Building**, 561 Broadway, Ecke Prince Street. Es hat den Anschein, als ob der Architekt Ernest Flagg noch mehr Gusseisen als üblich für dieses L-förmige Gebäude verwendete. (Eine ganz ähnliche Fassade gibt es in der 88 Prince Street.) Tatsächlich ist das 1904 errichtete Gebäude aus Stahl und war eine Art Test für Flaggs spätere Wolkenkratzer, darunter der Singer Tower (► 7).

SOHO: INSIDER-INFO

Top-Tipp: Kreditkarten nicht vergessen – man kann hier **großartig einkaufen**.

Muss nicht sein! Am Wochenende ist SoHo selbst bei schlechtem Wetter überfüllt. Wenn man Gedränge nicht mag, sollte man **während der Woche** kommen. Die Gegend südlich der Grand Street bietet weniger.

Street. An der Ostseite wird das historische Viertel von Crosby Street begrenzt, die westliche Grenze ist der West Broadway.

Man kann SoHo bequem in zwei Stunden erlaufen (➤ 182f). Ein kürzerer Spaziergang, an Galerien, Läden und schönen Häusern vorbei, führt von der Houston Street südlich über Broadway, Grand Street, Mercer Street, Canal Street und Greene Street zurück zur Houston Street.

KLEINE PAUSE

Im Südwesten SoHos liegt Palacinka (28 Grand Street, Ecke Thompson Street, Tel. 212/625-0362), das mit seinen wunderbaren Crêpes und dem nostalgischen Dreißigerjahre-Ambiente einen Besuch lohnt. Aus den altmodischen Lautsprechern ertönt Musik von Edith Piaf bis Chris Isaak.

Essen, Trinken und Kunst gehören in SoHo dazu

Nach Lust und Laune!

3 Staten Island Ferry

Das billigste Vergnügen in New York ist die kostenlose 25-minütige Fahrt mit der Fähre von Manhattan nach Staten Island. Edna St Vincent Millay hat der Fähre, die rund um die Uhr in Betrieb ist, in ihrem Gedicht *Recuredo* ein Denkmal gesetzt: »We were very tired, we were merry/We had gone back and forth all night on the ferry …«. An einem klaren Tag sieht man im Westen die Freiheitsstatue und im Nordosten bis weit hinter die Brooklyn Bridge. Sollte man in Staten Island aussteigen, lohnt sich ein Besuch des Snug Harbor Cultural Center oder anderer Sehenswürdigkeiten (► 168).

193 D1
Am Ende der Whitehall Street, östlich des Battery Parks
(718) 815-2628
Whitehall Street (N, R); Bowling Green (4, 5)
M9, M15–South Ferry
frei

4 Western Waterfront

New York war einst Amerikas wichtigster Handelshafen, aber als nach dem Zweiten Weltkrieg die Anlagen nicht modernisiert wurden (so fehlt z. B. eine Abfertigung für Containerschiffe), ging der Umsatz zurück. Inzwischen wurden weite Flächen in Parks umgewandelt.

Vom schiffsähnlichen Aussichtsplateau im Robert F. Wagner Jr. Park, knapp nördlich vom Battery Park, hat man an klaren Tagen einen faszinierenden Blick auf den New Yorker Hafen und New Jersey. Am Nordrand des Wagner Parks liegt das Museum of Jewish Heritage (18 First Pl., Tel. 212/509-6130), das eindrucksvolle und erschütternde Dokumente zum jüdischen Leben vor und nach dem Holocaust zeigt.

192 A3
Bowling Green (4, 5
M9, M15–South Ferry

5 US Custom House and National Museum of the American Indian

Als der Architekt Cass Gilbert dieses Meisterstück zu Beginn des 20. Jahrhunderts entwarf, stand Manhattans Hafen noch in seiner Blüte. In der Zeit

Ein Besuch der Great Hall lohnt sich

vor der Erhebung der Einkommensteuer (1913) trugen die Einfuhrzölle einen großen Teil zum Staatshaushalt bei. Die Skulpturen entlang des Daches stellen verschiedene Seemächte dar, von Griechenland und Rom auf der linken Seite bis zu Frankreich und England auf der rechten. (Während des Ersten Weltkriegs wurde die deutsche Skulptur gegen diejenige Belgiens ausgetauscht.) Daniel Chester French entwarf die Skulpturen von Asien, Amerika, Europa und Afrika im Erdgeschoss. Letztere hat zu einer großen Kontroverse geführt, denn sie stellt ein Afrika in der Krise dar, das erst noch sein Potenzial ausschöpfen muss. Im Erdgeschoss befindet sich der Eingang zu einem Museum, das Kultur, Leben und Geschichte der Indianer zeigt.

191 C1
1 Bowling Green, Anfang Broadway
(212) 514-3888 tägl. 10–17 Uhr (Do bis 20 Uhr); geschlossen 25. Dez.
Bowling Green (4, 5)
M9, M15–South Ferry
frei

Bronzetüre der Trinity Church

6 Trinity Church

Hier wurde der Politiker Alexander Hamilton nach seinem verlorenen Duell mit Aaron Burr, dem Vizepräsidenten der Vereinigten Staaten, 1804 beerdigt (► 26). In der Nähe erinnert ein Gedenkstein an Robert Fulton, der das erste funktionstüchtige Dampfschiff baute. Das große Kreuz auf dem Friedhof nördlich der Kirche wurde für Caroline Webster Schermerhorn Astor (► 26) errichtet, die Königin der New Yorker Gesellschaft Ende des 19. Jahrhunderts. Die Bronzetür mit Themen aus der Bibel ist ein Werk Richard Morris Hunts, der auch den Sockel der Freiheitsstatue entwarf.

192 C2
74 Trinity Place, Ecke Broadway
Wall Street (4, 5) M9

7 New York Stock Exchange

Vor 200 Jahren wurden die Geschäfte unter einem Baum abgewickelt, ganz in der Nähe des Gebäudes, das heute mit seinen wuchtigen Säulen Respekt einflößend die Straße beherrscht. In wenigen Jahren wird wahrscheinlich das ganze Börsengeschäft über das Internet getätigt – man sollte also die Chance nutzen, sich den Parketthandel anzusehen. Der Besuch lohnt sich jedoch nur, wenn die Wartezeit weniger als eine Stunde beträgt. Das Education Center gibt Einblicke in die Arbeit der Broker. Tickets gibt es während der Woche ab 9 Uhr am Kiosk in 20 Broad Street. Im Sommer sollte man sich bis 12.30 Uhr um Karten bemühen, weil ansonsten das Kontingent vergeben sein könnte.

192 C2 Wall und Broad Street
(212) 656-5168
Mo–Fr 9–16.30 Uhr, an den meisten Feiertagen geschlossen
Wall Street (2, 3, 4, 5); Broad Street (J, M)
M9

8 Wall Street Area

Wall Street, ein Synonym für Wirtschaft. Die Straße wurde nach der Mauer benannt, die die Holländer 1653 errichteten, um sich vor den Angriffen der Indianer und englischen Eindringlinge zu schützen. Gleichwohl eroberten die Engländer elf Jahre später die Stadt ohne nennenswerte Gegenwehr. Die größte Attraktion ist heute die New Yorker Börse (siehe oben). An einem Wochentag zwischen 9 und 16 Uhr lohnt sich der Besuch des Red Room in Nummer 1 Wall Street (Ecke Broadway). In diesem Art-déco-Foyer bedecken Tausende kleiner Mosaiksteinchen die Wände und die Decke. Das Farbenspiel von Rot bis Orange stammt von den Steinchen, nicht von der Beleuchtung. Die größte Attraktion im Federal Hall National

George Washington blickt auf die New Yorker Börse

Memorial (26 Wall Street, Ecke Nassau Street, Tel. 212/825-688) sind die öffentlichen Toiletten im Kellergeschoss. Selbst die Mitarbeiter geben zu, dass die Ausstellungsstücke im früheren Zollhaus nur zweitrangig sind. Eintritt frei, das Gebäude hat werktags von 9 bis 17 Uhr geöffnet.

192 C2 Wall Street (2, 3, 4, 5); Broad Street (J, M)
M9

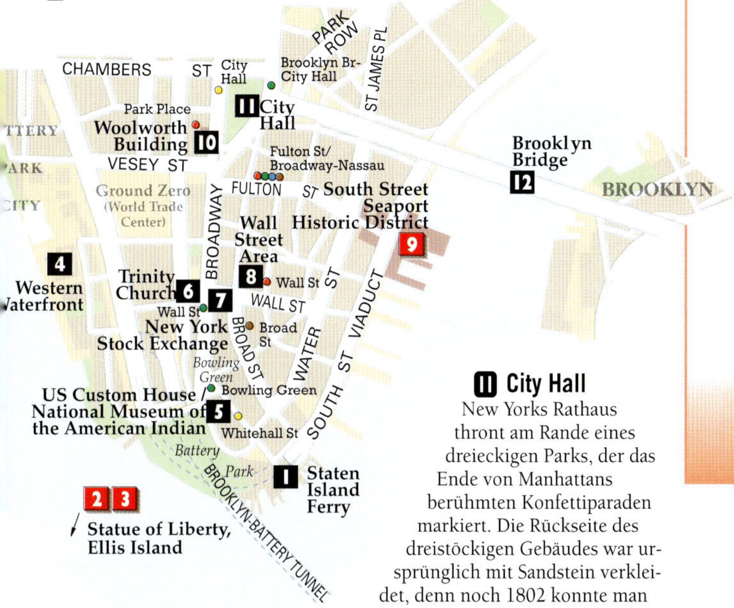

10 Woolworth Building

Das Hauptquartier von Frank W. Woolworths Kaufhauskette, Amerikas profitabelsten Geschäften im frühen 20. Jahrhundert, war ursprünglich eine gotische Variante des Victoria Tower des britischen Parlamentsgebäudes. Der Architekt Cass Gilbert, beeinflusst durch die mittelalterliche Architektur in Flandern, schuf einen verspielten Wolkenkratzer, der als »Kathedrale des Kommerzes« bekannt wurde. Die pseudoreligiösen Motive wiederholen sich in der Eingangshalle mit ihren Marmorwänden, den Glasfenstern, gotischen Verzierungen und den Deckengewölben mit Mosaiksteinchen. Links von der Pförtnerloge zeigt eine Skulptur Woolworth beim Geldzählen, eine andere Gilbert, der ein Modell des Gebäudes hält.

192 C3 233 Broadway, Ecke Park Place
City Hall (N, R); Park Place (1, 2); Fulton Street/Broadway-Nassau (A, C, J, M, 1, 2, 3, 5)
M1, M6, M22, M25

11 City Hall

New Yorks Rathaus thront am Rande eines dreieckigen Parks, der das Ende von Manhattans berühmten Konfettiparaden markiert. Die Rückseite des dreistöckigen Gebäudes war ursprünglich mit Sandstein verkleidet, denn noch 1802 konnte man sich nicht vorstellen, dass sich New York nördlich der Fulton Street ausbreiten würde. Die Stadtväter waren vielleicht nicht voraussehend, aber sie waren sparsam, man wollte kein Geld für Marmor verschwenden, den niemand sehen würde. Mitte des letzten Jahrhunderts wurde das ganze Gebäude neu mit Kalkstein verkleidet.

192 C3 Broadway und Park Row
City Hall (N, R); Brooklyn Bridge/City Hall (4, 5, 6)
M1, M6, M22, M25

12 Brooklyn Bridge

Die beiden 83 Meter hohen neugotischen Türme verleihen der Brooklyn Bridge etwas Feierliches. Bei ihrer Fertigstellung 1883 war diese Verbindung zwischen Manhattan und der damals noch unabhängigen Stadt Brooklyn die längste Hängebrücke der Welt. Hart Crane verlieh ihr durch sein Gedicht *The Bridge* Unsterblichkeit. Und der Architekt John Augustus Roebling gab sein Leben für sie, denn er starb an den Folgen eines Arbeitsunfalls. Sein Sohn Washington leitete das Projekt, bis er durch einen Unfall gelähmt wurde, danach übernahm seine Frau Emily die Bauleitung. Eine halbe Stunde dauert ein gemütlicher Gang über die Brücke, dabei bleibt Zeit für ein Foto der gewaltigen Halteseile, die aus 19 Stahlsträngen mit je 278 Drähten gefertigt sind. Eine Rückfahrt mit der U-Bahn nach Manhattan ist ab der Station Cadman Plaza West und Middagh Street möglich, die man von der Promenade in Brooklyn erreicht (➤ 164ff).

193 E3 ✉ Manhattan: nahe Chambers und Center Street; Brooklyn: Cadman Plaza East (auch Adams Street) Ⓜ Manhattan: Brooklyn Bridge/City Hall (4, 5, 6); Brooklyn: High Street/Brooklyn Bridge (A, C) 🚌 M15

13 TriBeCa

TriBeCa ist die Abkürzung von Triangle Below Canal (Street). Bis zur Mitte des 20. Jahrhunderts war die Gegend ein Zentrum des Lebensmittelgroßhandels, verfiel dann aber zusehends. Als Ende des letzten Jahrhunderts Filmemacher wie Harvey und Bob Weinstein von Miramax oder Robert de Niro hier Produktionsstätten errichteten, wurde das Viertel wieder gefragt. De Niro setzte auch mit seinem TriBeCa Grill Maßstäbe, viele Clubs und Geschäfte folgten, und bald war das Viertel fast so schick wie SoHo. Die Häuser aus Gusseisen sind ebenso historisch wie die in SoHo, zwar fehlt die Szene, doch die Anwohner fühlen sich wohl.

Für einen kurzen Rundgang empfiehlt sich der Gang von der Canal Street nach Süden zum West Broadway, dabei lohnen die Seitenstraßen und Geschäfte einen Blick. Weiter nach Westen auf der Reade Street und rechts in die Hudson Street. Sowohl die Jay als auch die Staple Street sind einen Abstecher wert. Am nördlichen Ende der Staple Street gegenüber der Harrison Street befindet sich die einstige New York Mercantile Exchange (6 Harrison Street), wo früher unter anderem die Eiergroßhändler ihre Geschäfte tätigten. Auf der Harrison Street geht es nach Osten bis Hudson Street, dann nach Norden. Bubby's (120 Hudson Street, Ecke N Moore Street, Tel. 212/219-0666) ist bekannt für seine Pasteten und den Brunch am Wochenende. Geht man auf der N Moore Street östlich bis Varick Street und dann links, ist man bald wieder an der Canal Street.

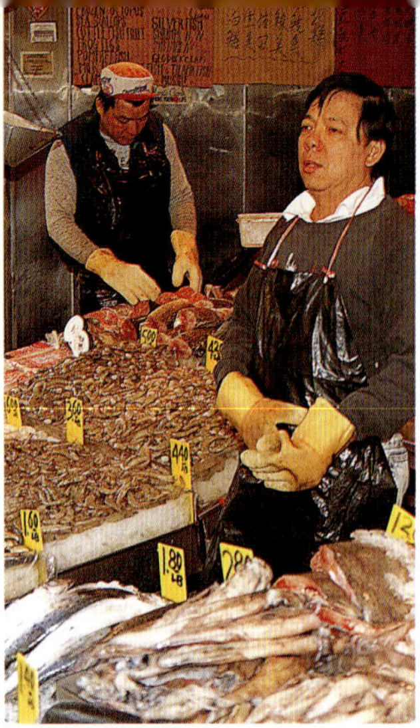

Fischhändler in Chinatown

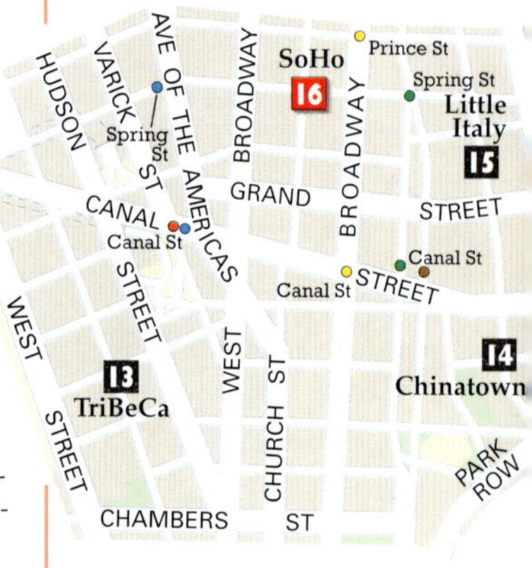

192 B4 Canal Street (1, 9); Canal Street (A, C, E, 1, 2)
M20

14 Chinatown

Die Grenzen des alten Chinatown wurden von der Mott, der Pell und der Doyer Street gebildet. Seit in den Sechzigerjahren jedoch die Einwanderungsbeschränkungen für Asiaten aufgehoben wurden, ist Chinatown gewachsen. Ein kleiner Spaziergang führt von der Canal Street auf der Mott Street nach Süden, dann links in die Pell Street, rechts die Doyer Street, und am Chatham Square geht es rechts zurück zur Mott Street. An der Kreuzung Mott/Mosco Street verkauft Cecilia Tam wunderbar leichtes Eiergebäck in ihrer Hong Kong Cake Co. An der Mulberry Street befindet sich das kleine, aber interessante **Museum of Chinese in the Americas** (70 Mulberry Street, zweiter Stock, Tel. 212/619-4785). Die Chinatown Ice Cream Factory (65 Bayard Street, Tel. 212/608-4170) bietet Eis mit Litschi- oder Grüner-Tee-Aroma. Auf den Märkten gibt es ausgefallene Kräuter und Delikatessen, im Schaufenster des Kam Man Market in 200 Canal Street hängen geschmorte Schweineohren und -schnauzen.

193 D5 Canal Street (M, N, Q, R, W, 6)
M1, M103

15 Little Italy

Durch das Vordringen von Chinatown von Süden und SoHo von Westen wird Little Italy, das noch vor hundert Jahren eine blühende Enklave italienischer Einwanderer war, jedes Jahr kleiner und weniger italienisch. In den Geschäften und Restaurants an der Mott und Mulberry Street zwischen Canal und Houston Street lässt sich noch etwas von den guten alten Zeiten erahnen. Das ganze Viertel lebt während des

Der Baustil weckt Erinnerungen an Asien: Restaurant in Chinatown

Das Essen im Freien ist in Little Italy sehr beliebt

zehntägigen San-Gennaro-Festes (des Schutzheiligen von Neapel) Mitte September auf, desgleichen bei einigen kleineren Festen zu anderen Zeiten.

195 E1 Canal Street (M, N, Q, R, W, 6) M1, M103

18 Lower East Side

In diesem dicht besiedelten Viertel südlich der Houston Street und östlich der Bowery lebten seit dem 19. Jahrhundert die unterschiedlichsten Einwanderergruppen aus Europa. Zu Beginn des 20. Jahrhunderts waren hier 75 Prozent der gesamten jüdischen Bevölkerung New Yorks ansässig. Noch immer dominieren sie das Straßenbild, aber heute sieht man neben dem Geschäft mit Utensilien für die Bar-Mizwa-Feier auch schon mal einen Hersteller chinesischer Glückskekse. Interessant ist die Orchard Street, die an Sonntagen zwischen Delancey und Houston Street zur Fußgängerzone wird, wo man gut Kleidung und Schuhe kaufen kann, und die Ludlow Street mit einigen neuen schrillen Läden. Auch einige der im Kapitel »Internationale Küche« (➤ 30ff) erwähnten Restaurants befinden sich in der Lower East Side.

195 F1 Delancey Street (F); Essex Street (J, M) M9, M14, M15

19 Lower East Side Tenement Museum

Dieses Museum ist in einem alten Mietshaus von 1863 untergebracht. Die kompetenten Angestellten führen durch vier wiederhergestellte Wohnungen aus den Jahren 1870 bis 1930. Da aus Sicherheitsgründen zu jeder Führung nur 15 Personen eingelassen werden, empfiehlt sich an Samstagen eine Reservierung (sonntags sind Reservierungen nicht möglich, man sollte frühzeitig kommen).

195 F1 90 Orchard Street, Ecke Broome Street (212) 431-0233 Führungen Di–Fr 13-16, Sa–So 11–16.30 Uhr (Juni-Aug. auch Mo 13–16, April–Okt Di 18 und 19 Uhr Delancey Street (F); Essex Street (J, M) M15 ($$)

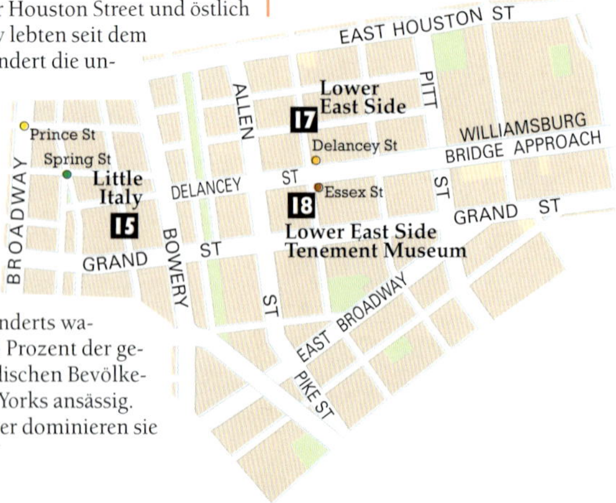

Wohin zum …
Essen und Trinken?

Preise Die Anzahl der $-Zeichen zeigt den ungefähren Betrag für ein komplettes Essen mit Getränken, Steuer und Trinkgeld für eine Person an.
$ unter 30 $ $$ 30–60 $ $$$ über 60 $

RESTAURANTS

Aquagrill $$
Glanzstücke sind die breite Palette an ausgezeichnet zubereitetem Fisch und Meeresfrüchten und die gemütliche Atmosphäre. Zum Lunch werden sieben oder acht verschiedene Fischsandwiches angeboten. Man kann ganz individuelle Gerichte zusammenstellen, indem man den Fisch und die Zubereitungsmethode sowie die Beilagen aussucht. Dazu gibt es täglich variierende Menüvorschläge. Das Restaurant ist angenehm und modern ausgestattet.

194 C1
210 Spring Street, Ecke 6th Avenue
(212) 274-0505
Lunch Di–Fr 12–15.30 Uhr; Dinner Di–Do 18–22.30, Fr–Sa 18–23.30, So 18–22.15 Uhr; geschl. Mo, Memorial Day

Balthazar $$
Man fühlt sich beim Anblick der roten Markisen, der verzierten Spiegel und Scheiben sowie des vielen Messings nach Paris versetzt. Das allseits beliebte Restaurant serviert klassisches Brasserie-Essen. Zu den Spezialitäten gehören *Cassoulet*, *Choucroute* und *Bouillabaisse*, außerdem zu empfehlen sind die Meeresfrüchte und das wunderbare Brot aus der angeschlossenen Bäckerei. Die Atmosphäre ist heiter bis geschäftig. Das Restaurant bietet auch Frühstück, später am Tag und abends wird das Publikum interessanter.

195 D1
80 Spring Street, zwischen Crosby Street und Broadway (212) 965-1414
Mo–Do 7. 30–1.30 Uhr, Fr–Sa 7.30–2.30 Uhr, So 7.30–24 Uhr

Bouley Bakery $$$
Der New Yorker Starkoch David Bouley eröffnet ein Restaurant nach dem anderen. Dieses erstklassige kleine Lokal bietet jahreszeitlich orientierte französische Küche mit biologischen Produkten kleiner Erzeuger.

192 B4
120 West Broadway, zwischen Duane und Reade Street (212) 964-2525
Lunch tägl. 11.30–15 Uhr; Dinner tägl. 17.30–23.30 Uhr

Chanterelle $$$
Ein elegantes Restaurant mit pastellfarbenen Wänden, alten Möbeln, wunderbaren Blumenarrangements und viel Platz zwischen den Tischen. David Waltauck ändert die Karte je nach Jahreszeit und bietet ein festes Menü, aber auch Essen à la carte an. Die Küche ist französisch mit amerikanischen Zutaten, es gibt eine ausgezeichnete Weinkarte.

192 B4
2 Harrison Street, Ecke Hudson Street
(212) 966-6960
Lunch Di–Sa 12–14.30 Uhr; Dinner Mo–Sa 17.30–23 Uhr; geschl. So, Memorial Day

Honmura An $$
Hier ist echte japanische Küche in einer meditativen Umgebung geboten. Berühmt sind die handgemachten Buchweizennudeln, die es als *soba* (dünn) oder *udon* (dick) gibt, warm oder kalt. Empfehlenswert sind auch *edamame* (frische Sojabohnen), die japanischen Pickles und mariniertes Gemüse.

195 D2
170 Mercer Street, zwischen Houston und Prince Street
(212) 334-5253
Lunch 12–14.30; Dinner Di–So

Jing Fong $

Das mit einem Aufzug zu erreichende Restaurant ist der beste Platz für *Dim Sum*. Sonntags ist es sehr voll, denn viele chinesische Familien treffen sich dann hier. Die Spareribs sind zu empfehlen, ebenso die kleinen Päckchen aus klebrigem Reis mit chinesischen Würstchen und natürlich *Dim Sum*. Als Dessert lohnen sich Dampfklöße mit süßer Bohnenpaste.

193 D5
20 Elizabeth Street, zwischen Bayard und Canal Street (212) 964-5256
tägl. 10–3.30 Uhr

Joe's Shanghai $

Joes Spezialität sind die mit Brühe gefüllten Krabben- oder Schweinefleischklöße, für deren Genuss man häufig anstehen muss. Die beste Art, sie zu essen, ist, einen Kloß auf den Löffel zu nehmen, ein Loch hineinzubeißen, die heiße Brühe zu trinken und dann den Rest zu essen. Zu den Spezialitäten gehören auch der Rübenkuchen, der Shanghai-Reiskuchen, geschmorte Schweineschulter und die Muscheln mit scharfer schwarzer Bohnensoße.

Auf der Karte stehen zudem noch viele andere Gerichte, es lohnt sich aber, bei den Spezialitäten aus Shanghai zu bleiben. Keine Kreditkarten. (Eine Filiale wurde in Midtown eröffnet; Tel. 212/333-3868)

193 D4
9 Pell Street, zwischen Bowery und Mott Street
(212) 233-8888
tägl. 11–23.15 Uhr

Katz's Deli $

Hier gibt es typisches Deli-Essen in ausgezeichneter Qualität: *Pastrami, Corned Beef, Pickles, Hot Dogs* und *Matzoh Ball Soup*. Man holt sich das Essen entweder direkt an der Theke oder lässt sich an einem Tisch bedienen.

Das Ticket, das man am Eingang bekommt und für die Bestellung braucht, ist auch am Ausgang zur Begleichung der Rechnung erforderlich – ohne Ticket darf man das Lokal nicht verlassen. Das klassische Getränk zum Essen wäre hier *Dr. Brown's Soda*, wenn man mag, auch mit Selleriegeschmack.

195 F2
205 East Houston Street, Ecke Ludlow Street
(212) 254-2246
tägl. 8–22 Uhr (Mi–Do 10 bis 23 Uhr, Fr–Sa bis 3 Uhr)

Lombardi's $

Ein traditionsreicher Ort, denn hier war New Yorks erste Pizzeria. Das Lokal ist etwas verschroben, die besten Tische sind ganz vorne (oder dort, wo die Pizza gebacken wird, wenn man die Hektik dort mag), aber es lohnt sich, nach hinten durchzugehen und einen Blick auf den großen, alten Pizzaofen zu werfen. Alle Pizzen sind ausgezeichnet, eine Besonderheit ist die weiße Pizza ohne Tomaten.

195 E1
32 Spring Street, zwischen Mott und Mulberry Street
(212) 941-7994
Mo–Sa 11.30–23 Uhr (Fr–Sa bis 24 Uhr), So 11.30–22 Uhr

Montrachet $$$

Exzellente französische Küche und vorbildlicher Service zeichnen dieses Spitzenrestaurant aus. Die Einrichtung bildet einen unauffälligen Rahmen für das Essen und die vorzüglichen Weine.

Sommelier Daniel Johnnes wurde als Weinkenner ausgezeichnet, und auch die Kellner sind kompetente Ansprechpartner. Man sollte nicht auf die Preise schauen – der Lachs mit Trüffelkruste ist nicht gerade billig, aber er ist sein Geld wert.

192 B5
239 West Broadway, zwischen Walker und White Street
(212) 219-2777
Dinner tägl. 16–23 Uhr; geschl. an jüdischen Feiertagen

Nha Trang $

Ein beliebtes, lebhaftes Restaurant mit schnellem Service und einer der besten vietnamesischen Küchen der Stadt. Die scharfe, saure Krabbensuppe lohnt sich. Manchmal muss man für einen Platz anstehen, aber die

Wartezeiten sind nicht lang. Nebenan ist Pho Pasteur mit ebenfalls gutem Essen.

193 D5
87 Baxter Street, zwischen Bayard und Canal Street
(212) 233-5948
tägl. 10–22 Uhr

Nobu $$$

Nobu Matsuhisa und Drew Nieporent sind die Eigentümer dieses Nobellokals. Eine Reservierung in diesem Restaurant mit erstklassiger, innovativer japanischer Küche ist schwierig zu bekommen. Eine Spezialität des Hauses ist *tiradito*, roher Fisch mit scharfer peruanischer Chilisauce.

Einige Häuser weiter in der Hudson Street befindet sich der Ableger Next Door Nobu, wo man wie in der Nobu Sushi Bar nicht reservieren muss.

192 B4
105 Hudson Street, Ecke Franklin Street (212) 219-0500
Lunch Mo–Fr 11.45–14 Uhr; Dinner 17.45–22 Uhr

NY Noodle Town $

Keine Atmosphäre und oft überlaufen, aber das Essen ist ausgezeichnet. Das gegrillte Fleisch (Ente, Spanferkel, Schwein oder Huhn) lohnt sich, man sollte aber auf jeden Fall nach der dazugehörigen Ingwersauce fragen, die das besondere Etwas ausmacht und manchmal vergessen wird. Wie in vielen Restaurants in Chinatown sitzt man an großen Tischen zusammen mit anderen Gästen.

193 D4
28 Bowery, Ecke Bavard Street
(212) 349-0923
tägl. 9–4 Uhr

Provence $$

Ein gut geführtes französisches Bistro mit großen Fenstern und vielen Blumen, die einen schönen Rahmen bilden für handfeste provenzalische Küche.

Zu den Spezialitäten gehören *pissaladière* (Zwiebel-Anchovis-Kuchen) und *bouillabaisse*. Bei schönem Wetter wird auch im Garten serviert.

194 C1
38 MacDougal Street, Ecke Prince Street (212) 475-7500
Lunch tägl. 12–15 Uhr; Dinner Mo–Do 18–23.30, Fr–Sa 18–24, So 18–22 Uhr; geschl. 1. Jan, 25. Dez

Sammy's Roumanian $$

Die Umgebung lässt nicht darauf schließen, dass sich hier ein Paradies für Liebhaber der jüdischen Küche versteckt. *Chopped Liver* und Rinderbrust gehören zu den Köstlichkeiten. Ab 18.30 Uhr beginnt der *Jewish Rock and Roll*, bei dem jeder mitsingt.

195 E1
157 Chrystie Street, Ecke Delancey Street (212) 673-0330
tägl. 16–23 Uhr; an manchen jüdischen Feiertagen geschlossen

Savoy $$

Ein intimes Eckrestaurant mit einer reizenden Fassade und drei offenen Kaminen: jeweils einem im Speisesaal unten, im Foyer oben und im Chef's Dining Room. Die Küche ist abwechslungsreich, mit lokalen Zutaten und auf die Jahreszeiten ausgerichtet.

195 D1
70 Prince Street, Ecke Crosby Street
(212) 219-8570
Lunch Mo–Sa 12–15 Uhr; Dinner Mo–Do 18–22.30, Fr–Sa 18–23, So 18–22 Uhr; geschl. 4. Juli, 25. Dez

BARS

Bubble Lounge

Hier gibt es 26 Sorten Champagner, dazu *foie gras*, Austern und Kaviar.

192 B5
228 West Broadway, Ecke White Street
(212) 431-3433
Mo–Sa 17–2 Uhr (Sa bis 4 Uhr)

Fanelli's

Eine wunderbare Holztheke und klassische Einrichtung, dazu gutbürgerliches Essen machen diese Bar zu einem angenehmen Aufenthaltsort.

195 D1
94 Prince Street, Ecke Mercer Street
(212) 226-9412
tägl. 10.30–2 Uhr

Pravda
Das ruhige, coole, wenn auch nicht mehr superschicke Pravda ist auf Martinis spezialisiert (die Wodka-Auswahl geht in die Dutzende).

- 195 D1
- 281 Lafayette Street, Ecke Prince Street
- (212) 226-4944
- tägl. 17–1 Uhr

Cybercafe
Knabbern Sie ein Teilchen, trinken Sie einen Espresso und halten Sie den Kontakt zu Ihren Leuten zu Hause. (Es gibt auch eine Filiale am Times Square, Tel. 212/333-4109.)

- 195 D1
- 273A Lafayette, Ecke Prince Street
- (212) 334-5140
- So–Do 11–22, Fr–Sa 11-1
- Prince Street (N, R); Broadway/Lafayette (F, S und 6 Richtung Downtown); Spring Street (6)

CAFÉS

Caffe Roma
Ein netter Ort in Little Italy mit einer dampfenden Kaffeemaschine, gefließtem Boden und einer großen Auswahl an verführerisch aussehenden italienischen Süßigkeiten.

- 195 E1
- 385 Broome Street, Ecke Mulberry Street
- (212) 226-8413
- tägl. 8-24 Uhr

Ceci-Cela
Fantastische Mandelcroissants und anderes Gebäck lohnen den Besuch, selbst wenn man dafür einen Umweg in Kauf nehmen muss.

- 195 E1
- 55 Spring Street, zwischen Lafayette und Mulberry Street (212) 274-9179
- So–Do 8–19 Uhr, Fr–Sa 7–22 Uhr

Kavehaz
Man trifft sich in diesem Café, das gerade sehr »in« ist, bei Gebäck und anderen Snacks.

- 195 D1
- 123 Mercer Street, zwischen Prince und Spring Street
- (212) 343-0612
- tägl. 12–1 Uhr (Fr–So bis 2 Uhr)

Once Upon a Tart
Ein guter Ort für ein Frühstück oder für eine kleine Pause. Hier gibt es Gebäck und frische Sandwiches.

- 194 C2
- 135 Sullivan Street, zwischen Houston und Prince Street
- (212) 387-8869
- Mo–Fr 8–20 Uhr, Sa 9–20 Uhr, So 9–18 Uhr

Wohin zum ... Einkaufen?

SoHo
SoHo ist die etablierteste Einkaufsgegend in Lower Manhattan. Hier gibt es einige der aufregendsten und teuersten Boutiquen der Stadt mit der Mode und den Einrichtungsgegenständen, die man braucht, »um dazuzugehören«.

Seit kurzem gibt es jedoch eine Fülle neu eröffneter Filialen wie **Banana Republic, J. Crew, Williams Sonoma** und andere, und etwas mehr Durchschnittlichkeit verdrängt die Avantgarde.

Kunstgalerien säumen den West Broadway von Houston bis Canal Street. Schöne Haushaltswaren gibt es bei **Ad Hoc Softwares** (410 West Broadway). Alte Tischwäsche findet man bei **Mood Indigo** (181 Prince Street). Wer ausgefallene Damenmode mag, ist bei **Betsey Johnson** (138 Wooster Street) bestens aufgehoben, **Agnes b** (116 Prince Street) bietet gediegenere Modelle an. Secondhand-Kleidung jeder Art gibt es bei **Canal Jeans** (504 Broadway), **Ina** (101 Thompson Street) ist die richtige Adresse für gebrauchte Designermode. Die italienische Firma **Fiorucci** hat ein Warenhaus (622 Broadway, zwischen Houston und Bleecker Street) voller Bekleidung. Wunderbare, aber teure Schuhe gibt es bei **Varda** (149 Spring Street), **Peter Fox** (105 Thompson Street) ist bekannt für seine handgefertigten Frauenschuhe. **Kate Spade** (59 Thompson Street) entwirft schicke Handtaschen. **Anthropologie** (375 West Broadway) bietet ausgefallene Kleidung und Haushaltswaren.

Sullivan Street Bakery (73 Sullivan Street) ist bekannt für gutes Brot, und **Dean & DeLuca** (560 Broadway) ist ein Delikatessengeschäft ersten Ranges. Für alles, was mit Fotografie zu tun hat, ist **A Photographer's Place** (133 Mercer Street) richtig. Eine wunderbare Auswahl an alten Drucken führt **Pageant Book & Print Shop** (114 West Houston Street). **Enchanted Forest** (85 Mercer Street) ist ein märchenhaftes Spielwarengeschäft für Junge und Junggebliebene. Das faszinierende und außergewöhnliche **E Buk** (151 Spring Street, Obergeschoss) zeigt, was man alles an Kinkerlitzchen sammeln kann.

NoLiTa

Die Avantgarde konzentriert sich jetzt auf das Gebiet östlich von SoHo, in dem Viertel mit dem inoffiziellen Namen »NoLiTa« (North of Little Italy), besonders auf der Elizabeth, Mott und Mulberry Street zwischen Houston und Broome Street. Durch die niedrigeren Mieten können aufstrebende Designer und Händler hier eher ein Risiko eingehen. **Language** (238 Mulberry Street) führt Kleidung und Accessoires von kleineren europäischen Designern. **Lucien Pellat-Finet** (226 Elizabeth Street) hat wunderbare Sachen aus Kaschmir. **Resurrection** (217 Mott Street) bietet sensationelle alte Designermode. Im **NY Firefighters Friend** (263 Lafayette Street) gibt es alles, was Feuerwehrleute brauchen, ein paar Türen weiter Zubehör für das NY Police Department. Weiter oben an der Lafayette Street reihen sich Möbelgeschäfte mit alter und neuer Einrichtung aneinander. **Lost City Arts** (275 Lafayette Street) ist ein Mekka für Liebhaber der New Yorker Architektur.

Lower East Side

Auf der Orchard und Ludlow Street haben junge Designer ihre Läden mit Kleidung und Accessoires neben den alteingesessenen jüdischen Geschäften eröffnet. Hier gab es schon immer Discountgeschäfte für Stoffe, Kleidung und Lederwaren, und Handeln gehört meist dazu. Sonntags ist hier viel los, denn die Geschäfte haben alle geöffnet (dafür sind sie samstags wegen des Sabbat geschlossen). Klassische Adressen sind **Beckenstein Fabrics, Home** (130 Orchard Street), **Beckenstein Fabrics, Men's** (130 Orchard Street); **Altman Luggage** (135 Orchard Street) und **Fine & Klein** (119 Orchard Street) für Handtaschen. Neu sind die Läden für Hüte von **Amy Downs** (103 Stanton Street), für T-Shirts von **Marcoart** (186 Orchard Street) und für Abendkleidung bei **Mary Adams** (159 Ludlow Street).

Traditionelles jüdisches Essen zum Mitnehmen bietet **Gus's Pickles** (offiziell **Essex Street Pickles**, 35 Essex Street), wo man das Essen auf der Straße aussucht, sowie **Kossar's Bialystoker** (367 Grand Street) mit dem geheimnisvollen Bialy-Brot. **Economy Candy** (108 Rivington Street) ist die Adresse für günstige Süßigkeiten.

TriBeCa

Auch in TriBeCa findet man interessante Geschäfte wie zum Beispiel **TriBeCa Potters** (443 Greenwich

Street), wo mehrere Töpfer ausstellen. **Urban Archaeology** (143 Franklin Street) hat eine erstaunliche Auswahl an allem, was mit Architektur zusammenhängt, und bei **Fountain Pen Hospital** (10 Warren Street) gibt es alte und neue Schreibgeräte. **Totem** (71 Franklin Street) bietet schicke Haushaltswaren.

Chinatown

Auch in Chinatown gibt es einige verborgene Juwelen wie etwa den **Pearl River Department Store** (277 Canal Street), ein chinesisches Kaufhaus, und **Kam Man** (200 Canal Street) mit einer großen Auswahl an Tischgeschirr und Küchenzutaten.

Pearl Paint (300 Canal Street) bietet fünf Stockwerke mit Kunstbedarf.

Wohin zum ... Ausgehen?

THEATER

Performing Garage / Wooster Group

Willem Dafoe und andere bekannte Schauspieler gehören zu den Mitgliedern dieser experimentellen Truppe.

192 C5 ✉ 33 Wooster Street
☎ (212) 966-9796

MUSIK

Zeitgenössische Musik/Jazz

Arlene Grocery

Hier treten Independent Bands auf.

195 F2 ✉ 95 Stanton Street
☎ (212) 358-1633

Bowery Ballroom

Hier spielen aufstrebende Rockbands und alternative Gruppen.

195 E1 ✉ 6 Delancey Street
☎ (212) 533-2111

Knitting Factory

Hier spielen alle Arten von der Jazz-Avantgarde bis hin zu Rockbands.

192 C4 ✉ 74 Leonard Street
☎ (212) 219-3006

Meow Mix

Musiker jeder Art spielen für ein meist lesbisches Publikum.

195, bei F2
✉ 269 East Houston Street
☎ (212) 254-0688

Mercury Lounge

Rock und No-Depression-Music.

195 F2 ✉ 217 East Houston Street
☎ (212) 260-4700

SOB's (Sounds of Brazil)

Immer gute Stimmung bei lateinamerikanischer Musik und karibischem Essen.

194 C2 ✉ 204 Varick Street
☎ (212) 243-4940

Tonic

Ein gefragter Teffpunkt auf der Lower East Side, in dem zumeist neuer Jazz ertönt.

195 F1 ✉ 107 Norfolk Street
☎ (212) 358-7503

FILM

Angelika Film Center

Uraufführungskino für amerikanische unabhängige und internationale Kunstfilme. Es gibt ein Café.

195 D2 ✉ West Houston Street/Ecke Mercer Street ☎ (212) 995-2000

Film Forum

Dieses Kino ist Aufführungsort sämtlicher Kategorien des Films.

194 C2 ✉ 209 West Houston Street
☎ (212) 727-8110

Ausflüge

New York ist mehr als nur Manhattan. Wer sich davon überzeugen will, gelangt zu Fuß oder mit der U-Bahn nach Brooklyn oder nimmt die Fähre nach Staten Island.

Brooklyn

»Breuckelen« war eine von einem halben Dutzend Ortschaften, die die Holländer im 17. Jahrhundert gründeten. Heute ist es New Yorks dichtest besiedelter Stadtteil. Eine knappe Mehrheit von nur dreihundert Stimmen brachte 1898 die Entscheidung, dass sich die damals drittgrößte Stadt Amerikas mit Bronx, Queens, Manhattan und Staten Island zu New York City zusammenschloss. Viele Einwohner, auch die, die sich damals dafür entschieden hatten, hielten es später jedoch für einen großen Fehler, denn Brooklyn verlor dadurch einen Teil seiner Identität.

Walt Whitman war im 19. Jahrhundert der Herausgeber der Lokalzeitung *(The Brooklyn Eagle)*, zu einer Zeit, als viele Industriemagnaten in Brooklyn Heights oder in der Nähe des Wassers wohnten. Aus Brooklyn stammen zahlreiche amerikanische Superstars, zum Beispiel Mae West, Eddie Murphy, Jerry Seinfeld, Barbra Streisand und Woody Allen.

Da dieser Ausflug großenteils zu Fuß stattfindet, unternimmt man ihn am besten bei gutem Wetter und zwischen Mittwoch und Sonntag, wenn die Geschäfte geöffnet sind.

1–2

Der Spaziergang beginnt an der Brooklyn Bridge (► 153f). Von Midtown nimmt man die U-Bahn-Linien 4, 5 oder 6 Richtung Downtown bis City Hall/Brooklyn Bridge. Nach Verlassen des südlichen Ausgangs geht es links den Schildern »Brooklyn Bridge« nach. Die Brooklyn Bridge Promenade beginnt oberhalb der Stufen. (Wenn man mit dem Taxi kommt, liegt die Promenade auf der Ostseite der Center Street, südlich der Chambers Street.)

Bevor Brooklyn erreicht wird, gabelt sich der Weg – man bleibt auf der linken Seite. Die Treppen runter, rechts zur Cadman Plaza East und dann rechts auf dem ersten asphaltierten Weg. Über die Cadman Plaza West geht es zur Middagh Street. (Wenn man sich den Spaziergang über die Brücke sparen will, fährt man mit der U-Bahn-Linie A oder C von Manhattan bis High Street/Brooklyn Bridge. Man folgt den Hinweisen »Fulton Street«, vollzieht am Ende der Treppe eine Kehrtwendung und erreicht nach einem halben Block Middagh Street.)

2–3

Von der Middagh Street biegt man links in die Henry Street. Nach zwei Blocks geht es an der Orange Street nach rechts. Die Plymouth Church of the Pilgrims war einer der Rastplätze auf der »Underground Railroad«, dem Weg, der die Sklaven aus dem Süden in die Freiheit führte.

Farbtupfer bringen Leben in Brooklyns Straßen

3–4

Es geht weiter bis zur Willow Street, dann rechts und nach Norden zur Middagh Street. Das dreistöckige Haus mit der Nummer 24 ist das älteste Holzhaus in Brooklyn.

4–5

Man kehrt auf der Willow Street um bis Cranberry Street und dann rechts. Eine Gedenktafel am Haus Nr. 11 beschreibt die Meriten des Mott Bedell House.

5–6

Auf der Cranberry Street setzt sich der Weg fort nach Westen, bis man die Fruit Street Sitting Area erreicht und sich dort nach links wendet. Ein Block später biegt der Weg nach rechts ab und verläuft in Richtung Brooklyn Heights Promenade. Hier erzählt eine Tafel die Geschichte von Brooklyn Heights.

6–7

Jetzt ist Zeit für eine kleine Rast zum Erholen und um den Blick auf Lower Manhattan zu genießen. Beim Flaggenmast an der Montague Street, vier Blocks später, biegt man dann nach links ab.

Die Brooklyn Bridge sieht aus jeder Perspektive gut aus

7–8

Gehen Sie Richtung Osten auf der Montague Street an einigen interessanten Läden und Restaurants (das **Heights Café** in der Nr. 84 ist sehr beliebt) vorbei bis zur Kreuzung mit der Clinton Street. Von der Südostecke können Sie vier schöne Gebäude in vier verschiedenen Stilen sehen: Neogotik (St. Ann's und die Holy Trinity Church an der Nordwestecke), italienische Renaissance (177 Montague Street), Neoromanik (183 Montague Street) und Art Déco (185 Montague Street).

8–9

Auf der Montague Street geht es weiter bis zur Court Street und dann rechts. Die Court Street nach Süden bis zur Schermerhorn Street, dann links bis zum unterhaltsamen New York Transit Museum.

9–10

Vom Museum geht es zurück zur Court Street, dann links bis zur Atlantic Avenue und dort rechts. Hier gibt es eine Ansammlung orientalischer Geschäfte und Restaurants, darunter die **Damascus Bakery** (195 Atlantic Avenue) mit leckeren Fleisch- und Spinatpasteten zum Mitnehmen. Gutes Essen wird auch im **Tripoli Restaurant** (156 Atlantic Avenue), einem libanesischen Spezialitätenlokal, zubereitet.

10–11

Um zum nächsten Punkt, dem **Brooklyn Botanic Garden**, zu gelangen, muss man sich entweder der U-Bahn oder ganz einfach eines Fahrdienstes (► 169) bedienen.

Die U-Bahn-Haltestelle Court Street liegt fünf Blocks nördlich an der Court Street. Man nimmt entweder die Linie 2 Richtung Flatbush Avenue oder die Linie 3 Richtung New Lots Avenue (auf keinen Fall Richtung Manhattan). Der Zug hält siebenmal bis Eastern Parkway/Brooklyn Museum. Dort folgt man den Wegweisern zum Museum, der botanische Garten liegt gegenüber. Hier sind der **Azaleenweg**, der **japanische Garten** und das **Steinhardt Conservatory** die Hauptattraktionen.

Da es in Brooklyn nicht so viele Taxis gibt wie in Manhattan, sollte man

Der Brooklyn Botanic Garden in voller Blütenpracht

auf einen Fahrdienst zurückgreifen. Atlantic Car Service (Tel. 718/797-0666) oder Montague Car Service (Tel. 718/625-6666) sind zu empfehlen. Die Fahrt sollte nicht mehr als zehn Dollar kosten; zwischen 15.30 und 18.30 Uhr muss man eine Wartezeit von dreißig Minuten einkalkulieren.

Zu den Attraktionen im erstklassigen **Brooklyn Museum of Art** gehören die ägyptische Abteilung (zweiter Stock) und die kunstgewerbliche Sammlung (dritter Stock). Die erstklassige Sammlung amerikanischer Kunst im vierten Stock zeigt unter anderem Francis Guys *Winter Scene in Brooklyn* (um 1817) und Georgia O'Keeffes *Brooklyn Bridge* (1948).

11–12

Mit der U-Bahn-Linie 2 oder 3 fährt man zurück nach Manhattan. Wer noch das Trendviertel Park Slope erkunden möchte, sollte im Museum fragen, ob die Bahn dorthin noch fährt. Sonst kann man sich mit Brownstone Car Service (Tel. 718/789-1536) für etwa fünf Dollar dorthin fahren lassen.

Ein guter Tipp für das Abendessen ist **Cucina** (256 5th Avenue, Nähe Garfield Street, Tel. 718/230-0711), wo es Spezialitäten der norditalienischen Küche gibt. Ungezwungener und günstiger ist das Bistro **Max & Moritz** (426A 7th Avenue, Ecke 14th Street, Tel. 718/499-5557).

Man sollte im Restaurant fragen, wie man die U-Bahn zurück nach Manhattan erreicht, oder einen Fahrdienst anrufen. Die Fahrt nach Midtown kostet ungefähr 20 Dollar.

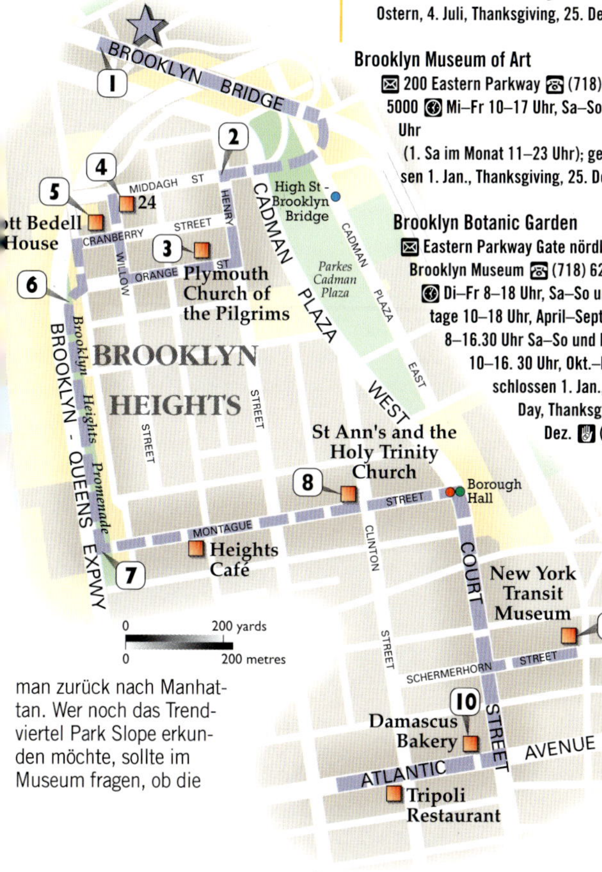

New York Transit Museum
✉ Boerum Place, Ecke Schermerhorn Street ☎ (718) 243-3060 ⌚ Di–Fr 10–16 Uhr, Sa–So 12–16 Uhr; geschl. 1. Jan., Ostern, 4. Juli, Thanksgiving, 25. Dez. ($)

Brooklyn Museum of Art
✉ 200 Eastern Parkway ☎ (718) 638-5000 ⌚ Mi–Fr 10–17 Uhr, Sa–So 11–18 Uhr
(1. Sa im Monat 11–23 Uhr); geschlossen 1. Jan., Thanksgiving, 25. Dez. ($)

Brooklyn Botanic Garden
✉ Eastern Parkway Gate nördlich des Brooklyn Museum ☎ (718) 623-7200 ⌚ Di–Fr 8–18 Uhr, Sa–So und Feiertage 10–18 Uhr, April–Sept.; Di–Fr 8–16.30 Uhr Sa–So und Feiertage 10–16. 30 Uhr, Okt.–März; geschlossen 1. Jan., Labor Day, Thanksgiving, 25. Dez. ($)

Staten Island

Ein Besuch in der unauffälligen, doch zauberhaften Historic Richmond Town spiegelt die Zeit vor ein bis zwei Jahrhunderten, als die Schulen nur aus einer Klasse bestanden und die Kaufläden noch Maulwurfsfallen, Wurststopfer, Aalgabeln und Butterfässer führten. Das nahe gelegene Jacques Marchais Museum of Tibetan Art zeigt nach Ansicht des Dalai Lama außergewöhnlich schöne Exponate der tibetischen Kunst.

An klaren Tagen hat man vom Museumsgarten einen wunderbaren Blick und kann dort ein Picknick machen (das Essen sollte man aus Manhattan mitbringen). Die Richmond Town's Snackbar bietet Suppen, Salate und Sandwiches, außerdem gibt es ein preiswertes Restaurant (Reservierung nötig) mit guter amerikanisch-kontinentaler Küche.

1–2

Nach der Fahrt mit der Staten-Island-Fähre (► 153) nimmt man den Bus S74. Die Fahrt dauert dreißig Minuten, und man sollte den Fahrer bitten, die Haltestelle Historic Richmond Town anzusagen. Das Visitors Center ist ab der Haltestelle ausgeschildert. Die Anlage besteht aus 27 restaurierten Gebäuden, darunter historische Handwerkerwohnungen.

2–3

Der Weg führt auf der Richmond Street zurück, dann rechts und nach drei Blocks biegt man links in die Lighthouse Avenue. Auf einer Anhöhe im Haus Nummer 338 ist das **Jacques Marchais Museum of Tibetan Art** untergebracht.

3–4

Zurück geht es auf der Lighthouse Avenue bis Richmond Road zur Haltestelle der Buslinie S74.

Historic Richmond Town

✉ St. Patrick's Place an der Richmond Road ☎ (718) 351-1661; 718/351-7879 Restaurant 🕐 Mi–So 13–17 Uhr, Sept.–Juni; Mi–Fr 10–17 Uhr, Sa–So 13–17 Uhr, Juli–Aug. ($)

Jacques Marchais Museum of Tibetan Art

✉ 338 Lighthouse Avenue ☎ (718) 987-3500 🕐 Mi–So 13–17 Uhr, April–Nov.; Mi–Fr 13–17 Uhr, Dez.-März (die Zeiten im Winter variieren, besser anrufen) ($)

Auf der Staten Island Ferry, dem besten kostenlosen Vergnügen in New York

Spaziergänge

1 42nd STREET

Spaziergang

LÄNGE: 2,4 Kilometer **DAUER:** 2 Stunden
BEGINN: U-Bahn-Station 42nd Street/8th Avenue (Linien A, C, E) 196 B3
ENDE: United Nations 45th Street und 1st Avenue (Busse M15, M27, M42, M50) 197 F4

Atmosphäre und Bebauung der 42nd Street verändern sich auf ihrem Weg durch Manhattan. Während am Westende in der Nähe des Times Square ein hektisches Tempo herrscht, ist es am anderen Ende nahe dem East River geradezu friedlich. Die Straße wird von einigen der schönsten Häuser der Stadt im Art-déco-, modernen oder postmodernen Stil gesäumt. Eine Warnung: Es mag verlockend sein, die Straße während des Spaziergangs zu überqueren, wo man möchte. Der Verkehr fließt jedoch in beide Fahrtrichtungen und nimmt keine Rücksicht auf Fußgänger. Man sollte die Fußgängerüberwege benutzen.

1–2

Man verlässt die U-Bahn am Ausgang 42nd Street und geht zur südöstlichen Ecke der Kreuzung 42nd Street/8th Avenue. Im Osten locken zwar die bunten Lichter des Hightech-Zeitalters, doch im Westen lohnt sich ein Blick auf vergangene Zeiten. An der Nordseite zwischen 8th und 9th Avenue

befindet sich die Holy Cross Church. 1867 aus roten Ziegeln erbaut, ist sie eines der ältesten Gebäude am Times Square. Louis Comfort Tiffany gestaltete den Innenraum, leider blieb nur eines seiner Glasfenster erhalten.

Direkt gegenüber erhebt sich das McGraw-Hill-Building aus blau-grünem Terrakotta, benannt nach dem Verlag, der der erste Mieter war. Mehr noch als das Rockefeller Center, bei dem auch Raymond Hood der verantwortliche Architekt war, zeigt dieser 1931 gebaute Wolkenkratzer die Schwerpunkte der modernen Architektur, besonders die Vorliebe für emporstrebende Linien und die Ablehnung von Verzierungen.

Schaut man jetzt nach Osten, so zeichnen sich einige Blocks weiter auf der Nordseite der 42nd Street die Konturen des Chrysler Building ab. Unser Weg führt weiter nach Osten.

Lassen Sie sich auf der berühmten 42nd Street vom Leben Manhattans treiben

2–3

Die Gegenwart zeigt sich wieder beim AMC Multiplex mit 25 Vorführräumen. Das 3500 Tonnen schwere frühere Empire Theater, ursprünglich nach Julian Eltinge, einem bekannten Frauendarsteller des frühen 20. Jahrhunderts, benannt, wurde fünfzig Meter nach Westen bewegt und bildet heute das Foyer des Multiplex. Östlich davon befindet sich ein Ableger von Madam Tussaud's Wachsmuseum. Gegenüber steht das Candler Building, ein schmaler Wolkenkratzer, der 1913 fertig gestellt und nach dem Gründer der Coca-Cola Co. benannt wurde.

3–4

Östlich des Candler Building befindet sich das New Amsterdam Theater (➤ 172), dessen prächtiges Art-déco-Foyer den Glamour des Gebäudes erahnen lässt.

4–5

Auf der gegenüberliegenden Straßenseite zieht das New Victory Theater mit seiner großen Außentreppe und Fenstern aller Art die Blicke auf sich. 1900 im pseudovenezianischen Stil errichtet, ist es das älteste Theater im Bezirk. Diekt daneben ist das Reuters Building, 3 Times Square, das 2001 fertig gestellt wurde und riesige Werbeflächen bietet. Dann setzt man den Weg über die 7th Avenue fort.

5–6

Das Dreieck, das von der 42nd Street, 7th Avenue und Broadway gebildet wird, ist der Times Square (➤ 63). Der Turm innerhalb des Dreiecks ist Times Square 1, das Stammhaus der *New York Times*. Das neue Jahr wird hier stets damit begonnen, dass eine leuchtende Kugel hinabschwebt. Unter der Leuchtreklame ist eine kurze Pause mit Blick nach Osten auf den Broadway angebracht.

An der südöstlichen Ecke der 42nd Street Ecke Broadway befindet sich das ehemalige Knickerbocker Hotel. Zurzeit ist es ein Bürohaus, soll aber wieder seinem einstigen Zweck zuge-

Bryant Park: eine grüne Lunge an der 42nd Street

Unten: der Lesesaal der New York Public Library

führt werden. Das rote Ziegelgebäude ließ John Jacob Astor IV. zehn Jahre, bevor er mit der *Titanic* unterging, erbauen. Heutzutage finden die Feiern an der nordöstlichen Ecke am postmodernen, verspiegelten Wolkenkratzer Times Square 4 mit seiner Leuchtwerbung statt.

Weiter geht es nach Osten über den Broadway und die 6th Avenue (Avenue of the Americas). Das W. R. Grace Building (1114 6th Avenue), ein moderner Bau aus weißem Travertin mit getönten Fensterscheiben, erinnert an eine Sprungschanze.

6–7

Der hübsche Bryant Park (➤ 67f) liegt gegenüber dem Grace Building. Am Rand des Parks an der 40th Street steht das frühere American Radiator Building, das durch schwarze Steine mit goldener Verzierung auffällt.

7–8

Die New York Public Library (➤ 68f) grenzt direkt an die östliche Seite des Parks. Weiter geht es nach Osten bis zur 5th Avenue und dann rechts. Zwei Löwen aus Stein, *Geduld* und *Stärke,* flankieren die beeindruckende Treppe der Bibliothek. Man betritt durch den Mitteleingang den marmornen Rundbau, die Astor Hall, um dann über die linke Treppe im zweiten Stock die Wandgemälde und den Leseraum zu besichtigen.

8–9

Von der Bibliothek aus geht es weiter in östliche Richtung bis zum Grand Central Terminal (➤ 52). Im Untergeschoss lädt eines der vielen Restaurants zu einer Pause ein, man sollte sich aber auf jeden Fall das Deckengemälde in der Haupthalle ansehen.

9–10
Das Chanin Building gegenüber dem Grand Central an der Ecke 42nd Street/Lexington Avenue schmückt ein Fries, auf dem Meeresgetier dargestellt wird. Die Innenausstattung der an eine Kathedrale erinnernden Eingangshalle kündet vom Einfluss deutscher Expressionisten auf das amerikanischen Art déco in den Zwanzigerjahren.

10–11
Schräg gegenüber der Kreuzung erhebt sich das Chrysler Building (➤ 65), dessen Äußeres an das Modell eines Chrysler aus dem Jahr 1929 anknüpft. Sehenswert ist die höhlenartige Eingangshalle.

11–12
Man bleibt auf der Straßenseite, um das aluminiumverkleidete Socony-Mobil-Building genauer betrachten zu können, das 1955 zwischen Lexington und 3rd Avenue gebaut wurde. Der Eingang ist 150 East 42nd Avenue. Die moderne Halle ist heller und luftiger als diejenigen des Chanin und Chrysler Building.

12–13
Das Haus mit der Nummer 220, ein weiterer Bau von Raymond Hood, ist das Daily News Building, das Sensationsblatt hat seinen Sitz jedoch nicht mehr hier. Im Foyer »schwebt« unter einer schwarzen Glaskuppel eine große Erdkugel.

13–14
Man überquert die 2nd Avenue, und nach einem halben Block führt eine Treppe zu den Tudor City Apartments. Der Blick von der Überführung an der Spitze der Treppe reicht hinüber zum East River, dem UN-Komplex und bis nach Queens.

14–15
Hinter dem Tudor City Place biegt man links in die 43rd Street und geht die Treppen zum Ralph Bunche Park hinunter, überquert die United Nations Plaza (1st Avenue) und wendet sich nach links. An der 46th Street sind die United Nations Headquarters (➤ 65). Von der belebten Plaza wird das moderne Design der Gebäude deutlich.

Nicht verpassen!
Grand Central Terminal (➤ 52ff)
Chrysler Building (➤ 65)

Nicht nur das Äußere des Chrysler Building ist beeindruckend, sondern auch die Art-déco-Eingangshalle

2 BUMMEL DURCH UPTOWN

Spaziergang

LÄNGE: 3,2 Kilometer **DAUER:** 1½ bis 2 Stunden
BEGINN: 5th Avenue und 105th Street (Bus M4 bis Madison Avenue und 104th Street; einen Block nach Westen bis 5th Avenue gehen) 200 B3 **ENDE:** 122nd Street und Riverside Drive (Bus M4 oder M104 von 122nd Street und Broadway) 200, bei A5

Der Weg durch ein ländliches Manhattan ohne die üblichen Massen in Midtown beginnt an der oberen 5th Avenue. An der 105th Street bildet ein hohes Eisentor (man beachte die Monster oberhalb der Flügel) den Eingang zum Conservatory Garden im Central Park (➤ 82 ff). Es geht durch den nördlichen Park zur größten neogotischen Kathedrale der Welt bis zu einem Hügel oberhalb des Hudson River. Der beste Zeitpunkt für diesen Spaziergang ist ein warmes Wochenende, wenn die New Yorker anderswo unterwegs sind.

1–2

Von der Bushaltestelle der Linie M4 geht es einen Block nach Westen zum Conservatory Garden, der sich an der 5th Avenue gegenüber dem Museo del Barrio und dem Museum of the City of New York (➤ 95 ff) erstreckt. Das Gartentor schützte einst Mr und Mrs Cornelius Vanderbilt II vor Strolchen, die sich für ihr Haus an der 5th Avenue Ecke 58th Street interessierten. Der Blick fällt auf einen Springbrunnen, hinter dem sich vier exakt geschnittene Hecken, gekrönt von einem schmiedeeisernen Spalier, befinden. Man wendet sich zuerst nach links (südlich), um dann nördlich der Untermeyer Fountain, die auch unter dem Namen *Three Dancing Maidens* bekannt ist, den Garten zu verlassen.

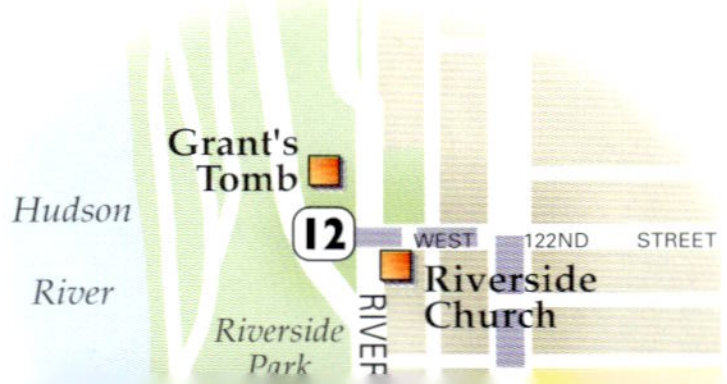

2–3

Große Steinblöcke türmen sich an der Westseite des Harlem Meer (holländisch für »kleine See«). Am südlichen Ende des Teiches geht man nach rechts und folgt dem Weg, der sich zuerst nach Norden parallel zur 5th Avenue und dann nach Westen zum viktorianischen Charles A. Dana Discovery Center windet.

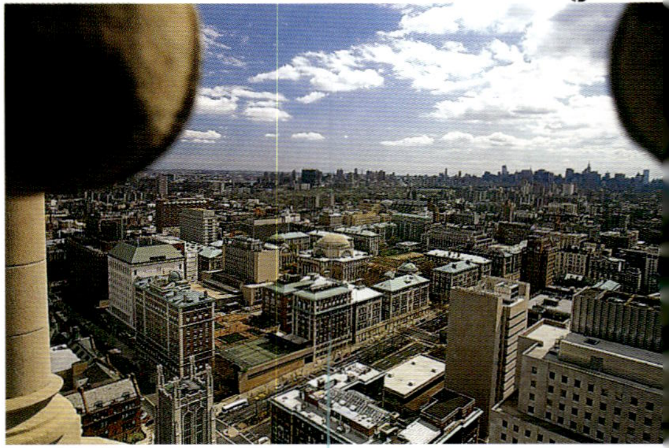

Blick von der Riverside Church auf Uptown

Westen und dann nach Norden bis zur Ampel. Nach dem Überqueren der 110th Street geht es nach links.

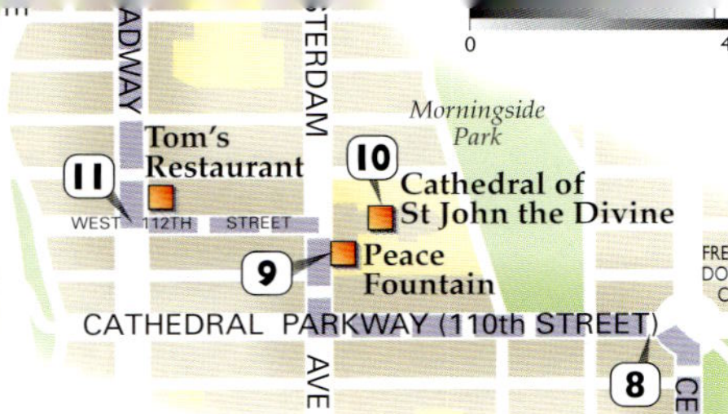

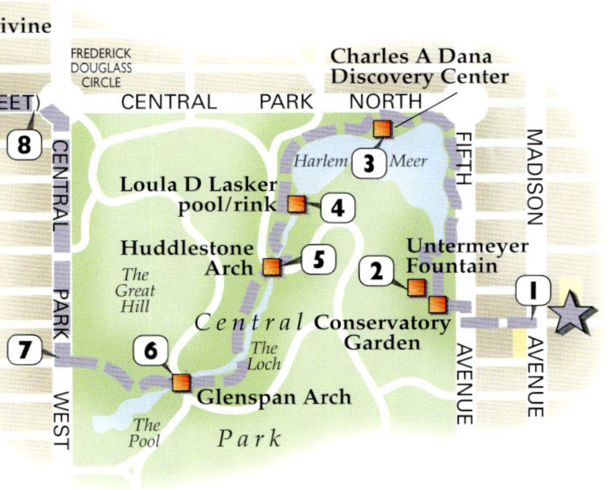

3–4

Von der Terrasse des Center hat man einen guten Blick über das Wasser. Der nächste Abschnitt führt durch einen einsamen, aber normalerweise sicheren Teil des Parks. Vorsichtige Naturen können den Weg parallel zu Central Park North (110th Street) zum Frederick Douglass Circle nehmen und dort bei den Etappen 7–8 den Spaziergang wieder aufnehmen. Die anderen gehen um den Teich nach Süden und halten sich dabei rechts (westlich) vom Loula D. Lasker Pool/Ice-skating Rink.

4–5

Hinter dem Pool/Rink geht es einige Schritte hinunter. Von hier führen zwei Wege nach Süden durch das hügelige Gebiet, das den Erbauern des Central Park, Frederick Law Olmsted und Calvert Vaux, am besten gefiel. Man hält sich rechts und durchschreitet den Huddlestone Arch.

5–6

Einige hundert Meter hinter Huddlestone überquert man die kleine Holzbrücke und wendet sich dann nach rechts. Kurze Zeit später gelangt man zum Glenspan Arch.

6–7

Ein Wasserfall ergießt sich in den See, an dessen Ufer der Weg entlang führt. Weidenbäume säumen das südliche Ufer. Man begibt sich zum Nordufer und dann weiter – vor der Abzweigung in Richtung Süden – nach Nordwesten zum Ausgang 103rd Street und Central Park West.

7–8

Von hier geht es nach Norden zum Frederick Douglass Circle. An der 110th Street überquert man Central Park West, folgt der Biegung nach

8–9

Über die 110th Street, die auch als Cathedral Parkway bekannt ist, erreicht man die Amsterdam Avenue, um dort rechts abzubiegen. An der 111th Street sprudelt die riesige bronzene *Peace*

Fountain mit der Darstellung des Erzengels Michael, der den Teufel erschlägt.

9–10
Hinter dem Brunnen wird die Cathedral of St John the Divine (➤ 99f) sichtbar.

10–11
Nach der Besichtigung der Kirche geht es Richtung Westen auf der 112th Street bis Broadway. Die Fans der Fernsehshow *Seinfeld* werden an der nordöstlichen Ecke Tom's Restaurant erkennen, einen bevorzugten Aufenthaltsort des Titelhelden. An der Westseite des Broadway kann man den Bus M4 nach Süden bis Midtown East oder M104 nach Midtown West besteigen.

11–12
Wer möchte, kann weiter auf dem Broadway, vorbei an der Columbia University, bis zur 122nd Street und dann nach Westen bis zum Riverside Drive am Riverside Park (➤ 99) gehen. Auf der linken Seite ist die Riverside Church, rechts Grant's Tomb. Der Blick vom Kirchturm über den Hudson River ist faszinierend.

12–13
Unerschrockene können am Hudson River durch den Riverside Park Richtung Midtown gehen. Ansonsten fährt der Bus M4 oder M104 ab der Westseite vom Broadway, oder man nimmt ein Taxi.

Nicht verpassen!

Conservatory Garden (➤ 84)
Cathedral of St John the Divine (➤ 99f)

Musikalische Einlage im Park. Rechts: der Blick von der Riverside Church auf Grant's Tomb

3 WEST VILLAGE

Spaziergang

LÄNGE: 3,5 Kilometer **DAUER:** 2 Stunden
BEGINN/ENDE: U-Bahn-Station West 4th Street/Washington Square (A, C, E, F) 194 C2

Beim Schlendern durch die engen Gassen im West Village, beim Blick in abgeschlossene Höfe und beim Besuch der eigenwilligen Geschäfte wird sofort ersichtlich, was schon Generationen von Künstlern faszinierte. Man sollte aber darauf achten, sich im Gewirr der Straßen nicht zu verirren. Einige der nachfolgend erwähnten Sehenswürdigkeiten wurden bereits im Kapitel »Greenwich Village« (➤ 120 ff) beschrieben.

1–2

Der Spaziergang beginnt an der Westseite der 6th Avenue (Avenue of the Americas) am Waverly Cinema. Nach Verlassen der U-Bahn an der Ostseite der 6th Avenue überquert man die Straße an der West 4th Street. Vor dem Kino blickt man linker Hand in südliche Richtung. Auf der 6th Avenue geht es bis zur Carmine Street nach Süden und dann nach rechts. Auf der Carmine Street befinden sich zwischen Bleecker und Bedford Street zwei außergewöhnliche Geschäfte: in Nummer 34 der Unoppressive, Non-Imperialist Bargain Books Store (gute Preise bei Büchern über Musik und Filme) und gegenüber das House of Oldies Rare Records (Nummer 35).

2–3

Da der Spaziergang wieder zu Abschnitt 1 zurückführt, kann man beide Geschäfte später besuchen. Weiter geht es bis zur 7th Avenue South und dann rechts. Einen Block weiter nördlich an der Kreuzung 7th Avenue und St Luke's Place (➤ 121), auch Leroy Street genannt, biegt man nach links in eine ruhige, von Bäumen gesäumte Straße mit Häusern aus dem 19. Jahrhundert.

3–4

Der Hudson Park gegenüber St Luke's Place war ursprünglich ein Friedhof, bis er in einen Spielplatz umgewandelt wurde. Dass hier der verschwundene Sohn von Ludwig XVI. und Marie-Antoinette, die während der Französischen Revolution geköpft wurden, begraben liegt, ist ein gerne erzähltes Märchen.

4–5

Vom St Luke's Place geht es nach Westen bis zur Hudson Street, dann rechts an Cafés und Geschäften vorbei bis zur Barrow Street. Dort biegt man links ab. Wenn man Glück hat, stehen die Rosen im Garten der alten, 1822 erbauten St Luke-in-the-Field Church in voller Blüte.

5–6

Von der Hudson Street geht es nach Osten zur Barrow Street. Am Haus Nr. 81 informiert eine Tafel über dieses Haus aus dem 19. Jahrhundert. An der Nr. 79 führt die Commerce Street auf die Barrow Street. Man geht rechts ab, um dann aber sofort stehen zu bleiben. Die dreistöckigen Häuser 39 und 41 werden durch einen Garten getrennt. Sie wurden 1831 von einem Kapitän für seine beiden zerstrittenen Töchter gebaut. Weiter geht es auf der Commerce Street, die am Cherry Lane Theater eine Kurve macht. Hier wurden Stücke von Edward Albee, David Mamet und anderen uraufgeführt.

Ein Kunstwerk, das viel Fingerspitzengefühl erfordert

6–7

Auf der Commerce Street geht es nach Osten, dann an der Bedford Street rechts. Das Isaacs-Hendricks House, Nummer 77, ist das älteste Haus im West Village, findet aber weniger Beachtung als sein schmaler Nachbar mit der Nummer 75½ (➤ 121). Man wendet sich zurück zur Bedford Street, vorbei an dem früheren *Speakeasy* Chumley's in der Nummer 86 (➤ 121).

7–8

Es geht links in die Grove Street bis zum schicken Grove Court (➤ 121) zwischen den Häusern mit den Nummern 10 und 12. An der nordöstlichen Ecke der Kreuzung Grove und Bedford Street befindet sich das älteste Holzhaus im Village, 17 Grove Street.

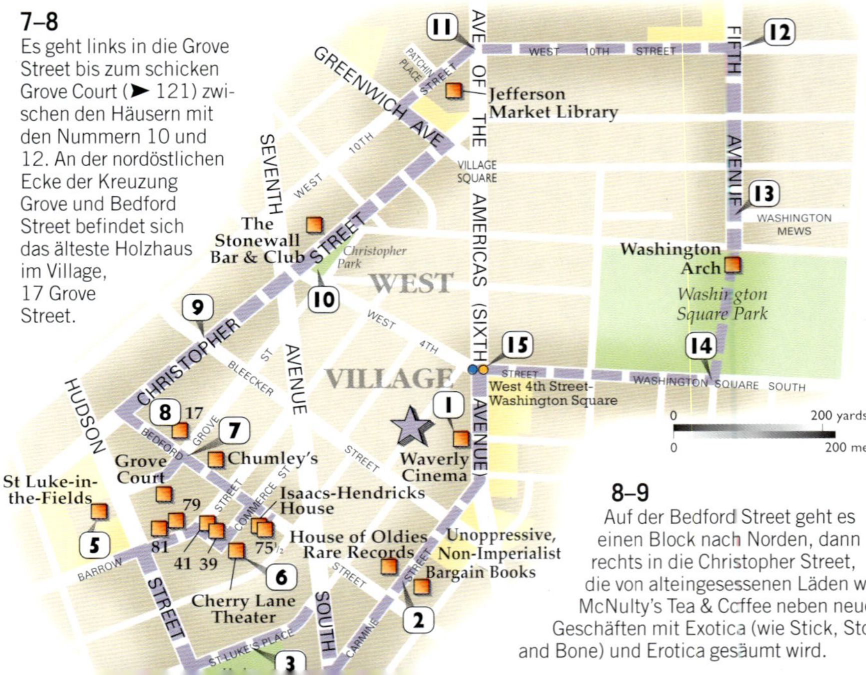

8–9

Auf der Bedford Street geht es einen Block nach Norden, dann rechts in die Christopher Street, die von alteingesessenen Läden wie McNulty's Tea & Coffee neben neuen Geschäften mit Exotica (wie Stick, Stone and Bone) und Erotica gesäumt wird.

9–10
Zurück auf der Bleecker Street, locken die Geschäfte nördlich der Christopher Street. Ein Einkaufsbummel ist kein Problem, man sollte aber zur Christopher Street zurückkehren und sich dann über die 7th Avenue South zum Christopher Park (➤ 121) begeben.

10–11
Zu George Segals Plastik *Gay Liberation* gehören auch die beiden Lesbierinnen auf der Parkbank. Im Haus 53 Christopher Street befindet sich Stonewall Bar & Club (➤ 19). Man überquert die Straße und geht dann nach Osten bis zur Greenwich Avenue, dort links und dann rechts in die West 10th Street. Auf der linken Seite erstreckt sich der Patchin Place, rechts ist die neugotische Jefferson Market Library (➤ 121), die von der Ecke West 11th Street und 6th Avenue am beeindruckendsten aussieht.

11–12
Nach Überqueren der 6th Avenue an der West 10th Street ist die 5th Avenue erreicht. Hier stehen die wohl schönsten Häuser des Village aus der Mitte des 19. Jahrhunderts. Beim Blick von der 5th Avenue nach Süden (rechts) wird der Washington Arch sichtbar.

12–13
Kurz vor dem Bogen, an der Ostseite der 5th Avenue, stößt man auf die Washington Mews (➤ 121).

13–14
Von hier aus läuft man auf der 5th Avenue nach Süden bis zum Washington Square Park (➤ 121).

14–15
Man verlässt den Park am Washington Square South, der zur West 4th Street wird, und begibt sich zum Eingang der U-Bahn an der 6th Avenue.

Nicht verpassen!
2 St Luke's Place (➤ 121)

7 Christopher Street: Die Einfamilienhäuser aus dem 19. Jahrhundert lassen sich häufig am Äußeren von den späteren Mietshäusern unterscheiden. Erstere haben normalerweise drei Fenster und die Haustür an der Seite. Die Mietshäuser haben vier Fenster und die Haustür in der Mitte.

Die 5th Avenue endet am Washington Arch

4 SOHO
Spaziergang

LÄNGE: 3,5 Kilometer **DAUER:** $1^1/_2$ bis 2 Stunden
BEGINN: U-Bahn-Station Broadway/Lafayette Street (F und 6 Richtung Downtown) ✚ 195 D2
ENDE: U-Bahn-Station Canal Street (A, C, E) ✚ 192 B5

Trotz aller schicken Pracht hat SoHo die Nüchternheit des früheren Industriestandorts beibehalten. Dieser Spaziergang führt zu historischen Cast-Iron-Häusern, von denen viele heute Geschäfte, Cafés oder Galerien beherbergen.

1–2
Startpunkt ist die U-Bahn-Haltestelle Broadway/Lafayette Street, von wo es auf der südlichen Seite der East Houston Street nach Osten bis zur Lafayette Street geht. Das Haus Nummer 295, Puck Building, schmückt eine vergoldete Statue des Puck. Hier wurde die amerikanische Version des Satiremagazins *Puck* herausgegeben. An der Houston Street beschreibt eine Tafel die Geschichte des Hauses.

2–3
Auf der Lafayette Street geht es nach Süden an Designer- und Kleidergeschäften vorbei.

Am Ende des Blocks biegt man rechts in die Prince Street, dann links in den Broadway.

3–4
Das Little Singer Building (➤ 149) auf der Westseite des Broadway besticht durch seine Fassade aus Glas und Stahl. Das von Ernest Flagg 1903 für die Singer Manufacturing Company geschaffene Gebäude wird oft als Vorläufer der Wolkenkratzer der 1950er-Jahre bezeichnet. Das Haughwout Building (➤ 151), das älteste Cast-Iron-Gebäude SoHos, bildet das Ende des nächsten Blocks. An der Broome Street wendet man sich nach rechts und einen Block später an der Mercer Street noch einmal in dieselbe Richtung.

4–5
Auf der Mercer Street geht man nach Norden. Die schicke Bar 89 (89 Mercer Street) lädt mit einem Burger zu einer Pause ein. Hier lohnen

Ein vergoldeter Puck bewacht dieses schmucke Gebäude an der Lafayette Street

die Unisex-Toiletten, Treppe hoch und dann rechts, einen Besuch. Die Türen bestehen aus einem Hightech-Glas, das undurchsichtig wird, wenn man sie schließt. Im Haus Nummer 85 befindet sich The Enchanted Forest, ein märchenhafter Spielzeugladen. Man biegt links in die Prince Street, dann noch einmal links in die Green Street, die von zahlreichen Cast-Iron-Häusern gesäumt wird.

5–6

In den Bürgersteig vor dem Haus 104 Green Street ist das Kunstwerk *Subway Map – Floating on a NY Sidewalk* von F. Schein eingelassen. Das prächtige Gebäude Nummer 72–76, eines der extravagantesten Beispiele für Gusseisenarchitektur, ist bekannt als »King of Green Street«. Die Queen of Green Street hat die Hausnummer 28–30.

6–7

Zurück geht es zur Grand Street und von hier zur Wooster Street, in die man rechts einbiegt. Die Ausstellungen in der anspruchsvollen Toni Shafrazi Galerie (119 Wooster Street) sind immer

sehenswert. Wenn offen ist, besichtigen Sie den **New York City Earth Room** (141 Wooster Street, ➤ 148) eine Installation

7–8

An der West Houston Street geht man nach links bis zum West Broadway, dann wieder links. Kurz vor der Canal Street verdient das SoHo Grand Hotel mit postmodernem Industriedekor in der Eingangshalle einen Blick. Man kann einen Drink an der Bar nehmen oder der Caviarteria (der Name spricht Bände) einen Besuch abstatten.

8–9

Es geht weiter auf dem West Broadway bis zur Canal Street, wo man rechts abbiegt. Nach zwei Blocks ist die U-Bahn-Station Canal Street der Linien A, C und E erreicht. Zwei Blocks weiter gibt es eine Haltestelle für die Linien 1 und 2.

5 LOWER MANHATTAN

Spaziergang

LÄNGE: 4 Kilometer **DAUER:** 1½ bis 2 Stunden
BEGINN: U-Bahn-Station Bowling Green (4, 5) 192 C1
ENDE: U-Bahn-Station South Street Seaport Historic District Fulton Street (1, 2) 193 D3

Der terroristische Anschlag vom 11. September 2001 hat einen Hauptanziehungspunkt von Lower Manhattan zerstört. Die Gegend, in der die Anfänge New Yorks liegen, lohnt aber trotzdem eine Erkundung.

1–2

Der Spaziergang beginnt an der Station Bowling Green und geht von dort aus in Richtung Süden. Man ist bereits im Park und nimmt den rechten Weg vorbei an Bänken und Händlern, die hier Uhren anbieten »for a very good price«. (Tipp: Eine Rolex für 10 $ kann nur eine Fälschung sein.) Der Weg schlängelt sich zum 1811 gebauten Castle Clinton.

2–3

In einem Raum hinter dem Eingang zeigen Dioramen die verschiedenen Funktionen des Gebäudes als Fort, Vergnügungsstätte, Einwanderungsstation und Aquarium. Heute werden hier die Fahrkarten für die Fahrt zur Freiheitsstatue und nach Ellis Island verkauft. Man geht am Westtor hinaus und dann nach Norden an Gangway 6 vorbei.

3–4

Der Bildhauer Marisol schuf das symbolträchtige American Merchant Mariners Memorial nach dem Foto eines sinkenden Schiffs, das im Zweiten Weltkrieg torpediert wurde. Bei Flut umspült das Wasser den Kopf des über Bord gegangenen Mannes. Es geht zurück Richtung Süden, vorbei an Gangway 3.

4–5

Geht man die Stufen links hoch, gerät der große Bronzeadler, der einen Trauerkranz hält, ins Blickfeld. Der Vogel ist das Mittelstück des von Albino Manca geschaffenen *East Coast Memorial* für die

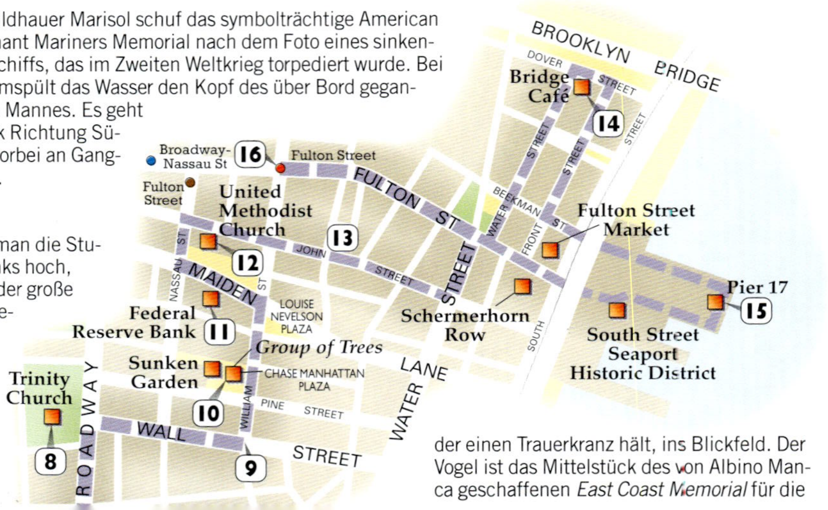

Amerikaner, die während des Zweiten Weltkriegs in den Küstengewässern ums Leben kamen. Steht man dann vor dem Adler, so bemerkt man auf der linken Seite den Weg, der zurück zum Castle Clinton führt. Am Osttor biegt man nach rechts und geht anschließend am Hope Garden vorbei bis zur Kreuzung Battery Place, Broadway und State Street. Auf der anderen Seite befindet sich das US Custom House (➤ 151).

***Charging Bull* von Arturo DiModica**

5–6
Sollte das Custom House geöffnet haben, ist ein Blick in die Great Hall und die Rotunda empfehlenswert. Der Park, den man beim Rückweg sieht, ist Bowling Green.

6–7
Bowling Green wurde ursprünglich wirklich zum Bowling benutzt. Hier stand eine Statue des englischen Königs Georg II., bis amerikanische Kolonisten sie 1776 umstürzten. Der Weg wird fortgesetzt durch Bowling Green zum Broadway.

7–8
Die große Bronzeskulptur *Charging Bull* wurde vom Bildhauer Arturo DiModica auf dem Platz gegenüber von 25 Broadway ohne Genehmigung aufgestellt. Immer wieder unternimmt die Stadt Anläufe, sie zu entfernen, aber die abergläubischen Broker wollen dieses Symbol des Aufschwungs an der Börse nicht missen. Sollte das Postamt 25 Broadway geöffnet haben, so lohnt sich ein Blick auf die Seefahrerreliefs an der Decke des ehemaligen Hauptgebäudes der Cunard Line. Weiter geht es auf dem Broadway nach Norden.

8–9
Gehen Sie an der Trinity Church (➤ 152) nach Osten in den Bereich der Wall Street (➤ 152f). (Zwei Blocks nördlich der Rückseite der Kirche ist der Platz, wo das World Trade Center stand.)

9–10
An der William Street geht es nach Norden. Nördlich der Pine Street an der Chase Manhattan Plaza sieht man die große Plastik *Group of Trees* von Jean Dubuffet. Von der Pine Street führen Treppen auf die Plaza mit dem abgesenkten Skulpturengarten von Isamu Noguchi.

10–11
Östlich davon führen Treppen zurück auf die William Street. Nach links geht es zur Louise Nevelson Plaza, die mit vier großen schwarzen Metallplastiken der Künstlerin geschmückt ist. Das nüchterne Gebäude gegenüber der größten Plastik ist die Federal Reserve Bank. Es geht links in die Maiden Lane und weiter Richtung Westen zur Bank – im Blickfeld der Sicherheitskameras.

Verzierte Granitplatten führen zu Albino Mancas riesigem Bronzeadler am East Coast Memorial

11–12
In der Federal Reserve Bank of New York, im Stil eines florentinischen Palazzo gebaut, lagern ungefähr hundert Milliarden Dollar in Gold – die Reserven von einigen Dutzend Ländern. An der Nassau Street wendet man sich nach rechts, dann noch einmal nach rechts an der John Street.

12–13
Die United Methodist Church (44 John Street) wurde 1841 erbaut. Das Fenster über dem Eingang lohnt einen genaueren Blick. Der Größenunterschied zwischen der Kirche und den benachbarten Wolkenkratzern ist gewaltig.

13–14
Weiter geht es auf der John Street bis Water Street. Hier biegt man links ab und kommt dann zum South Street Seaport Historic District (➤ 145f). Am Ende der Water Street duckt sich im Schatten der Brooklyn Bridge das Bridge Café (279 Water Street). Manhattans älteste Bar wurde bereits seit 1847 als Saloon genutzt.

14–15
Weiter geht es rechts in die Dover Street und dann wieder rechts in die Front Street. Am Fulton Street Market biegt man links ab über die South Street und läuft bis zum Ende von Pier 17. Nach Erklimmen der Treppen am Ostende tut sich ein phantastischer Blick auf die Brooklyn Bridge auf.

15–16
Es geht wieder über die South Street und dann auf der Fulton Street nach Westen, vorbei an der Schermerhorn Row (➤ 145). Um zur U-Bahn zu kommen, geht man weiter auf der Fulton Street nach Westen.

Nicht verpassen!

Der Spaziergang beginnt am Battery Park, der früher der Verteidigung diente und viele Erinnerungsstücke enthält.
US Custom House (➤ 151)

Praktisches

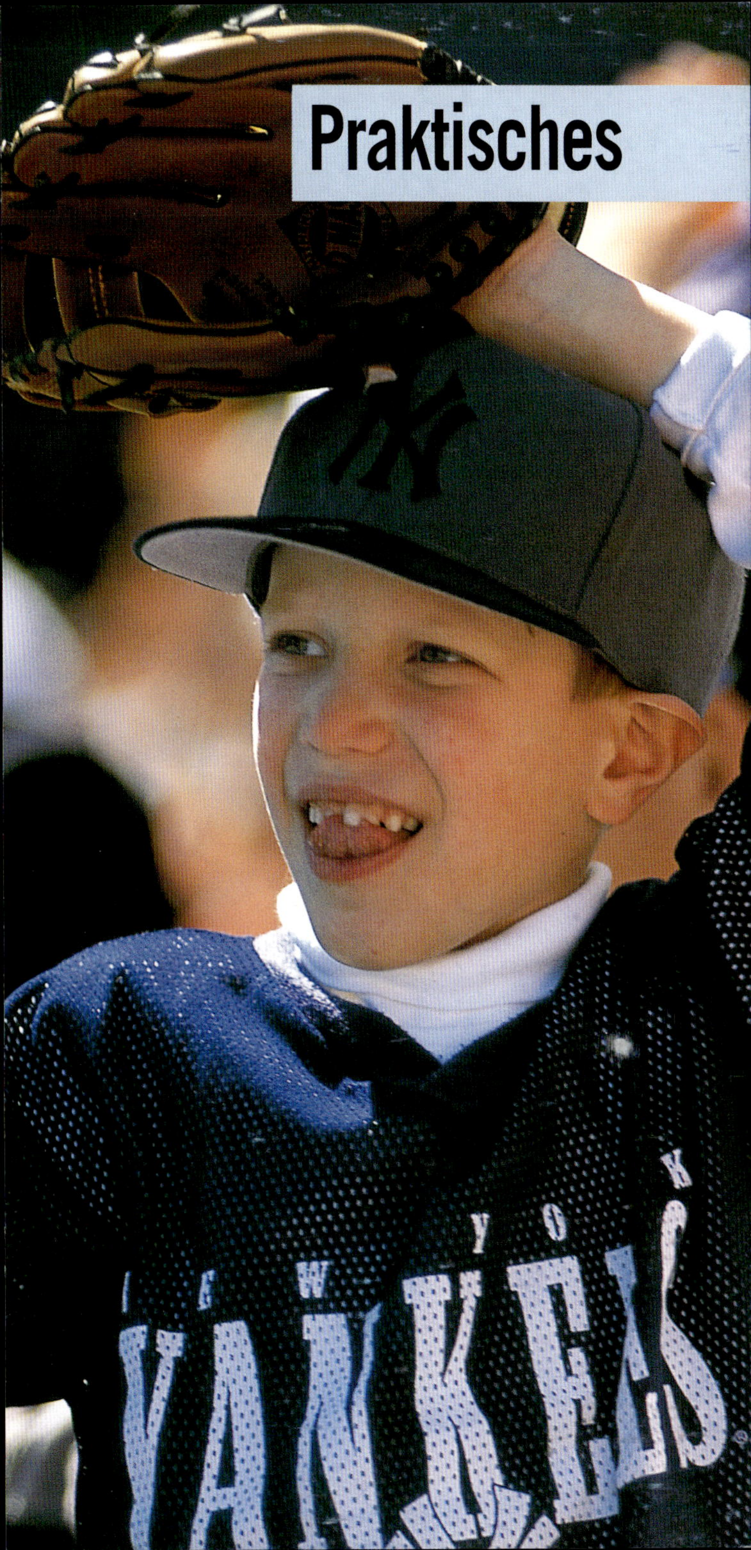

INFORMATION VORAB

Websites

- NYC & Company
  www.nycvisit.com
- Metropolitan Transit Authority
  www.mta.nyc.ny.us
- The Official New York City Web Site:
  www.ci.nyc.ny.us/
- USA City Link Project:
  usacitylink.com/

In den USA
NYC & Company
810 Seventh Avenue
New York
NY 10019
☎ 1-800 NYC-VISIT

REISEVORBEREITUNG

WICHTIGE PAPIERE

● Erforderlich
○ Empfohlen
▲ Nicht erforderlich

	Deutschland	Österreich	Schweiz
Pass	●	●	●
Visum	▲	▲	▲
Weiter- oder Rückflugticket	●	●	●
Impfungen (Tetanus und Polio)	▲	▲	▲
Gesundheitsnachweis	▲	▲	▲
Reisekrankenversicherung	○	○	○
Führerschein (national)	●	●	●
Führerschein (international)	●	●	●
Fahrzeugversicherungen	●	●	●

REISEZEIT

Hauptsaison | Nebensaison

JAN	FEB	MÄRZ	APR	MAI	JUNI	JULI	AUG	SEPT	OKT	NOV	DEZ
Nebensaison	Nebensaison	Nebensaison	Hauptsaison	Hauptsaison	Hauptsaison	Nebensaison	Nebensaison	Hauptsaison	Hauptsaison	Nebensaison	Hauptsaison
4°C	5°C	8°C	16°C	21°C	27°C	29°C	28°C	25°C	19°C	12°C	4°C
Bedeckt	Sonnig	Regenreich	Sonne/Schauer	Sonne/Schauer	Sonne/Schauer	Sonne/Schauer	Sonne/Schauer	Sonne/Schauer	Sonnig	Bedeckt	Sonnig

Sehr regenreich | Regenreich | Bedeckt | Sonnig | Sonne/Schauer

Die Temperaturen bezeichnen die **durchschnittliche Tageshöchsttemperatur** im Monat. Die durchschnittlichen Tiefsttemperaturen liegen ca. 8 bis 10 °C tiefer.
Die sichersten Zeiten für **gutes Wetter** sind Mai, Anfang Juni, September und Anfang bis Mitte Oktober. Im Juli und August erreichen die Temperaturen mehr als 35 °C, manchmal sogar 40 °C, und die **Luftfeuchtigkeit** kann bis zu 90 Prozent betragen.
Alle paar Jahre gibt es in den Wintermonaten **Blizzards,** aber normalerweise beträgt die jährliche **Schneemenge** weniger als 60 cm. Starker Schneefall, insbesondere um die Weihnachtszeit, kann den Verkehr kurzzeitig zum Erliegen bringen.

In Deutschland
Botschaft der Vereinigten
Staaten von Amerika
Neustädtische Kirchstraße
4–5
10117 Berlin
☎ (030) 2 38 51 74

In Österreich
Botschaft der Vereinigten
Staaten von Amerika
Boltzmanngasse 16
1090 Wien
☎ (01) 3 13 39

In der Schweiz
Botschaft der Vereinigten
Staaten von Amerika
Jubiläumsstrasse 93
3005 Bern
☎ (031) 57 70 11

ANREISE

Mit dem Flugzeug: New York hat drei große **Flughäfen:** John F. Kennedy (JFK), Newark und La Guardia. Die meisten internationalen und nationalen Fluggesellschaften fliegen JFK und Newark an, während in La Guardia nur wenige internationale Flüge, darunter auch einige aus London, ankommen.
Es gibt **Direktflüge** von Deutschland (Frankfurt/Main, München, Köln/Bonn), Österreich (Wien-Schwechat) und der Schweiz (Zürich-Kloten).
Flüge von anderen Flughäfen Deutschlands (z. B. Berlin, Hamburg, Hannover, Düsseldorf) legen mitunter einen Zwischenstopp in London-Heathrow oder in einer anderen europäischen Stadt ein.
Die **Flugpreise** sind im Sommer und zu Ostern und Weihnachten am höchsten, mit Glück bekommt man jedoch auch dann eine günstige **Pauschalreise.** Man sollte sich bei Fluggesellschaften, Reiseveranstaltern und im Internet nach günstigen Reisen umsehen. Eine weitere Möglichkeit, Geld zu sparen, bieten Flüge, bei denen man **umsteigen** muss. Die Preise für einen **kurzen Aufenthalt** liegen immer höher, wenn nicht ein Samstag eingeschlossen ist. Bei einer Städtereise sind normalerweise Flug, Unterkunft und eine Stadtrundfahrt enthalten. Die **Flughafensteuer** ist normalerweise im Ticketpreis eingeschlossen.

Mit Zug und Bahn: Alternative Anreisemöglichkeiten für Reisende aus Kanada oder aus den Vereinigten Staaten sind die Züge der **Amtrak** (Tel. 800/872-7245), die an der Pennsylvania Station (33rd Street Ecke 7th Avenue, Tel. 212/630-6400) ankommen, oder die **Überlandbusse,** die am Port Authority Bus Terminal (8th Avenue Ecke 42nd Street, Tel. 212/564-8484) enden.

ZEIT

In New York gilt die Eastern Standard Time, die sechs Stunden hinter der Mitteleuropäischen Zeit zurückliegt. Daylight Saving Time (Sommerzeit, die Uhren werden eine Stunde vorgestellt) gilt von Anfang April bis Ende Oktober.

WÄHRUNG

Geld: Die Währungseinheit ist der US-Dollar (1 $). Ein Dollar hat 100 Cents. **Geldscheine** sind als 1 $, 5 $, 10 $, 20 $, 50 $ und 100 $ im Umlauf. Alle Scheine haben die gleiche Farbe (Grün) und Größe, man muss also genau hinsehen. **Münzen** gibt es als 1 Cent (Penny), 5 Cents (Nickel), 10 Cents (Dime), 25 Cents (Quarter) und 50 Cents (Halfdollar). Eher selten sind Ein-Dollar-Münzen.
Die Ein- und Ausfuhr amerikanischer Zahlungsmittel unterliegt keiner Beschränkung. Dollar-**Reiseschecks** sind die sicherste Art, Geld mit sich zu führen. Sie werden fast überall akzeptiert (nicht in Taxis), ebenso gut sind **Kreditkarten** (Amex, VISA, MasterCard, Diners Card).

Umtausch: Am besten geschieht dies bei einer Bank, aber nicht jede Bank akzeptiert ausländisches Bargeld. Es gibt einen automatischen Geldwechsler im Times Square Visitors Center (1560 Broadway, Ecke 46th Street). Euroschecks und entsprechende Scheckkarten werden nicht akzeptiert.

ZEITUNTERSCHIED

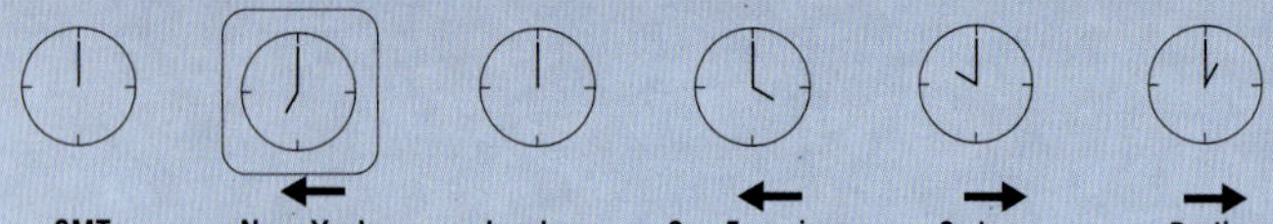

GMT	New York	London	San Francisco	Sydney	Berlin
12 Uhr	← 7 Uhr	12 Uhr	← 4 Uhr	→ 22 Uhr	→ 13 Uhr

DAS WICHTIGSTE VOR ORT

KONFEKTIONSGRÖSSEN

Deutschland	USA	
46	36	Anzüge
48	38	
50	40	
52	42	
54	44	
56	46	
41	8,5	Schuhe
42	9	
43	10,5	
44	10,5	
45	11	
46	11,5	
37	14,5	Hemden
38	15	
39/40	15,5	
41	16	
42	16,5	
43	17	
34	8	Kleider
36	10	
38	12	
40	14	
42	16	
44	18	
36	5,5	Schuhe
37	6	
38	7	
39	7,5	
40	8,5	
41	9	

FEIERTAGE

1. Jan.	Neujahr
3. Mo im Jan.	Martin Luther King Day
3. Mo im Feb.	President's Day
März/April	Ostern (Karfreitag ½ Tag, Ostermontag ganz)
Letzter Mo im Mai	Memorial Day
4. Juli	Independence Day
1. Mo im Sept.	Labor Day
2. Mo im Okt.	Columbus Day
11. Nov.	Veteran's Day
4. Do im Nov.	Thanksgiving
25. Dez.	Weihnachten

Der 2. Weihnachtsfeiertag ist in den USA kein Feiertag. Manche Geschäfte haben an den Feiertagen geöffnet.

ÖFFNUNGSZEITEN

○ Geschäfte
● Büros
● Banken
● Postämter
● Museen/Denkmäler
● Apotheken

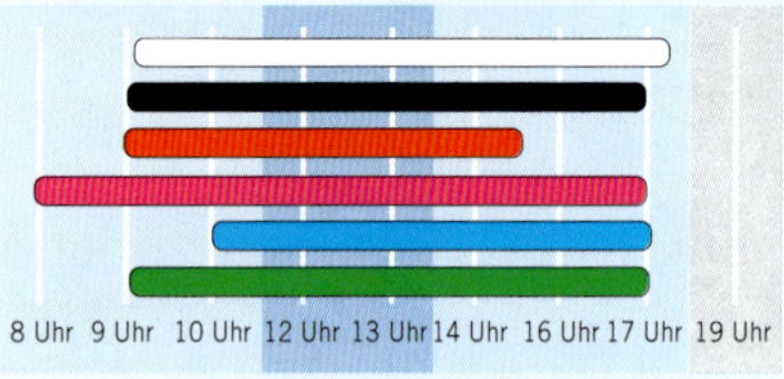

☐ Tag ☐ Mittag ☐ Abend

Geschäfte: Die Öffnungszeiten sind ganz unterschiedlich, aber die meisten haben an einem Wochentag bis 21 Uhr geöffnet. Einige öffnen auch So 12–17 Uhr.
Banken: Manche haben bis 16 Uhr, freitags bis 18 Uhr geöffnet. Die meisten sind samstags, alle sonntags geschlossen.
Postämter: Sa bis 13 Uhr geöffnet. Kleinere Postämter haben kürzer geöffnet.
Museen: Die Öffnungszeiten sind unterschiedlich, meistens jedoch von 9.30 oder 10 Uhr bis 17 oder 18 Uhr.

POLIZEI 911

FEUER 911

NOTARZT 911

ZAHNÄRZTLICHER NOTDIENST (1800) 439-9299

SICHERHEIT

Während der letzten Jahre ist die Kriminalitätsrate in New York stark zurückgegangen, aber man sollte immer noch Vorsichtsmaßnahmen treffen:

- Man sollte sich nachts in der U-Bahn in die *after-hours waiting areas* begeben und den mittleren Waggon benutzen, wo sich der Schaffner aufhält.
- Nach Anbruch der Dunkelheit sollte man nicht allein durch einsame Straßen oder den Central Park gehen.
- Nur so viel Bargeld wie nötig dabei haben, Wertsachen sollte man im Hotel lassen.

Polizei:
911 von jedem Telefon

TELEFONIEREN

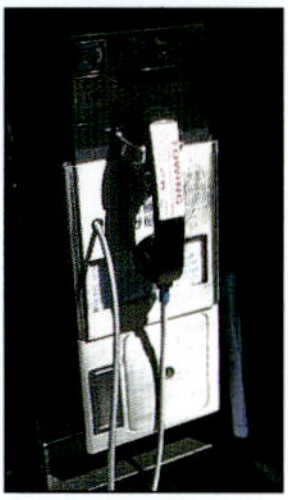

An vielen Straßenecken gibt es öffentliche Telefone, die mit Münzen bestückt werden. Von öffentlichen Telefonen wählt man die 0 für den Operator und nennt dann Land, Stadt und die Nummer, die man anwählen möchte. Für ein Gespräch nach Europa braucht man mindesten $5,50 in »Quarters«. Es gibt auch Telefone für Telefonkarten, die in Drugstores und an Zeitungskiosken erhältlich sind. Für Gespräche innerhalb der USA wählt man die 1 plus Vorwahl. Unter der 411 bekommt man Auskunft über Telefonnummern in den USA. R-Gespräche mit »Deutschland Direkt« unter Tel. 1 800 292 0049.

Internationale Vorwahlen
011 und dann

Deutschland:	**49**
Österreich:	**43**
Schweiz:	**41**

POST

Das Hauptpostamt befindet sich 421 8th Avenue/33rd Street und hat 24 Stunden geöffnet. Die größeren Postämter haben meist Mo–Fr 8–18 Uhr, Sa 8–13 Uhr geöffnet. Briefkästen befinden sich an den Straßenkreuzungen, häufig neben Papierkörben.

ELEKTRIZITÄT

Die normale Spannung beträgt 110/120 Volt (60 Hz). Normalerweise braucht man einen Adapter, da Steckdosen nur zwei eckige Eingänge haben. Wegen der niedrigeren Spannung benötigt man auch einen Transformator, wenn das Gerät nicht umstellbar ist.

TRINKGELD

Trinkgeld wird für jede Dienstleistung erwartet. Als Richtlinie gilt:

Restaurants (Bedienung nicht eingeschlossen)	15–20%
Service an der Bar	15%
Stadtführer	nach Belieben
Friseur	15%
Taxis	15%
Zimmermädchen	1 $ pro Tag
Gepäckträger	1 $ pro Gepäckstück

BOTSCHAFTEN UND KONSULATE

Deutschland	Österreich	Schweiz
(202) 298 8141	(202) 895 6700	(202) 745 7900

GESUNDHEIT

Krankenversicherung: Man sollte eine Krankenversicherung mit einer Deckung von mindestens 1 Million $ abschließen; die Behandlungskosten in den USA sind hoch. Man wird zuerst medizinisch versorgt und anschließend zur Kasse gebeten.

Zahnarzt: Die Krankenversicherung sollte auch Zahnarztkosten decken. Es gibt zwar viele Zahnärzte, aber sie sind sehr teuer. Manche akzeptieren Kreditkarten, aber die meisten ziehen Bargeld oder Reiseschecks vor.

Wetter: In New York ist es im Sommer, besonders im Juli und August, sehr heiß und feucht; die Sonne hat viel Kraft und scheint sehr lange. Man sollte deshalb bei Besichtigungen einen Sonnenschutz verwenden und viel Flüssigkeit zu sich nehmen.

Medikamente: Apotheken, die rezeptpflichtige und andere Medikamente abgeben, gibt es überall. Muss man regelmäßig Medikamente nehmen, sollte man sie mitbringen und für den Zoll die Verschreibung mitnehmen. Tag und Nacht geöffnete Apotheken sind: Duane Reade (224 West 57th Street/Broadway, Tel. 212/541-9708); Rite Aid (146 East 86th Street/Lexington Avenue, Tel. 212/876-0600).

Wasserqualität: Man kann das Leitungswasser ruhig trinken. Mineralwasser ist günstig und überall erhältlich.

ERMÄSSIGUNGEN

Studenten: Inhaber eines Internationalen Studentenausweises bekommen bei vielen Attraktionen Ermäßigung.

Rentner: Rentner können an vielen Orten und bei vielen Gelegenheiten mit Ermäßigungen rechnen. Das Anfangsalter variiert von 55 bis 65. Man muss beim Ticketkauf nach einem Rabatt fragen und eventuell den Ausweis zeigen.

Citypass: Der Citypass bringt bis zu 50 Prozent Ermäßigung des Eintrittspreises bei vielen Sehenswürdigkeiten. Man spart außerdem das Schlangestehen. Der Pass ist neun Tage gültig, man bekommt ihn bei der NYC&Company (► 36 und 46) und teilnehmenden Sehenswürdigkeiten.

EINRICHTUNGEN FÜR BEHINDERTE

Seit der Verabschiedung des »Disability Act« (1990) sind die meisten öffentlichen Orte auch für Behinderte zugänglich. Manche der großen U-Bahn-Stationen in Manhattan haben Rampen und Aufzüge, die meisten jedoch nicht. Auch sind einige Aufzüge nur mit Hilfe des Personals zugänglich. Die Busse sind empfehlenswerter, sie alle sind mit Lift und Platz für Rollstühle ausgestattet.

KINDER

New York ist kinderfreundlich. In vielen Hotels, Restaurants und öffentlichen Gebäuden gibt es Wickelräume. In der Wochenendausgabe der *New York Times* werden Veranstaltungen für Kinder aufgelistet.

TOILETTEN

Die saubersten Toiletten gibt es in großen Hotels, den großen Buchläden und Kaufhäusern.

VERBOTENE SOUVENIRS

In manchen Ländern ist die Einfuhr von Souvenirs, deren Material von seltenen oder bedrohten Arten stammt, verboten. Informieren Sie sich vor dem Kauf über die Bestimmungen.

Cityplan

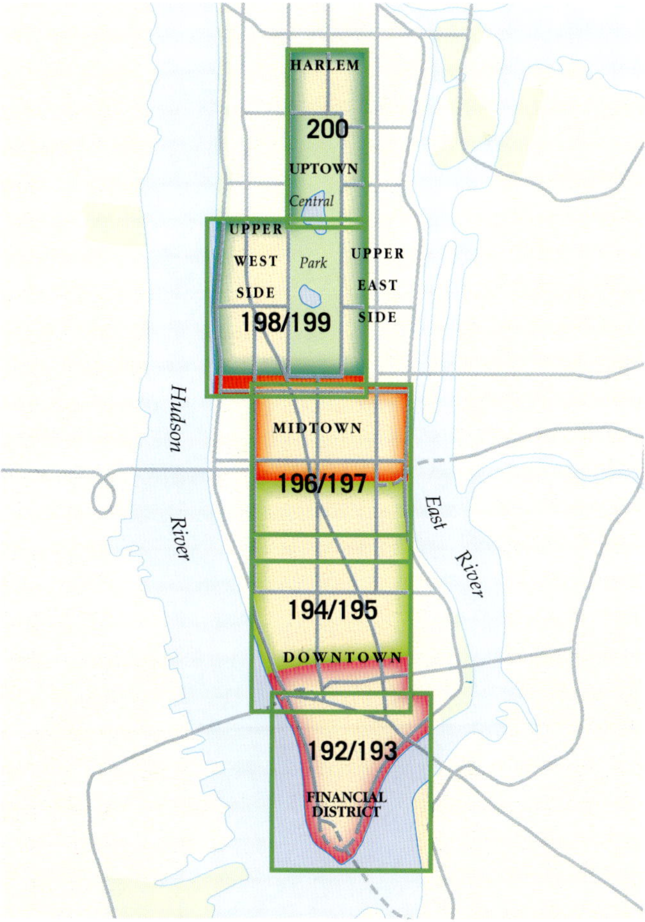

Legende

Hauptstraße

Nebenstraße

Park

Sehenswürdigkeit

Sehenswürdigkeit (im Text)

U-Bahn-Station

0 100 200 300 400 500 yards

0 100 200 300 400 500 metres

A
B
C
192
194
195
5
4
3
2
1
CANAL STREET
WATTS STREET
HOLLAND TUNNEL ENTRANCE
BROOME
Performing Garage
GRAND
WOOSTER
GREENE
MERCER
CROSBY
HOWARD
Canal Street
DUARTE SQUARE
VARICK
AMERICAS
ST JOHN'S LA
HOLLAND TUNNEL EXIT
HUDSON
COLLISTER
ERICSSON PLACE
BEACH ST
LISPENARD
WALKER
WHITE
FRANKLIN
CORT
ALLEY
LAFAYETTE
WEST
WATTS
DESBROSSES
VESTRY
LAIGHT
HUBERT
BEACH STREET
MOORE
NORTH
FINN SQUARE
Franklin Street
LEONARD
CATHERINE LANE
WORTH
BENSON PLACE
TRIBECA
HARRISON
STAPLE
JAY
DUANE
Duane Park
THOMAS
TRIMBLE PLACE
BROADWAY
CHURCH STREET
Thomas Paine Park
FOLEY SQUARE
GREENWICH
Washington Market Park
READE
JAMES BOGARDUS TRIANGLE
ELK
Hudson River Park
CHAMBERS ST
CHAMBERS STREET
Chambers Street
Tweed Courthouse
Brooklyn Bridge-City Hall
WARREN ST
RIVER
AVENUE
City Hall
City Hall Park
PARK PLACE WEST
MURRAY ST
TERRACE
Park Place
PARK PLACE
BARCLAY
Woolworth Building
PARK ROW
SPRUCE
BEEKMAN
THEATRE ALLEY
VESEY PL
VESEY ST
END
NORTH
VESEY STREET
St Paul's Chapel
ANN
NASSAU
Broadway-Nassau St
FULTON STREET
FULTON
Fulton Street
DUTCH
DEY ST
JOHN
GROUND ZERO
(World Trade Center)
BATTERY
WORLD FINANCIAL CENTER
Cortlandt Street
CORTLANDT STREET
MAIDEN
North Cove
Federal Reserve Bank
LIBERTY STREET
LIBERTY
PARK
Liberty Park
CEDAR
TRINITY PLACE
WASHINGTON
THAMES ST
SOUTH END AVENUE
ALBANY ST
PINE
CITY
CARLISLE ST
Trinity Church
FINANCIAL
Federal Hall
Wall Street
WALL
New York Stock Exchange
RECTOR PLACE
Rector Park
RECTOR STREET
Rector Street
Wall Street
Broad Street
NEW
WILLIAM ST
EXCHANGE PLACE
WEST THAMES ST
DISTRICT
BATTERY PL
LITTLE WEST STREET
THIRD PL
MORRIS ST
BROAD
BEAVER
MARKETFIELD ST
STH WILLIAM ST
South Cove
SECOND PL
Cunard Building
Bowling Green
WHITEHALL ST
STONE ST
FIRST PL
PLACE
Museum of Jewish Heritage
BATTERY PLACE
US Custom House/ National Museum of the American Indian
BRIDGE
PEARL
Whitehall Street
STATE ST
Robert F Wagner Jr Park
Battery Park
Castle Clinton
PETER MINUIT PLAZA
BROOKLYN-BATTERY TUNNEL
Statue of Liberty, Ellis Island
Hudson River

D
E
F
195
193
ITALY
CHINA-TOWN
GRAND STREET
BROOME STREET
Grand Street
Canal Street
CANAL STREET
HESTER STREET
BOWERY
ELIZABETH
MOTT
MULBERRY
BAXTER
CENTRE STREET
CENTRE MKT PL
Museum of Chinese in the Americas
BAYARD STREET
PELL ST
DOYERS ST
MOSCO ST
Columbus Park
HOGAN PLACE
JOHN CLAVIN PLACE
CONFUCIUS PLAZA
CHATHAM SQUARE
KIMALU SQUARE
DIVISION
EAST BROADWAY
FORSYTH
ORCHARD
LUDLOW
ESSEX
SEWARD PARK HOUSES
Seward Park
STRAUS SQUARE
East Broadway
JEFFERSON
CLINTON
HENRY
MADISON
RUTGERS
LA GUARDIA
PIKE STREET
MARKET
CATHERINE
OLIVER ST
JAMES ST
ST JAMES PLACE
HENRY STREET
MONROE
CHERRY
WATER ST
CATHERINE SLIP
MARKET SLIP
RUTGERS SLIP
RUTGERS HOUSES
Rutgers Park
Phylis Ammirati Field
KNICKERBOCKER VILLAGE
CHATHAM GREEN HOUSES
GOVERNOR ALFRED E SMITH HOUSES
New York State Supreme Court
US Courthouse
PEARL ST
PARK ROW
Chambers Street
Municipal Building
New York City Police Headquarters
CIVIC CENTER
AVENUE OF THE FINEST
ROBERT F WAGNER SR PLACE
FRANKLIN D ROOSEVELT DRIVE
SOUTH STREET
MANHATTAN BRIDGE
East River
Pace University
FRANKFORT STREET
DOVER ST
SOUTHBRIDGE TOWERS
PEARL STREET
GOLD STREET
PECK SLIP
JOHN DE LURY SR PLAZA
Fulton Street
BEEKMAN ST
WATER ST
FRONT ST
CLIFF
Visitor Center
Fulton Fish Market
SOUTH STREET SEAPORT HISTORIC DISTRICT
BROOKLYN BRIDGE
Empire-Fulton Ferry State Park
NEW DOCK STREET
OLD FULTON
DOUGHTY ST
VINE ST
PLATT ST
JOHN ST
LOUISE NEVELSON PLAZA
FLETCHER ST
LANE
PINE ST
SOUTH STREET VIADUCT
HANOVER
GOUVERNEUR LANE
HANOVER SQUARE
OLD SLIP
WATER
Fraunces Tavern
Vietnam Veterans Plaza
Downtown Heliport
Ferries to Governors Island
Staten Island Ferry Terminal
COLUMBIA HEIGHTS
FURMAN
BROOKLYN - QUEENS EXPWY
The Promenade
1
2
3
4
5

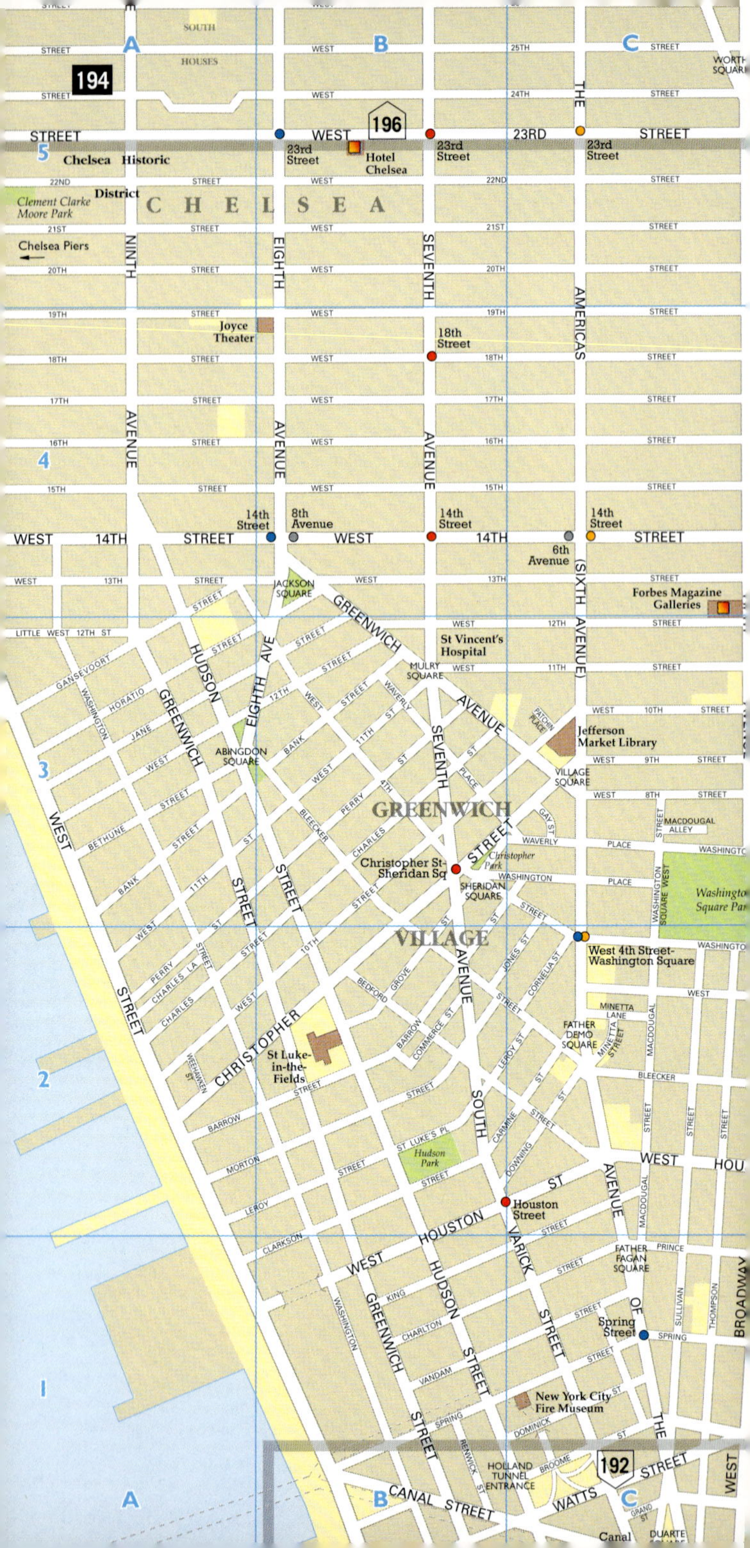
194
196
192
A
B
C
5
4
3
2
1
South Houses
Chelsea Historic District
Clement Clarke Moore Park
CHELSEA
Chelsea Piers
23rd Street
Hotel Chelsea
Joyce Theater
18th Street
14th Street
8th Avenue
6th Avenue
Forbes Magazine Galleries
Jackson Square
St Vincent's Hospital
Mulry Square
Jefferson Market Library
Village Square
Abingdon Square
GREENWICH VILLAGE
Christopher St-Sheridan Sq
Christopher Park
Sheridan Square
MacDougal Alley
Washington Square Park
West 4th Street-Washington Square
Minetta Lane
Father Demo Square
St Luke-in-the-Fields
Hudson Park
Houston Street
Father Fagan Square
Spring Street
New York City Fire Museum
Holland Tunnel Entrance
Canal
West 25th Street
West 24th Street
West 23rd Street
West 22nd Street
West 21st Street
West 20th Street
West 19th Street
West 18th Street
West 17th Street
West 16th Street
West 15th Street
West 14th Street
West 13th Street
West 12th Street
Little West 12th St
West 11th Street
West 10th Street
West 9th Street
West 8th Street
Ninth Avenue
Eighth Avenue
Seventh Avenue
Seventh Avenue South
Avenue of the Americas (Sixth Avenue)
Greenwich Avenue
Hudson Street
Greenwich Street
Washington Street
West Street
Gansevoort
Horatio
Jane
Bethune
Bank
Perry
Charles
Charles La
Christopher Street
Weehawken St
Barrow
Morton
Leroy
Clarkson
West Houston Street
King
Charlton
Vandam
Spring
Renwick St
Varick Street
Canal Street
Watts Street
Broome
Dominick
Grand St
Duarte Square
Bleecker Street
Bedford
Grove
Commerce St
Carmine
Downing
Cornelia St
Jones St
Gay St
Waverly Place
Washington Place
Patchin Place
Minetta Street
MacDougal Street
Sullivan Street
Thompson Street
Broadway
Prince
West 4th St
Washington Square West
Worth Square

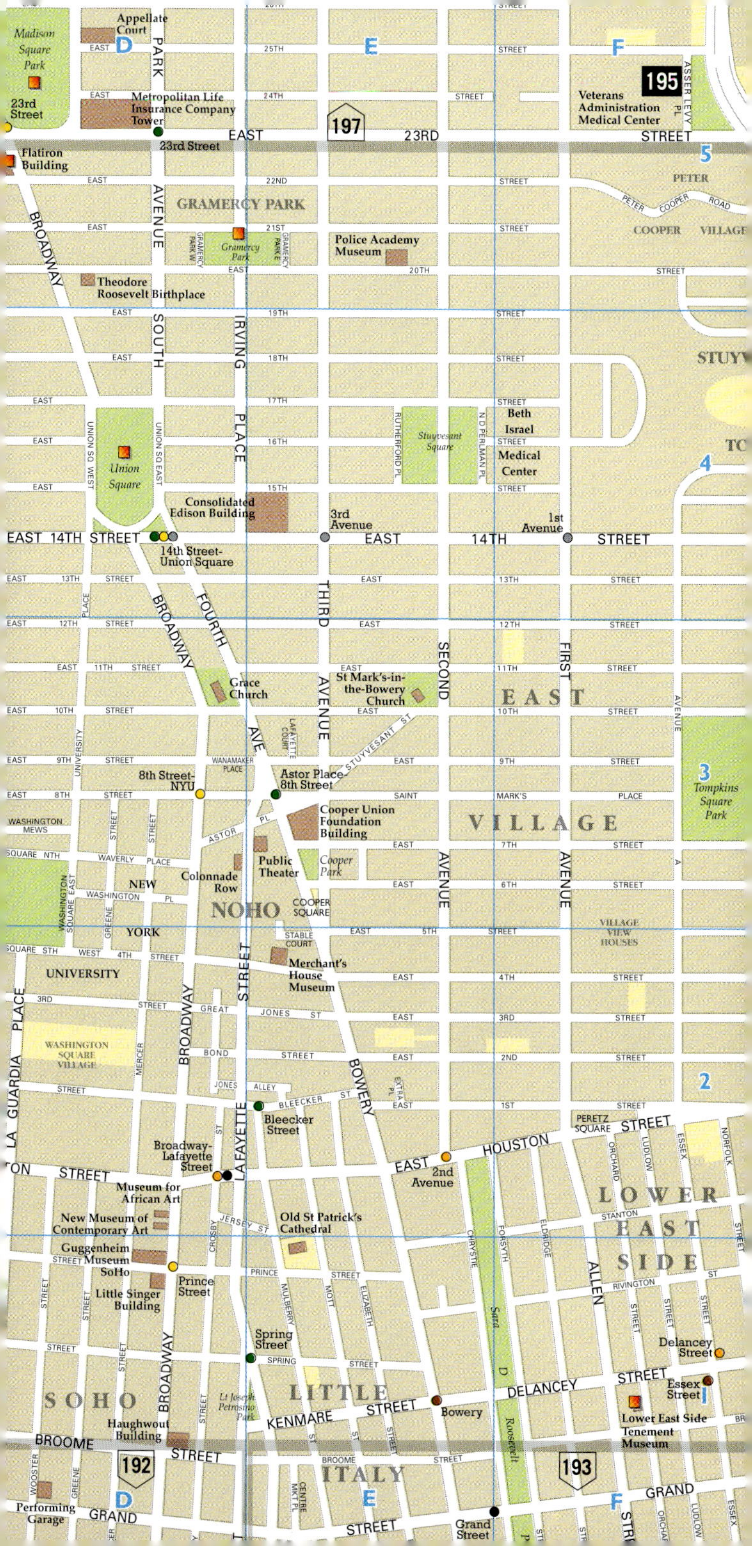

195
197
192
193
D
E
F
5
4
3
2
Madison Square Park
23rd Street
Appellate Court
Metropolitan Life Insurance Company Tower
Flatiron Building
23rd Street
Veterans Administration Medical Center
ASSER LEVY PL
PETER COOPER VILLAGE
PETER COOPER ROAD
GRAMERCY PARK
Gramercy Park
GRAMERCY PARK W
GRAMERCY PARK E
Police Academy Museum
Theodore Roosevelt Birthplace
PARK AVENUE SOUTH
IRVING PLACE
BROADWAY
EAST 25TH STREET
EAST 24TH STREET
EAST 23RD STREET
EAST 22ND STREET
EAST 21ST STREET
EAST 20TH STREET
EAST 19TH STREET
EAST 18TH STREET
EAST 17TH STREET
EAST 16TH STREET
EAST 15TH STREET
EAST 14TH STREET
EAST 13TH STREET
EAST 12TH STREET
EAST 11TH STREET
EAST 10TH STREET
EAST 9TH STREET
EAST 8TH STREET
SAINT MARK'S PLACE
EAST 7TH STREET
EAST 6TH STREET
EAST 5TH STREET
EAST 4TH STREET
EAST 3RD STREET
EAST 2ND STREET
EAST 1ST STREET
STUYV
TO
Union Square
UNION SQ WEST
UNION SQ EAST
Stuyvesant Square
RUTHERFORD PL
N D PERLMAN PL
Beth Israel Medical Center
Consolidated Edison Building
3rd Avenue
1st Avenue
14th Street-Union Square
UNIVERSITY PLACE
FOURTH AVE
THIRD AVENUE
SECOND AVENUE
FIRST AVENUE
AVENUE A
Grace Church
St Mark's-in-the-Bowery Church
EAST VILLAGE
LAFAYETTE COURT
WANAMAKER PLACE
STUYVESANT ST
Tompkins Square Park
8th Street-NYU
Astor Place-8th Street
ASTOR PL
Cooper Union Foundation Building
WASHINGTON MEWS
WAVERLY PLACE
WASHINGTON SQUARE NTH
WASHINGTON SQUARE EAST
WASHINGTON PL
WASHINGTON SQUARE STH
WEST 4TH STREET
NEW YORK UNIVERSITY
GREENE STREET
Colonnade Row
Public Theater
Cooper Park
NOHO
COOPER SQUARE
STABLE COURT
VILLAGE VIEW HOUSES
Merchant's House Museum
LA GUARDIA PLACE
WEST 3RD STREET
WASHINGTON SQUARE VILLAGE
MERCER STREET
BROADWAY
GREAT JONES ST
BOND STREET
JONES ALLEY
BLEECKER ST
BOWERY
EXTRA PL
Bleecker Street
LAFAYETTE STREET
PERETZ SQUARE
HOUSTON STREET
EAST HOUSTON STREET
2nd Avenue
ORCHARD
LUDLOW
ESSEX
NORFOLK
Broadway-Lafayette Street
Museum for African Art
New Museum of Contemporary Art
Guggenheim Museum SoHo
CROSBY ST
JERSEY ST
Old St Patrick's Cathedral
CHRYSTIE
FORSYTH
ELDRIDGE
ALLEN
STANTON
LOWER EAST SIDE
RIVINGTON ST
PRINCE STREET
MULBERRY
MOTT
ELIZABETH
Prince Street
Little Singer Building
Sara D Roosevelt
Spring Street
SPRING STREET
Delancey Street
Essex Street
DELANCEY STREET
SOHO
LITTLE ITALY
Lt Joseph Petrosino Park
KENMARE STREET
Bowery
Lower East Side Tenement Museum
Haughwout Building
BROOME STREET
WOOSTER
GREENE
CENTRE MKT PL
Performing Garage
GRAND STREET
Grand Street

196
198
199
194
A
B
C
5
4
3
2
1
57th Street
West 57th Street
Carnegie Hall
Russian Tea Room
West 56th Street
Manhattan Theater Club
City Center
West 55th Street
West 54th Street
Museum of Modern Art
West 53rd Street
7th Avenue
CBS Building
American Craft Museum
666 Fifth Avenue
West 52nd Street
Museum of Television & Radio
West 51st Street
Rockefeller Center
50th Street
Radio City Music Hall
West 50th Street
GE Building
Rockefeller Plaza
47th-50th Streets-Rockefeller Center
West 49th Street
49th Street
Theater District
West 48th Street
West 47th Street
Duffy Square
West 46th Street
Intrepid Sea-Air-Space Museum
West 45th Street
Roundabout Theater
West 44th Street
Times Square
West 43rd Street
Town Hall
Times Square-42nd Street
42nd Street
5th Avenue
West 42nd Street
Theater Row
42nd Street-Port Authority Bus Terminal
Port Authority Bus Terminal
West 41st Street
Bryant Park
New York Public Library
West 40th Street
West 39th Street
West 38th Street
Dyer Avenue
Garment District
West 37th Street
West 36th Street
West 35th Street
34th Street-Penn Station
Macy's
Herald Square
West 34th Street
34th Street-Herald Square
Empire State Building
Penn Plaza
West 33rd Street
Greeley Square
Lincoln Tunnel Approach
General Post Office
Madison Square Garden
Pennsylvania Station
West 32nd Street
West 31st Street
West 30th Street
West 29th Street
28th Street
West 28th Street
Chelsea Park
Fashion Institute of Technology
Penn Station South Houses
West 27th Street
West 26th Street
West 25th Street
Worth Square
West 24th Street
West 23rd Street
Ninth Avenue
Eighth Avenue
Broadway
Seventh Avenue
Avenue of the Americas (Sixth Avenue)
Fifth Avenue

197
199
195
D
E
F
1
2
3
4
5
Trump Tower
Sony Wonder Technology Lab
Paley Park
Lever House
Citicorp Center
Lexington Avenue
5th Avenue
Seagram Building
Villard Houses
51st Street
Greenacre Park
General Electric Building
St Patrick's Cathedral
St Bartholomew's Church
TURTLE
BAY
Peter Detmold Park
Waldorf-Astoria Hotel
Mitchell Place
Beekman Place
Sutton Place South
Dag Hammarskjöld Plaza
United Nations Headquarters
United Nations Plaza
230 Park Avenue
Vanderbilt Avenue
Depew Place
Met Life Building
Grand Central Terminal
Grand Central-42nd Street
Chrysler Building
Pershing Square
Chanin Building
Socony-Mobil Building
Daily News Building
Tudor City Place
Queens-Midtown Tunnel
Franklin D Roosevelt Drive (East River Drive)
Madison
Park
Lexington
Third
Second
First
Tunnel
Exit
Entrance
MURRAY
HILL
Morgan Library
Queens Midtown Tunnel Exit/Entrance
St Vartans Park
East 57th Street
East 56th Street
East 55th Street
East 54th Street
East 53rd Street
East 52nd Street
East 51st Street
East 50th Street
East 49th Street
East 48th Street
East 47th Street
East 46th Street
East 45th Street
East 44th Street
East 43rd Street
East 42nd Street
East 41st Street
East 40th Street
East 39th St
East 38th Street
East 37th St
East 36th Street
East 35th Street
East 34th Street
East 33rd Street
East 32nd Street
East 31st Street
East 30th Street
East 29th Street
East 28th Street
East 27th Street
East 26th Street
East 25th Street
East 24th Street
East 23rd Street
East 34th St Heliport
33rd Street
Kips Bay Plaza
NYU Medical Center
Little Church Around the Corner
28th Street
E 28th St
Bellevue Hospital Center
New York Life Insurance Building
Broadway Alley
Appellate Court
Madison Square Park
23rd Street
Metropolitan Life Insurance Company Tower
Veterans Administration Medical Center
Asser Levy Pl

Soldiers and Sailors Monument
The Cloisters
Cathedral of St John the Divine
WEST 90TH ST (HENRY J BROWNE BOULEVARD)
WEST 89TH STREET
WEST 88TH STREET
WEST 87TH STREET
86th Street
WEST 86TH STREET
86th Street
UPPER WEST SIDE
WEST 85TH STREET
EDGAR ALLAN POE ST
WEST 84TH STREET
Riverside Park
WEST 83RD STREET
Children's Museum of Manhattan
WEST 82ND STREET
WEST 81ST STREET
Rose Center for Earth and Space
WEST 80TH STREET
79th Street
WEST 79TH STREET
American Museum of Natural History
Marina
WEST 78TH STREET
WEST 77TH STREET
New-York Historical Society
WEST 76TH STREET
WEST 75TH STREET
San Remo Apartments
Beacon Theater
WEST 74TH STREET
WEST 73RD STREET
VERDI SQUARE
Dakota Apartments
WEST 72ND STREET
72nd Street
Majestic Apartments
WEST 71ST STREET
SHERMAN SQUARE
WEST 70TH STREET
WEST 69TH STREET
LINCOLN TOWERS
WEST 68TH STREET
IMAX Theatre
Hotel des Artistes
WEST 67TH STREET
66th Street-Lincoln Center
WEST 66TH STREET
Walter Reade Theater
Juilliard School
LINCOLN SQUARE
WEST 65TH STREET
Beaumont and Newhouse Theaters
LINCOLN CENTER
Avery Fisher Hall
WEST 64TH STREET
Metropolitan Opera House
Dante Park
Lincoln Center Plaza
EAST TOWER DR
WEST 63RD STREET
Guggenheim Bandshell
Damrosch Park
New York State Theater
AMSTERDAM HOUSES
WEST 62ND STREET
Century Apartments
Fordham University
WEST 61ST STREET
Trump International Hotel and Tower
WEST 60TH STREET
59th Street-Columbus Circle
WEST 59TH STREET
St Luke's-Roosevelt Hospital
WEST 58TH STREET
WEST 57TH STREET
196
HENRY HUDSON PARKWAY
RIVERSIDE DRIVE
WEST END AVENUE
BROADWAY
AMSTERDAM AVENUE
COLUMBUS AVENUE
CENTRAL PARK WEST
MILLER HIGHWAY
Hudson River
A
B
C
1
2
3
4
5

Jacqueline Kennedy Onassis Reservoir
D
E
F
200
199
5
4
3
2
1
Cooper-Hewitt National Design Museum
National Academy of Design
Solomon R Guggenheim Museum
EAST 90TH STREET
EAST 89TH ST
EAST 88TH STREET
EAST 87TH STREET
86th Street
EAST 86TH STREET
East River Promenade
86TH ST TRANSVERSE ROAD
Arthur Ross Pinetum
Mariner's Gate
Central
Park
Hamilton Lawn
The Great Lawn
EAST 85 TH STREET
EAST 84TH STREET
EAST 83RD STREET
EAST 82ND STREET
EAST 81ST STREET
EAST 80TH STREET
Metropolitan Museum of Art
Obelisk
Delacorte Theater
Hunter's Gate
81st Street-Museum of Natural History
Shakespeare Garden
Belvedere Lake
Belvedere Castle
UPPER
EAST
SIDE
79TH ST TRANSVERSE ROAD
EAST 79TH STREET
Miner's Gate
Cedar Hill
EAST 78TH STREET
77th Street
EAST 77TH STREET
Naturalist's Gate
EAST 76TH STREET
EAST 75TH STREET
The Ramble
Loeb Boathouse
The Glade
Conservatory Water
Whitney Museum of American Art
EAST 74TH STREET
The Lake
EAST 73RD STREET
Cherry Hill
Bethesda Terrace and Fountain
Pilgrim Hill
Strawberry Fields
72nd Street
EAST 72ND STREET
Inventor's Gate
EAST 71ST STREET
TERRACE DRIVE
Rumsey Playfield
Frick Collection
Asia Society
EAST 70TH STREET
THE MALL
East Green
EAST 69TH STREET
68th Street-Hunter College
EAST 68TH STREET
Sheep Meadow
EAST 67TH STREET
Tavern on the Green
The Dene
Seventh Regiment Armory
EAST 66TH STREET
Temple Emanu-El
65TH ST TRANSVERSE ROAD
EAST 65TH STREET
Carousel
Heckscher Softball Fields
The Dairy
Central Park Wildlife Center
The Arsenal
EAST 64TH STREET
EAST 63RD STREET
Lexington Avenue
Wollman Rink
Heckscher Playground
EAST 62ND STREET
EAST 61ST STREET
Lexington Avenue
Bird Sanctuary
The Pond
Scholar's Gate
EAST 60TH STREET
5th Avenue
Bloomingdale's
Merchant's Gate
COLUMBUS CIRCLE
Artisan's Gate
Artist's Gate
GRAND ARMY PLAZA
CENTRAL PARK SOUTH
EAST 59TH STREET
59th Street
Plaza Hotel
FAO Schwarz
New York Convention and Visitors Bureau
WEST 58TH STREET
EAST 58TH STREET
57th Street
57th Street
WEST 57TH STREET
EAST 57TH STREET
196
197
Carnegie Hall
Russian
Trump Tower
FIFTH AVENUE
MADISON AVENUE
PARK AVENUE
LEXINGTON AVENUE
EAST DRIVE
WEST DRIVE
CENTER DRIVE
AVENUE OF

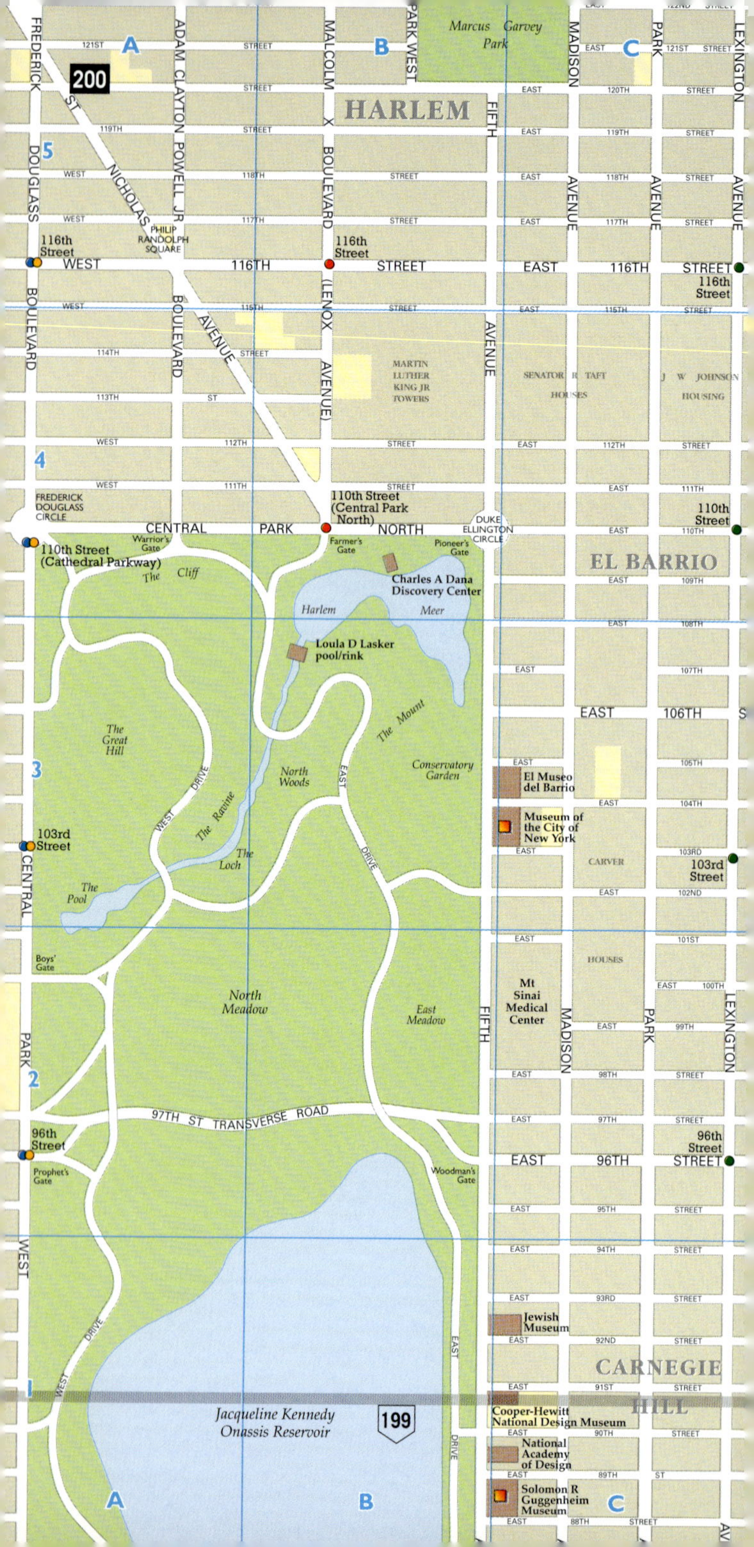
HARLEM
Marcus Garvey Park
EL BARRIO
CARNEGIE HILL
FREDERICK DOUGLASS BOULEVARD
ADAM CLAYTON POWELL JR BOULEVARD
ST NICHOLAS AVENUE
MALCOLM X BOULEVARD (LENOX AVENUE)
PARK WEST
FIFTH AVENUE
MADISON AVENUE
PARK AVENUE
LEXINGTON AVENUE
CENTRAL PARK WEST
WEST 116TH STREET
EAST 116TH STREET
EAST 106TH
EAST 96TH STREET
CENTRAL PARK NORTH
PHILIP RANDOLPH SQUARE
FREDERICK DOUGLASS CIRCLE
DUKE ELLINGTON CIRCLE
116th Street
110th Street (Central Park North)
110th Street
110th Street (Cathedral Parkway)
103rd Street
96th Street
MARTIN LUTHER KING JR TOWERS
SENATOR R TAFT HOUSES
J W JOHNSON HOUSING
CARVER HOUSES
Warrior's Gate
Farmer's Gate
Pioneer's Gate
Boys' Gate
Prophet's Gate
Woodman's Gate
The Cliff
Harlem Meer
Charles A Dana Discovery Center
Loula D Lasker pool/rink
The Great Hill
The Mount
North Woods
Conservatory Garden
The Ravine
The Loch
The Pool
WEST DRIVE
EAST DRIVE
North Meadow
East Meadow
97TH ST TRANSVERSE ROAD
Jacqueline Kennedy Onassis Reservoir
199
El Museo del Barrio
Museum of the City of New York
Mt Sinai Medical Center
Jewish Museum
Cooper-Hewitt National Design Museum
National Academy of Design
Solomon R Guggenheim Museum
A
B
C
1
2
3
4
5

STRASSEN-REGISTER

Abbildungsnachweis

Umschlag: Tony Stone Images (o), AA Photo Library/Ellen Rooney (mo), AA Photo Library/Paul Kenward (mu), AA Photo Library/Ellen Rooney (u).

Die Automobile Association dankt folgenden Fotografen und Bildagenturen für ihre Mitarbeit:

AQUARIUS PICTURE LIBRARY 14, 114/115; T. BERGSAKER/SYGMA 9; CAPITAL PICTURES 17; CORBIS 8 (Bettmann), 12 (Craig Lovell), 19, 20/21, 26, 29 (Bettmann); RONALD GRANT ARCHIVE 15(o), 15(u); HULTON GETTY 26/27, 27, 28/29, 28; IMAGES COLOUR LIBRARY 30; KELLY/MOONEY PHOTOGRAPHY 2(mo), 2(mu), 2(u), 3(o), 3(u), 11(o), 11(u), 16, 22, 33, 47, 48, 49, 50(o), 51, 52, 53(o), 53(u), 54(o), 54(u), 55, 56(o), 56(u), 58, 59(o), 59(u), 60, 61, 62, 63, 64, 65, 68(o), 68(u), 77, 80, 81(o), 81(u), 82, 83, 84(o), 84(u), 85, 86, 87, 89(u), 90, 92, 93, 94, 95, 100, 107, 108, 109, 110(o), 110(u), 111, 113, 114(o), 114(u), 116(o), 116(u), 117, 118, 119, 120, 121, 122, 123, 124, 125, 127, 137, 138(o), 138(u), 139, 140(u), 141, 142, 143, 145, 146(o), 146(u), 147, 148(o), 149, 150(o), 150(u), 151, 152(o), 152(u), 153, 154(o), 158, 167, 168(o), 168(u), 170, 171, 172, 174(l), 175, 176, 178(l), 178(r), 180, 182, 185, 186, 187, 191(o), 191(ul); MAGNUM 10 (T Hopker); CHRIS ORR & ASSOCIATES 7; PICTURES COLOUR LIBRARY 32, 53(u); TONY STONE IMAGES 2(o), 5; VINTAGE MAGAZINE CO. LTD 13(or).

Alle übrigen Abbildungen befinden sich im Besitz der AA Photo Library und stammen von folgenden Fotografen: 156 (Douglas Corrance); 9, 50(u), 88, 89(o), 91, 97, 165, 174(r) (Richard G Elliott); 57, 99, 144, 181 (Paul Kenward); 10, 61 63, 108, 166(o), 170 (SimonMcBride);126 (David Pollack); 112 (Ellen Rooney); 3(m), 135, 140(o), 149, 154(u), 157 (Clive Sawyer); 191(ur) James Tims.

Folgende Abkürzungen werden verwendet:
(o) oben; (u) unten; (l) links; (r) rechts; (m) Mitte.

Leserbefragung

Ihre Ratschläge, Urteile und Empfehlungen sind für uns sehr wichtig. Wir bemühen uns, unsere Reiseführer ständig zu verbessern. Wenn Sie sich ein paar Minuten Zeit nehmen, diesen kleinen Fragebogen auszufüllen, könnten Sie uns sehr dabei helfen.

Wenn Sie diese Seite nicht herausreißen möchten, können Sie uns auch eine Kopie schicken, oder Sie notieren Ihre Hinweise einfach auf einem separaten Blatt.

Bitte senden Sie Ihre Antwort an:
Spirallo Reiseführer, Falk Verlag, Postfach 31 51, D-73751 Ostfildern
E-Mail: spirallo@mairs.de

Über dieses Buch …
spirallo Reiseführer **NEW YORK**

Wo haben Sie das Buch gekauft? ______________________

Wann? Monat / Jahr

Warum haben Sie sich für einen Titel dieser Reihe entschieden? ______________________

Wie fanden Sie das Buch?

Hervorragend ☐ Genau richtig ☐ Weitgehend gelungen ☐ Enttäuschend ☐

Können Sie uns Gründe angeben?

Bitte umblättern …

Hat Ihnen etwas an diesem Führer ganz besonders gut gefallen?

____

____

____

____

____

Was hätten wir besser machen können?

____

____

____

____

____

____

Persönliche Angaben

Name ____

Adresse ____

____

____

Zu welcher Altersgruppe gehören Sie
Unter 25 ☐ 25–34 ☐ 35–44 ☐ 45–54 ☐ 55–64 ☐ über 65 ☐

Wie oft im Jahr fahren Sie in Urlaub?
Seltener als einmal ☐ einmal ☐ zweimal ☐ dreimal oder öfter ☐

Wie sind Sie verreist?
Allein ☐ Mit Partner ☐ Mit Freunden ☐ Mit Familie ☐

Wie alt sind Ihre Kinder? _____

Über Ihre Reise …

Wann haben Sie die Reise gebucht? Monat / Jahr

Wann sind Sie verreist? Monat / Jahr

Wie lange waren Sie verreist? ____

War es eine Urlaubsreise oder ein beruflicher Aufenthalt? ____

Haben Sie noch weitere Reiseführer gekauft? ☐ Ja ☐ Nein

Wenn ja, welche? ____

____

Herzlichen Dank dafür, dass Sie sich die Zeit genommen haben, diesen Fragebogen auszufüllen.